U0928959

名校工程
职教创新系列

中国职业教育
名校/名校长创新管理评析
就业指导卷

国家教育行政学院职业教育研究中心 组编
总 主 编◎邢 晖
本册主编◎岳小战

西南师范大学出版社
全国百佳图书出版单位 国家一级出版社

图书在版编目（CIP）数据

中国职业教育名校/名校长创新管理评析·就业指导卷/岳小战主编．—重庆：西南师范大学出版社，2012.9
（名师工程系列丛书）
ISBN 978-7-5621-5944-5

Ⅰ.①中…　Ⅱ.①岳…　Ⅲ.①职业教育—研究—中国②中等专业学校—学生—职业选择—研究—中国　Ⅳ.①G71

中国版本图书馆 CIP 数据核字（2012）第 196269 号

中国职业教育名校/名校长创新管理评析·就业指导卷
Zhongguo Zhiye Jiaoyu Mingxiao/Mingxiaozhang Chuangxin Guanli Pingxi · Jiuye Zhidao Juan
岳小战　主编

责任编辑： 郑持军　李志靖
封面设计： 大象设计
出版发行： 西南师范大学出版社
地址：重庆市北碚区天生路 1 号
邮编：400715　市场营销部电话：023-68253705
http：//www. xscbs. com
经　　销： 新华书店
印　　刷： 重庆华林天美印务有限公司
开　　本： 787mm×1092mm　1/16
印　　张： 14.25
字　　数： 242 千字
版　　次： 2012 年 10 月　第 1 版
印　　次： 2012 年 10 月　第 1 次印刷
书　　号： ISBN 978-7-5621-5944-5

定　　价： 35.00 元

《名校工程》

职教创新系列编委会

前　　言

职业教育，关乎国计民生，影响发展大局，在推动经济结构调整和产业转型升级、促进劳动就业和文化进步、推进教育结构合理化和人的全面发展等方面，其职能价值不可替代；在培养技能型人才和高素质劳动大军、解决持证上岗就业、提供终身学习、改善畸轻畸重的教育偏失等方面，更是功不可没。特别是当今，中国进入全面建设小康社会和转变生产方式的关键期，进入工业化和城市化快速发展的攻坚期，进入人力资源强国建设和教育整体改革发展的深入期，职业教育面临更大的机遇和挑战，更加任重道远。我们没有理由忽视和漠视职业教育，必须把职业教育放在更加突出的位置。

职业学校，是现代学校的重要类型，也是我国职业教育的主要形式。中等职业学校，是现阶段我国职业教育的主体力量。如果说普通中小学和大学在改革创新和发展中百花开放，竞相争艳，那么职业院校特别是中等职业学校（含中专、职高、技校、成人中专等）更像一簇后发的奇葩，含羞怒放，光彩夺目。职业学校历经数年的攻坚克难，在困境中闪亮转身，在曲折中奋步前行，在负重中实现跨越，办学成就和特色凸显：高中阶段“半壁江山”的规模、面向人人“培养技能”的功能、开门办学“前店后厂”的特点、校企合作“工学交替”的模式；面向市场需求的专业设置、对接职业标准的课程安排、工作任务导向的教学实施、融入工业文明的学校文化、技能大赛产生的社会影响；职校校长“多能性”的角色、职校教师“双师型”的素质、社会能人请进课堂、职校学生“多证在手”；职业学校与国际接轨、与市场接轨、与企业接轨、与社会接轨，办得有声有色、有滋有味、可圈可点。我们没有理由不认真总结职校经验，大力宣传职校成果。

职业学校管理，是教育生产力的“软件”，是“无本万利”的关键元素，是学校提升水平、健康持续发展的重要保障。与普通学校相比，职业学校管理既有共性，也有个性，其研究价值在于本身区别于其他教育类型的特殊规律。比如，管理环境的外生性和多面性，管理思想的社会性和开放性，管理主体的多层性和多类性，管理对象的特殊性和交叉性，管理体制的复杂性和合作性，管理范围的广泛性和整体性，管理内容的多样性和职业性，管理方式的灵活性和多变性，管理过程的复杂性和综合性，管理目标的适切性和多层次性，这些都是由职业教育的特点和特殊规律所决定的。

职业学校校长是职业学校的灵魂，一个好校长在某种意义上就是一所好学校。校长使命和学校管理是两个角度一个命题，也可以说是学校生存发展的动力和关键。与普通学校相比，职业学校的校长管理有独特的要求：思想更加开放、活动更加多样、体制更加复杂、模式更加灵活。但是迄今，无论是对学校管理工作的研究，还是对职校校长思想的挖掘，都显得比较单薄和分散，管理案例的搜集和研究还不多见，与“中等职业教育占据高中阶段半壁江山”的发展规模很不相称，与职业教育管理的多姿多彩和职校校长“多面能人”的类型特色很不相符，我们没有理由不更多地搭建一些平台，更多地聚焦职业学校管理，更多地关注一些“不一般”的职校校长。

本丛书是职校管理或校长管理案例研究的一次初步性尝试，也是2010年以来全国中职校长改革创新研究班的一个延展性成果。正是基于上述考虑，由国家教育行政学院职教研究中心牵头组编，全国各地中等职业学校（几乎均为国家级重点校）踊跃参与，形成这套《中国职业教育名校/名校长创新管理评析》系列丛书。其整体构思是：中等职教是主体，职校校长是主角，学校管理是主题，10个管理板块是重点；单块成册，集合成套，既独立，又关联，亦分亦合。丛书共10卷，分别为学校管理卷、特色德育卷、教学研究卷、师资建设卷、课程改革卷、就业指导卷、特色专业卷、校企合作卷、实训基地建设卷、农村职教特色卷。

丛书各卷的呈现思路大体一致，包含“名校/名校长简介—核心思想—实践应用—拓展反思—专家评析”等主要环节；每一卷分别聚焦一个主题，精选和荟萃十几篇有特色、有创新、有影响的典型院校管理案例，旨在提炼每一所学校的成功模式，展现不同类型校长相同或个性化的行动与思考，总结其改革和创新经验，对他校和他人提供启示和借鉴；同时，由业界专家和学者精心撰写了言简意赅、画龙点睛的点评，力求对学校进一步发展提供指导和启迪。另外，丛书在内容取舍和体例安排方面，既保证了内容的可读性，又力争能够体现观点的广度、分析的深度。

在丛书编写中对几个关系的认识和处理，有必要做些说明。一是绝对与相对的关系。好学校或称名校，好校长或称名校长，是具有一定内涵的相对概念，并非也不可能是绝对的。相对于 1.36 万职业学校和成千上万的校长来说，国家级重点校或省级重点校、改革创新示范校及其校长，称其为名校和名校长（有些校长确有相关的标志性的荣誉称号）并不为过，当然这种判断要动态地、辩证地看。二是共性与个性的关系。同是职业学校，办学和管理上必然有共性。但千校千面，各有特长，大家不同，大家都好，我们更侧重其个性化的特色。三是继承与发展的关系。任何一所学校都不可能割断历史，任何一位校长也不可能终身任职，过去、现在和未来，本书更立足于现实，基于眼前再看过往和明天。四是校长与学校的关系。本书实际上是两条主线，亦明亦暗，有些是以学校为明线，有些是以校长为明线，但主题都是管理创新。五是主观与客观的关系。本丛书力求事实可靠，素材准确，分析客观，但各卷各篇案例大多由学校自己撰稿，难免带有主观色彩；专家点评也多是基于案例文稿，如有不妥，敬请批评指正。

希望这套丛书能够发挥积极有效的作用。对于人们认识理解职业教育的地位和功能、探求把握职业教育管理和发展规律、深化拓展职业教育各项工作和管理改革创新，对于激发振奋校长群体和职教人的斗志精神、引领提升中职校长领导力和管理水平、展示讴歌职业学校的风貌风采，对于建设具有中国特色的职业教育，促进世界上最大规模的职业教育又好又快发展，如果对读者能够从某个点上有所裨益和帮助，我们就聊以欣慰和知足。

最后，向参与本丛书规划、创作、点评审稿的领导、专家学者，向提供案例材料的学校、校长，以及编写人员一并表示衷心的感谢！

编　者

2012 年 6 月

于国家教育行政学院

目　录

Contents

目　录
Contents

就业指导卷

植根企业，提高学生就业能力

——浙江省宁波市北仑职业高级中学

名校／名校长简介

宁波市北仑职业高级中学是国家级重点中等职业学校。学校位于宁波市北仑区小港红联小浃江南路108号，占地面积170余亩，现有教学班79个，在校生4008人，专任教师190余人。学校有4大类20多个小专业，其中机电专业和旅游专业为省示范性专业、省级实训基地、宁波市现代化专业，物流专业为省示范性专业、省级实训基地。

学校以“崇德，笃学，精技，创业”为校训，治学严谨，校风、教风、学风良好。几年来，学校立足区域经济发展的需要，坚持“以服务为宗旨，以就业为导向”的办学宗旨；坚持“植根企业，提升内涵，服务社会，促进发展”的办学思想；遵循“民主管理，细节管理，成本管理”三大管理理念，秉承“我们都是职高人”的自信与豪迈，勇于开拓，不断创新。

北仑职高

近几年，该校通过全校上下齐心协力，实现了连续跨越式发展，毕业生一次性就业率连续5年在98%以上，最终就业率100%，对口就业率在85%以上。2009年5月，方世国校长还应邀出席教育部第九次新闻发布会，代表中职学校介绍办学经验。学校先后获得全国重点职业高级中学、浙江省最具发展潜力学校、浙江省优秀课改基地学校、浙江省绿色学校、宁波市职业教育先进集体、宁波市示范性文明学校、宁波市教育科研先进集体等荣誉称号。

方世国，北仑职业高级中学校长，中学高级教师，宁波市文秘专业理事长，北仑区教育学会副会长。先后获得过全国模范教师、全国职业教育管理创新校长、浙江省科研型校长、宁波市首批名校长等荣誉称号。

方世国校长出席教育部新闻发布会

方世国校长本着职业教育必须植根于企业的理念，强调学校教育与企业发展的协调合作，要求学校要培养企业所需的高素质人才。2009年5月他应邀出席教育部第九次新闻发布会，在发布会上介绍了学校成功办学的经验。

地方经济的快速发展，使企业对人才的需求结构不断发生变化，同时也对职业学校提出了新的要求。为了迎接这一挑战，宁波市北仑职高本着职业教育必须植根于企业的理念，根据企业要求，培养企业所需的高素质人才。为此，学校从 2005 年开始，每年调研 150 多家当地企业，并开展《面向现代企业的人才培养策略研究与实践》课题研究。几年来，学校根据企业发展需要，结合学生实际制订培养目标，并及时调整专业设置，改革课程结构，不断创新校企合作模式，积极利用企业资源加强基地建设。学校每年组织教师下企业调研，定期邀请企业、行业协会人员参与学校专业建设研讨会，及时了解区域内企业对学校的需求及企业产业结构调整的信息，有针对性地调整专业设置和专业招生计划。学校还通过成立专业教育改革发展咨询委员会和专业指导委员会组织开展"聘请企业成功人士，一周一讲座"、企业冠名班级、企业文化进校园、开展 7S 管理等活动，进行校企深度合作，努力培养企业对口人才。这样不仅提高了学生的品德修养、专业技能和就业创业能力等综合素质，还提高了学生的就业率。

一、根据企业要求，培养对口人才

学校通过广泛调研，了解到企业现在最需要这样的中职毕业生：首先学生要品德好，会吃苦耐劳；其次是技能突出，能胜任岗位。因此，学校特别重视对学生的品德教育，根据学生生源实际，积极唱响"我们都是职高人"，加强自信教育，并通过优秀毕业生的先进事迹激励刚迈入职高大门的学生，使他们提升信心，崇德强技，树立"让全社会都来尊重我们职高生"的信念。学校还通过借助省级立项课题《"引导—内化"德育模式探索与实践》，从学校的德育环境、德育目标、德育内容、德育实践、德育评价5个途径加强对学生的引导，提高学生的道德品质。同时，学校又借助成立家长委员会、片区德育小组，主动完善社会化的德育网络。此外还通过加强学生社团建设，丰富学生的业余生活，提高学生的综合素养；加强学校心理健康辅导中心建设，关注学生心理，加强学生职业规划教育。由于学校重视学生德育工作，近几年毕业生在社会上越来越受到好评。宁波市北仑新闻网相继报道了在北仑区霞浦电信支局实习的学生林蒙洁拾金不昧的故事，在北仑公安分局指挥中心实习的学生裘科群因及时指挥出警挽回金汇百货巨额损失的先进事迹。

同时，学校以“职高姓职，重在技能”为技能教学理念，积极搭建平台，努力促进学生提高技能。2006年该校就开始实行“项目教学”的尝试；2008年又开始进行“工学交替”的教学模式改革；2008年5月，学校举行了由企业冠名的“耀发杯”师生技能月大赛，比赛历时1个月，内容涵盖学校所有专业、所有课程，师生参与率为100%；从2009年开始，学校每年承办北仑区青年职工技能大赛，让学生和企业职工同台共技，引发了学生与青年职工学技能、比技能的热潮。同时学校还成功承办“浙江省中职学校旅游专业学生调酒技能大赛”“宁波市中职学校旅游专业学生调酒技能大赛”等省市级技能大赛，提高了师生的专业技能。通过狠抓技能教学，目前，学校毕业生持双证率达95%，中级工比例超80%。一些优秀学生还在国家级、省级、市级技能大赛中屡屡获奖。

机电专业学生实训课

另外，学校还加强对学生的创业教育。一方面鼓励学生岗位创业。学校努力强化学生岗位创业的理念与意识，教育学生踏踏实实地做好每一份工作，在自己的岗位上做出成绩来，得到领导和同事的认可，这也是成功创业。为提高学生岗位创业的素养，学校不仅加强学生的自主管理，培养学生的责任感，还从全校师生中征集了“北仑职高学生自勉十条”——真诚、责任、勤奋、秩序、整洁、正义、谦虚、孝敬、宽容、创业，以此来勉励每一位学生养成良好的职业道德。另一方面，鼓励优秀毕业生自主创业。2007年学校在全市率先设立学生创业专项基金37.3万元，为毕业生创业搭建平台。

学校的首笔创业基金由贝发集团、北仑华光不锈钢等企业以及一些已经事业有成的优秀毕业生、学生家长和该校教师共同捐赠，基金支持周期一般为2—3年，免收利息，到期后资金归还基金会。同时，基金会成立了由企业专家、学校领导、相关专业教师等组成的创业项目指导小组，对初次创业的学生提供指导，帮助他们提高创业能力。2008年，已有3名毕业生获得创业基金共13万元。对学校的这一举措，《宁波日报》还作了《学校设专项基金帮学生创业》的专题报道。

为了激发学生自主创业的热情，提高学生的创业信心与能力，学校在高二第二学期开设了“创业经理班”的任选课，学生自愿报名参与，校长亲自担任该班的名誉班主任。期间除了校内老师授课外，学校还不定期地邀请优秀毕业生、企业行业专家来为学生作创业经历与感受的讲座。

学校为了鼓励在校学生大胆创业，从2009年开始，建议各个专业在校内成立创业工作室，让学生通过自主实践，体验创业的乐趣与艰辛，由此全面提高了学生的创业能力，激发出创业热情。2009年6月，在服装组老师全力帮助下，服装专业的学生成立了服装专业“卡乐工作室”，主要业务是参与北仑区中小学生校服设计，学校各社团各种演出服、制服设计制作并对外租赁，学生T恤衫设计、制作、销售等，当时还成功举办了品牌发布会，引起社会的广泛关注。中国新闻网、《浙江教育信息报》《宁波日报》《东南商报》《宁波晚报》等多家媒体纷纷进行了报道，高度赞扬这一创举为中职学校学生创业提供了宝贵的经验。随后，该校的一些专业课老师结合自身专业，带领学生纷纷开[illegible]服装专业在内，学校现共有3个专业开设了由学生担任[illegible]愿入股，共同参与管理和生产的的工作室。机械专业开设[illegible]承接创裕公司、天工液压公司等学校合作企业的外加工业务。旅游专业开设了“君度礼仪工作室”，主要是对主持、礼仪培训、花店、茶店、饮料店、导游等各类活动的策划与组织。

二、顺应企业发展，加强专业建设

中职学校的专业设置不仅关系着学校能否更好地为企业服务，还直接影响到学生毕业后的就业情况。因此，学校专业设置就务必要适应经济建设和企业发展的需要，充分体现企业对人才的要求。为此，学校通过教师进企业调研，定期邀请企业、行业协会人员参与学校专业建设研讨会，及时了解区域内企业本身产业结构调整的信息及当地企业发展对人才的需要和具体要求，这样就能设置既符合当地企业发展需要，又体现学校自身特色的专业，并且可以根据企业岗位需求量有针对性地调整各专业招生计划。

在广泛调研企业的基础上，2005 年学校开设了新的专业——港口物流专业。最近几年，学校陆续对各专业进行改造和提升：将酒店服务专业改造为饭店服务与管理、旅游景区服务与管理、英语导游等专业；将服装制作专业改造为服装针织工艺、服装制作与营销、服装 CAD 打板与工艺、服装外贸与设计等专业；将机械专业改造为数控技术应用、机电一体化、模具设计、机床维护等专业。目前，学校已形成了以机电、旅游、物流、服装四大类专业为主，下设若干个专业方向的专业格局，学生在二年级时根据自身特长选择专业方向。

此外，学校还根据区域经济特色，全力打造精品专业、特色专业。学校现有的四大类专业中的机电、旅游、物流专业已被评为省示范性专业和省级实训基地，机电专业、旅游专业被评为宁波市现代化专业。

三、结合企业实际，改革课程结构

职业学校的课程设置改革，既要依据社会对人才的需要，具有实用性；又要依据经济技术的发展趋势，具有超前性；还要根据本地实际优化课程资源，具有区域性：以培养符合本地区经济发展需要的高素质劳动者。

课程体系是学校教育的核心。为建立适应北仑经济发展的课程体系，近几年来，学校以“以学生为中心，以就业为导向，以能力为本位，以够用为原则”，采取走出去、请进来的方式，与企业进行零距离对接。

近几年，学校着力于推动中职教学从学科本位向能力本位转变，以培养学生的职业能力为目标，积极构建学做融通的专业课程体系。2005 年，学校开始实施学分制，开设各类选修课程，并在选修课程中提高技能类课程的比重。2006 年尝试模块化课程教学，在 2007 级学生中实施高二年级重新选择专业模块的方法，按学生自愿选择的专业方向重新编班进行专业化方向的课程学习。学校强化文化课服务功能，增加专业技能课。2007 年开始实行工学结合的课程改革，首先在机械和服装专业进行尝试。2008 年旅游专业和物流专业也采用工学结合、课程和理实一体化的课程改革。学校不仅被授予省、市两级中等职业教育专业课程改革基地学校，2010 年还被评为省级课改先进集体。

同时，学校邀请企业专家及行业协会的主要负责人参与学校的课程改革，努力做到企业需要学生掌握哪些知识、哪些技能，学校就开设哪些课程，积极开展人才培养模式、教学方法的改革，努力尝试订单式培养、项目教学、工学交替等模式，培养技能型人才。近几年，学校邀请区域内物流和机械企业行业的专家，召开物流专业专家论证会暨物流专业建设专家研讨会和机械专业建设专家研讨会，指导学校物流和机械专业的课程建设。学校采纳北仑物流协会建议，与区域内的物流公司共同开发出适合北仑物流企业特色的课程教学软件，有效推进物流专业的教学。此外，还要求教师根据企业要求对教材进行自主安排，编写校本教材。在 2009 年，宁波市中职优秀校本教材评比中，学校有 4 本获奖。

四、利用企业资源，加强学生技能培养

为了加强校企合作，宁波市在 2009 年颁布了《宁波市职业教育校企合作促进条例》，要求职业院校与相关企业在人才培养与职工培训、科技创新与技术服务、资源共享与共同发展等方面展开合作。通过开展校企合作，企业的资源极大地向学校开放，这样学校就可以充分利用企业的资源，切实加强专业教师技能的提升和学生动手能力的训练，培养真正适应社会和企业发展需要的专门型技能人才。

1. 学校教师走进企业

为了有效提升专业教师的技能水平，提高专业教师的教学实践能力，学校建立了教师下企业实践制度。学校在十多家合作企业中建立了师资培训基地，要求专业教师两年内必须用一个月的时间在企业内实践。每年寒暑假，多数专业教师都会自觉去自己联系的企业参加生产实践。根据学校工作的实际需要，学校每个学期也会派部分专业教师去企业挂职，2009 年委派周海霞、李娇娇等老师到宁波南苑饭店挂职锻炼半年，余宝剑、王岩老师到龙星物流公司挂职锻炼半年；2010 年下半年委派吴科杰老师到海港物流公司挂职锻炼半年。另外，学校还鼓励专业教师积极参与企业行业的活动或兼职工作，及时掌握本专业的最新技术，如励群老师是市花艺协会会员，经常性地参加协会的活动并多次获奖，提升了技能水平；乐崇年老师担任了区域内多家模具企

专业教师下企业

业的技术顾问，与企业合作共同开发产品，帮助企业解决生产难题。

2. **实训基地建在企业**

校企联手，共建实习实训基地，加强对学生操作技能的培养，确保为相关企业输送高素质的毕业生。生产实习是职业教育过程中十分关键的环节，而生产实习完成的效果如何很大程度上取决于学校实习基地的建设情况。因此，可以说职业学校的教学设备设施和实习实训基地是保证高质量完成教学任务、提高学生专业技能素质的必要物质条件。由于资金、场地有限，学校除了根据企业技术进步的要求尽力添置、更新学校内的教学设备设施，加强校内实习实训基地的建设外，还积极实践“产学结合，校企合作”的办学模式，加强校外实训基地建设。积极利用企业的资源，依靠企业，为学校的相关专业提供先进的实习实训条件，并且让企业协助学校开展对实习实训学生的管理、教育等工作，形成网络化的完备的校外实习实训基地。

2007 年，学校与中国贝发集团有限公司、浙江吉利汽车有限公司、海天塑机集团、凤凰山主题公园、加贝购物等 18 家区域内享有盛名的大型企业建立联系，使之成为职业学校的实习实训基地，为学生的技能培养和发展搭建了广阔的平台。2008 年通过拓展，发展到 28 家。至今，学校已经在 50 多家区域内的大企业建立校外实训基地，并签订了合作协议。在区政府的支持下，学校每年还定期对这些实训基地进行考核。凡是与学校建立长期合作关系、为学生实习实训提供优质服务、在开展校企合作方面起示范作用并与北仑职业高级中学签订校企合作协议一年以上的区域内企业，都参与考核和评选。根据《北仑区优秀校外中等职业教育实习实训基地评估细则》，对考核优秀的实训基地，区政府每年给予 50 万元的奖励。

3. **把技术专家请进课堂**

为了使学生更好地了解企业文化，进一步提升职业道德素养，为他们今后走上实习岗位和创业道路打下基础，学校每年都组织“聘请企业成功人士，一周一讲座”活动。为此，学校还将“宁波耀发数控有限公司”等 18 家大中型企业的 24 名企业高级技术人员聘为学校的“客座教师”。近几年，学校先后邀请了宁波恒远制衣有限公司首席样板

企业家进课堂

师张海成先生、宁波耀发数控有限公司高级工程师徐进先生、宁波亿流仓储有限公司高林总经理、宁波兴昌大酒店徐雅芳总经理等企业成功人士为服装、机械、物流、旅游专业的师生进行讲座，深受师生欢迎。企业专家精彩纷呈的讲座可以使师生拓宽知识面，也能为学生平稳地进入社会、更好地为社会服务奠定基础。

4. 订单培养冠名班级

专业班级企业冠名仪式

为了使学校在招生、培训、实习、就业等工作上做到强强联合，实现优势互补，从2009年开始，学校在原有的企业冠名班级的基础上，进一步扩大规模。2009级有22个班级，2010级有21个班级，这些冠名企业都委派了企业主要领导或技术骨干担任班级的副班主任。这些副班主任不仅承担协助班主任将企业文化带进学校、带进教室的任务，还将共同承担教育管理学生和参与学校教学改革的重任。

这些副班主任将根据所任班级专业的培养目标和岗位要求，每周为学生上专业课或进行专题讲座1—2次，定期组织学生到企业参观、实习、实训，使学生切身感受企业工作氛围与企业文化，熟悉企业的运营环境和工作节奏，进一步培养学生和企业的感情，增强学生对企业的责任意识。通过班级企业冠名这一形式，学校还可以直接将企业文化、职业道德、企业精神等带进教室，引进课堂，使之成为班级文化的重要组成部分，从而提升校园文化品质，提高学生对企业岗位的适应能力。另外，让企业参与学生的学业评价，并将企业标准融入评价，激发了学生学习专业的热情。

深化企业冠名班级合作内涵。对学校来说，以企业冠名班级为平台，以专业课程改革为突破口，可以从根本上解决专业与岗位不对接、学校教育与社会和企业需求不对接等问题；对企业来说，企业冠名，校企携手，把企业和学校紧紧联系在一起，让企业也承担一部分培养职业人的责任，增强了企业的社会责任感。

企业副班主任给2010级新生带来精彩一课

“我叫朱蕾，是龙星物流公司人事部的培训专员，很荣幸担任我们龙星班的副班主任。”经过一段简单的开场白以后，她开始详细给学生介绍龙星公司的发展史，并把“今日我以龙星为荣，明日龙星以我为荣”的口号也带给了同学们。尽管之前已经做了充分准备，但是第一次给职高学生上课，朱老师一开始不免还是有一点点紧张。为了上好今天这一课，她可是一个星期前就开始准备了，她还说，当初公司把担任冠名班级副班主任的任务交给她时，她是既高兴又觉得很有压力，一有空闲就琢磨着如何把这项工作做好。为此，她很早就着手制订计划，为了能把这项计划补充得更完善，她还说要认真倾听班主任和同学们的想法和要求。为此，她在课堂上安排了互动交流的环节，听听同学们对她这个副班主任有什么要求、对企业有什么要求。

相比之下，已经多次来我校开过讲座的恒远制衣的项大初主任就显得胸有成竹了。他在恒远班的课堂上，更多的是跟学生交流如何做人、企业需要怎样的人。项主任在企业担任办公室主任兼人力资源部经理，企业的工作已经让他忙得不可开交，但对于学校的邀请，他都是有求必应。他说，跟学校合作这么多年了，很清楚学生的实际情况，也很了解学生最需要的是什么样的教育，所以他会用企业里生动的案例深深吸引每一个学生的注意力，课后学生都会很有感触地说听项老师的课时间过得很快。

形象设计专业是北仑职高今年新开的专业，与宁波蓝钻美发管理有限公司也是首次“联姻”，公司领导特别重视。该公司总经理孙永年带领人力部经理和运营部经理出席学校的冠名班级仪式，并且委派这两位大将共同担任蓝钻美发班的副班主任。两位副班主任走进教室，刚上课他们就为同学们介绍了本专业的连锁合办单位——“蓝钻”的相关资料，每个学生都听得很投入。蓝钻美发聚合了一群有梦、有爱、有使命的热血青年，热爱美发事业，这是他们的共同特征。这种特征催生了他们坚定的信念、强悍的毅力以及持之以恒的精神。他们以创新思维打造了团队。其中，让大家记忆犹新的一句话是：顾客需要的不仅仅是发型，而是一种积极的生活态度。为满足顾客的这种需要，蓝钻致力于提升员工们的素质，在作品上和顾客一起创造，以达到尽善尽美的效果；在技术上，严格把握标准；在服务上，积极践行以爱和喜悦为基础的人文精神；在沟通上，倡导理解和尊重顾客的原则。同时他们还叮嘱同学们要学好这个专业，手上一定要有绝活，但练就绝活不是一朝一夕的，要靠苦练和巧练；最后还鼓励大家：“同学们个个心灵手巧，只要你们肯用心、肯付出，必将成为佼佼者。”

在得知学校美发专业老师紧缺时，孙永年总经理立即承诺，愿意无条件提供援助，只要学校需要，随时都可以委派技术骨干来学校任课，学校也可以组织学生去企业学习。

5. **技能大赛同台竞技**

职工和学生同台竞技，激发学生的学习积极性。学校组织优秀学生参加企业职工技能大赛，同时也邀请企业共同承办各级技能大赛，以赛促训，以赛促进技能提高。师生与来自各企业、行业协会的职工一起同台竞技，不仅能为区域广大职工搭建施展才能、相互交流、共同提高的好平台和好机会，还能激发广大学生学技能、比技能的热情，全面调动学生提升技能的积极性。

6. **校企合作研发教材**

学校聘请企业行家担任学校专业指导委员成员，共同研讨专业建设，根据企业需求及时调整专业设置，改革课程结构。通过教师下企业，引进企业资源（如设备、行家）共建专业课程，研发教学项目。在《宁波市中等职业教育地方特色教材研发项目》中，学校“外贸针织服装订单生产实例”“港城之旅”“宁波外贸仓储技术与实务”等四个项目被列为市级项目，现在已到了结题阶段。

研发项目通过走访企业、企业专家鉴定等程序确定项目内容，由专业教师实施项目教学。教学的项目来自于企业生产一线，经过一系列的合理调整、整合，使其适合于课堂教学，通过这些项目的学习和技能训练，学生可以大大提高对岗位的适应性。如服装专业《针织服装教学基础》学习项目的设计，学生学完这门课后要能够独立完成5个任务——原单翻译、制图打板、编写工艺单、缝制工艺、项目评价，然后从简单到复杂设计8个项目（女式圆领T恤、男式翻领T恤、女式插肩风帽衫、拉绒休闲长裤、女式时装POLO衫、瑜伽服、工字背带帽连身裤、女式时尚运动装），对每个项目的学习都要重复这5个工作任务。

另外，学校还通过将企业元素融入校园环境、企业文化渗透进教育教学、企业“7S”引入学校管理等开发与企业文化有机结合的隐性课程，提高学生的职业意识。

7. **吸纳企业参与学校管理**

学校充分利用“北仑区中等职业教育集团”和“北仑职业高级中学董事会”的平台，积极聘请企业技术和管理专家，成立由高校专家、行业企业技术骨干、校骨干教师共同参与的机电类、港口物流类、旅游类、服装类四大专业教学改革指导委员会，各设主任1名、副主任2名、秘书长1名、成员若干名，其主要职责是对学校的专业设置、课程建设、教学改革、师资队伍建设等方面的重大问题，提出评价和建议。

8. **校企共建职工学校**

恒远制衣公司是一家劳动密集型企业，一直以来，公司对北仑职高的工作非常支持，积极为学校提供校外实训基地，也多次派遣一些技术骨干为学校师生做讲座或上课，而且还连续两届冠名专业班级，并委派了优秀的副班主任。不过，该公司由于一线工人中外来务工人员多，流动性比较大，相对综合素质不高，培训要求非常迫切。因此，北仑职高为了进一步把职业学校“植根企业，服务社会”的办学思想落到实处，针对恒远制衣公司一线工人学习培训的实际需要，帮助其成立了“企业职工学校”。这是北仑职高急企业之所急，是对企业多年来默默付出的一种回报。

北仑职高服装学区组长胥余川老师代表学校出席了职工学校开学典礼，并对首批来自各个车间的50位学员作了热情洋溢的讲话。他表示，将来北仑职高会为企业职工学校委派最好的师资，会根据学员的实际需要制订教学计划，用最适合学员的教学方法开展教学，教他们想学的、能学的。他还鼓励学员通过企业职工学校这一平台，努力学习，不断提升自己的综合素质，争取成为既有专业特长又有文化素养的现代企业劳动者。他的讲话赢得了学员们热烈的掌声。

开学典礼上学员代表欣喜地说：“没想到，来到企业工作后还有机会坐在课堂上学习文化知识，非常感谢北仑职高和公司给我们这样一个机会，我们一定珍惜这个难得的机会，努力在课堂上学习理论知识，提高自己的素养，更好地为企业服务。”

此次企业职工学校的成立实现了校企双方在更广阔的领域里开展更广泛合作的第一步。从企业专家走进教室到学校教师走进企业，标志着北仑职高的校企合作正在向多方位、深层次发展，相信校企合作的道路将越走越宽广。

据悉，现在北仑职高服装学区已经根据企业工人的实际情况制订了相应的教学计划，安排了董飞鸿、胡伟英、李英芬等7位教学经验丰富的教师为他们上《服装工艺与打板》《服装设计》《心理健康》《计算计基础》《阅读与写作》等课程。为了不影响企业的正常生产，上课时间基本安排在晚上和周日白天，授课的老师也都欣然接受，毫无怨言，这也充分展示了职高人的奉献精神。

通过几年的实践探索，他们深深感受到职业教育只有植根企业，才能真正做到“以服务为宗旨，以就业为导向”，也唯有如此，职业教育才能更加贴近学生所需、贴近企业所需，为当地企业培养更多的高素质人才。与此同时，我们也深深感受到校企合作要开展得好，必须做到以下几点。

一、需要政府支持

如果政府没有出台一些保障与激励措施，要想有效利用这些建立在企业的校外实训基地、开发合作平台的有效价值还是比较困难的。因为校企合作在初期不仅不能给企业带去直接的利益和实惠，有时还可能给他们制造一些麻烦。这必然会导致企业参与合作的积极性不高，特别是对那些只着眼当前利益或缺乏社会责任感的企业来说更是如此。现在一些企业接纳学生的实习只是其用工的需要，而且出于企业当前利益的因素，企业用于学生实习的人力、财力、物力相对都比较少。因此，政府要统筹经费、资源、信息，协调企业和学校的双方利益，建立评估考核和奖励等机制，明确政府、企业、学校的责、权、利关系，并能适当倾斜政策，搭建互惠互利的合作平台，激励企业着眼于长期合作的愿景下，在办学理念、人才培养、课程改革、产学研项目、学校和企业文化建设等深层次和长远利益上进行合作，这样才能真正为校企联手促进职业教育的可持续发展创设良好的环境。

二、需要制订校企合作工作章程

为进一步推动校企合作，提高职业学校的办学水平和人才培养质量，为地方社会经济发展作出更大的贡献，校企之间的合作必须制订《校企合作工作章程》，双方还应该遵循“平等自愿，互利多赢，资源共享，共同发展”的原则，即职业学校充分发挥办学优势和人才培养优势，主动为企业提供人才资源和技术支持；企业要充分发挥信息、技术、设备等资源优势，主动为学校提供有效资源。同时，双方应以市场和社会需求为校企共谋发展的着力点，通过宽口径、多渠道、深层次的合作，充分利用企业生产环境、先进设备、技术人才等优质资源，为学校培养高技能应用型人才，促进学校教育教

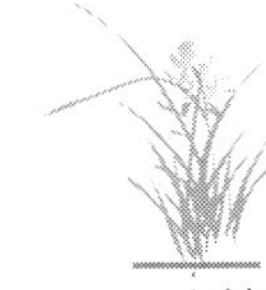

学质量与企业技术水平的提高，从而提高学校和企业适应市场经济的能力。

三、成立职业教育指导委员会和各专业指导委员会

为进一步加强职业学校与区域内各类企业的全方位深度合作，加速职业教育与区域经济（产教）的结合，保证校企合作能顺利、有序、长期坚持，促使校企合作培养技能人才工作真正贯彻落实，抓出实效，应该成立职业教育指导委员会和各专业指导委员会。职业学校可以通过职业教育指导委员会及时获取行业、企业对技能人才的需求情况及企业对毕业生使用的反馈信息，然后根据这些信息对各专业的培养目标及学生所需具备的知识、技能和素质提出建议。职业教育指导委员会还能帮助学校共同构思职业教育发展方向，帮助学校制订办学发展规划；寻求校企联合办学、定点培养、定向就业等合作模式；根据企业培养与用人计划，制订出适时调整学校教学计划的可行性方案。同时专业指导委员会参与学校各个专业建设规划的论证和审定工作，根据行业发展和企业需求，提出专业设置的建议和调整意见；参与学校的课程改革，积极开展人才培养模式、教学方法的改革，使学校的培养目标进一步贴近企业发展需求，努力做到企业需要学生掌握哪些知识、哪些技能，学校就开设哪些课程。此外，专业指导委员会还应该参与校本教材的开发，及时了解与学校专业建设的相关知识、技术的最新发展动态，根据社会经济发展需求及职业岗位对人才的要求，确定专业培养目标及其岗位所需的知识和技能。专业指导委员会还应参与指导和评审专业教学计划、专业课程教学大纲和技能培养大纲，整体提升师生技能水平；指导校内实训基地建设，开发组建校外实训基地。通过定期召开专业咨询论证会，了解企业对专业设置、人才培养、教学内容、实验实训等方面的改革意见和建议，并定期安排企业专家给学校师生做讲座。

四、不断拓展校企合作的内涵

校企合作有时更多地需要学校主动出击，如学校可以通过上门为企业职工提供培训服务、技术咨询等，主动和企业建立良好的伙伴关系。为了促进学校文化与企业文化的交流，学校在引进企业文化进校园的同时，也可以送校园文化进企业。此外，学校还可以通过利用自身体育场馆等资源，与企业一起共同开展体育运动会，举办节日联欢会、举办校企合作论坛等形式多样的活动促进校企文化交流。校企双方还可以一起举行企业职工和学校师生同

台比拼的技能大赛，激发师生和企业职工学技能和比技能的热情。

专家点评

宁波市北仑职业高级中学是国家级重点中等职业学校，办学成效显著。该校的办学经验，主要就是植根企业，根据企业要求培养与企业对口的高素质技能型人才。这是由于学校地处经济特别发达的地区，有先天的办学优势，再加上当地政府的政策、制度和财政大力支持，为校企合作搭建了互惠互利的合作平台，企业的资源极大地对学校开放，才得以做到校企深度合作，为校企联手促进职业教育可持续发展创设良好的环境。当然，办学成绩的取得也是和学校的努力分不开的。

学校在职业指导工作方面有 4 点特别突出：

第一，学校特别重视对学生进行品德教育，崇德强技，不但重视校内的德育，还成立家长委员会、片区德育小组，主动完善社会化的德育网络。

第二，技能大赛形式多样，让学生和企业职工同台共技，激发了学生与青年职工学技能、比技能的热潮。如学校举行由企业冠名的"耀发杯"师生技能月大赛，承办北仑区青年职工技能大赛，还承办省、市级中职学校的技能大赛。

第三，通过订单培养、班级企业冠名这一形式，学校直接将企业文化、职业道德、企业精神等带进教室、引进课堂，使其成为班级文化的重要组成部分，提升校园文化品质，提高学生对企业岗位的适应能力。

第四，鼓励优秀毕业生自主创业。学校设立学生创业专项基金为毕业生创业提供平台。学校的首笔创业基金由企业以及一些已经事业有成的优秀毕业生、学生家长和该校教师共同捐赠，基金支持周期一般为 2—3 年，免收利息，到期后资金归还基金会。同时，基金会成立了由企业专家、学校领导、相关专业教师等组成的创业项目指导小组，对初次创业学生提供指导。学校在高二第二学期开设了《创业经理班》的任选课，学生自愿报名参与，校长亲自担任该班的名誉班主任，请校内、外教师授课；鼓励各个专业在校内成立由学生担任总经理、学生集体自愿入股，共同参与管理和生产的工作室。

（点评：张振笋）

开拓创新职教就业指导，与时俱进谋发展

——安徽省霍邱县石店职业高级中学

名校／名校长简介

学校全景

霍邱县石店职业高级中学是安徽省省级示范中等职业学校，六安市第二届、第五届“文明单位”。学校的汽车制造与检修专业、计算机及应用专业、电子技术应用专业被确定为省级重点建设专业，养殖基地被确定为省级重点建设实习基地。学校办学设施齐全、校园环境优美、文化氛围浓郁，是职高学生学习技能、提升素质的理想场所。学校教师在国家级和省级以上刊物上发表论文数十篇；自编的校本教材《计算机应用基础》《职业道德与法律》等均通过全国中等职业教育教材审定委员会审定，并且被推广使用。2010 年，学校获批省级课题一个、市级课题四个。

近年来，学校抓住霍邱特大铁矿发展对人才需求的机遇，与江西冶金职业技术学院联办选矿技术、矿山机械运行与维修等专业，并积极承担铁矿职工的岗前培训任务，深化校企合作，建立起职业学校与地方经济发展的紧密联系，竭力为安徽第二个钢城的建设发展提供强有力的人才支撑。学校依托区域优势，努力把学校建设成为服务霍邱铁矿经济，培养矿业开发所需要的初、中、高级技术人才的综合性职业学校。

王秀江校长，研究生学历，1966年生，从事职业教育26个春秋，担任石店职高主要负责人13年，2001年被授予安徽省职业教育先进个人称号，2010年撰写的论文《中职教育校企合作的探索与思考》获安徽省论文评选二等奖，目前负责市级课题《工学结合、校企合作的实践模式研究》。多年来，王秀江校长努力强化内部管理，狠抓教育教学质量，积极探索学生自主管理方法，不断深化职教内涵，确立了“以市场为导向，以就业为宗旨，以联办为渠道，以课改为重点”的办学理念，把“放眼世界的爱国者，求实进取的学习者，乐群好学的合作者，开拓创新的劳动者”作为学生的培养目标。在学生中提出了“整顿学风，建立秩序，严明纪律”的十二字方针；坚持“德育为首，重视技能，强化基础，完善自我”的培养模式，取得了教学改革的累累硕果。

王秀江校长

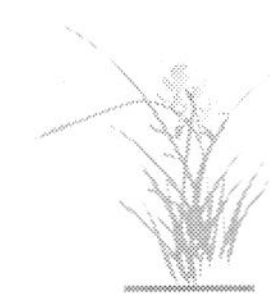

学校在认真分析了社会发展形式和农村职业教育特点的基础上，确立了“以市场为导向，以就业为宗旨，以联办为渠道，以课改为重点”的农村职业办学理念。

一、以市场为导向

职业教育是直接为社会输送人才的教育，其特殊性决定了职业教育的专业设置不仅要遵循教育规律，也要遵循人才需求规律，突出职业教育特点。专业设置是职业学校的一项常规性和基础性工作，必须要以市场为导向，遵循人才需求规律、满足产业结构的要求、适应科技发展的需要。因此，在专业设置过程中，我们应该严格遵循“需求导向原则、条件必备原则、适度超前原则和效益最大化原则”，做到稳定与灵活相结合。首先，在专业没置上，我校通过认真调查和科学分析，牢牢把握社会发展和科技进步的脉搏，摸清科技发展的动向和趋势，以人才市场需求为基础，做出灵敏反应，抓住时机，创造条件增设新专业和改造相对老化的专业。其次，在总量和时序安排上，我校在充分研究市场供求关系发展与变化趋势的情况下，以不变应万变，开设了计算机及应用、电子技术应用、电子商务、数控技术应用、汽车制造与检修等就业形势被看好的专业。另外，为适应新农村建设的需要，我校还兴建了养殖基地和种植基地，积极培训新型农民和科技带头人；为适应当地铁矿经济发展的需要，学校还开设了涉矿类专业。

二、以就业为宗旨

为工业化社会培养合格的技术人才是中职学校培养学生的出发点和落脚点，而良好的就业机会更能够增强职业教育的吸引力。多年来，学校积极拓展职高毕业生的就业途径，进一步树立职业教育就是就业教育的观念，以优质的就业安置工作拉动招生规模，加强与用人单位的联系，做好订单式培养；加强就业指导工作，增强学生适应就业市场的能力；认真抓好毕业生的跟踪回访服务工作，适时举办优秀毕业生事迹报告会，增强在校生的学习信心和决心。学校严格执行就业工作的7道程序，即搜集用工信息——确定候选企业——学生选择企业——咨询家长会议——实地考察企业——护送学生上岗——专人跟踪服务。规范的就业安置程序带来了良好的社会效应，学生及家长十分满意。近三年来，学校年平均毕业学生近600，除部分学生参加对口升学考试或自主择业外，其余基本上被安置在长三角地区的外资企业、合资企业或国有大型企业上岗就业，学生就业率达98.5%。

三、以联办为渠道

由于职业需求变化较快，面对一些“朝阳”专业，学校有时会缺乏必要的实训设施；加之当地工业发展不足，工科类专业学生见习、实习相当困难。为了更好地培养学生的操作技能，顺利安置学生实习、就业，学校近几年坚持走校企联办、校校联办的道路，分别与苏州英格玛人力资源公司、安徽汽车工业学校合肥培训分校、中国计算机函授学院、六安裕丰汽车修理厂、苏州闳晖科技公司、江西冶金学院、北京现代职业学校等进行联合办学。让联办对方把实训设施安置在学校，减轻了学生出门学习、实习的负担，增强了学校自身的办学能力；让学生能够在学习期间接触企业生产和管理，做到了工学结合，增强了学习的实效性，缩小了学习与就业的距离。总之，通过联合办学既增强了学校办学的吸引力，又提高了职业教育的办学效益，可谓一举两得。

四、以课改为重点

为适应社会发展需求，把学生培养成技能型、实用型的人才，学校针对职高专业的实际情况，经过研究和探索，努力尝试了对四类课程的改革工作，具体内容和要求如下：第一，文化基础课，坚持文化课为多种需求服务的原则，以教师自编的校本课程为主，让学生能够听得懂；第二，专业技术课，以实验实习为主，实行模块式教学和考评，让学生能够学到操作本领；第三，职业准备课，以实用为主，为学生走出校门，成为合格的社会人才和高素质的劳动者奠定坚实基础；第四，兴趣活动课，以培养学生健康的情趣和高雅的爱好为主，为学生今后的社会生活拓展广阔的空间，促进学生的可持续发展。

浓厚的职教氛围，清晰的办学思路，科学的决策管理，高效的工作作风，确保了石店职高在坎坷的农村职教道路上能够站稳脚跟，勇往直前，且不断创造佳绩，赢得了广泛的社会赞誉和上级领导的一致好评。

随着中国经济社会发展和工业化建设进程的加快，中等职业教育得到了迅速发展。在这种大环境下，1985年，学校由普通高中改制为职业高中，发展过程大致分为三个阶段：1985—1992年，以学历教育为主，主要培养对象是“官二代”，即商品粮群体，他们凭借着一纸高中毕业证，可以当兵、安排工作或接班；1992—2002年，主要目的是使学生升学，由开始的推荐学生参加考试到后期全部学生参加职对口升学考试，这期间的学生整体素质较好，大都抱着升学的愿望进入学校学习；2002年后，以就业为主，由于普通高中发展迅速，中职学校的生源质量越来越差，除少数有升学意愿的学生外，大多数学生对学习文化知识的兴趣不浓，加上“民工荒”“用工荒”的出现，学生的就业形式也越来越好，因此，学校的培养方向转向以就业为主。

一、市场与专业

中等职业教育的人才培养目的就是能够适应企业和社会的需要，适应就业需要，让学生毕业就能够就业。换言之，学生在走进中职学校时就明确学校的目标是送他们去就业。要找到一个适合自己且让自己基本感到满意的工作，就要通过职业学校的学习和培训，使自己具有一定的专业技能，才能从容就业。由此看来，中职学校的专业设置必须适应市场的需求，市场需要什么样的技术工作，学校就应该开设什么样的专业；若背离了市场，毕业生的就业之路就会被堵死，职业学校也就没有了活力和生命力。市场就是职业教育的生命，离开了市场，职业教育就成了无源之水、无本之木。因此，在专业建设方面必须紧跟着市场，这是关系到学校长远发展的大事。

纵观学校专业建设的历程，可以肯定地说，学校做到了积极把握市场脉搏，并及时进行了专业的调整。20世纪80年代中后期，学校为适应一些农村青年发家致富的愿望，开设了种植、养殖类的培训专业，比如食用菌栽培技术、水面立体养殖技术、大棚蔬菜栽培技术等，培养出了千余名新型农民。他们有的迅速成长为脱贫致富带头人，有的成为了农村的基层干部。进入新世纪，随着中国加工业的迅速崛起，学校适时开设了以电工电子技术为主的专业，让数千名农村的孩子进入城市的电子厂上岗就业。随着汽车走进千家万户，汽车维修、销售等服务行业技术人员严重短缺，学校于 2007 年开设了汽车维修、检测、销售、保险等一系列专业，培养出了一批批技能型人才和服务型人才，使汽车制造与检修专业于 2009 年被确定为省级重点建设专业。目前，学校正在准备职办汽车驾驶培训学校的工作。近年来，铁矿发展势头迅猛，探明储量近 20 亿吨，已有十余家大型企业进驻学校所在县，其中五家企业开始投入生产。学校组织人员进入矿区，实地调查分析企业对人才的需求情况，开设了选矿、矿山机械与维修、矿山电工、钳工等专业及相关的服务专业。

总之，学校专业设置的原则是：需求第一，适时调向，主干辐射，以点带面。“需求第一”是指学校应围绕社会发展、经济建设、支柱产业和新的经济增长点的需要，针对技术领域和职业岗位（群）实际要求，重点设置高新技术产业、新兴职业岗位（群）及服务业所需要的专业。“适时调向”是指学校应根据市场对人才需求结构的变化，适时调整原有的专业和培养目标。同时，区域矿业经济的发展，定会带来服务市场的不断繁荣，服务这一行业对人才培养提出了更新的要求。“主干辐射”是指学校以某一专业作为主干专业，本着社会资源“不唯所有，而为所用”的大系统教育观，紧贴市场需求，设置与其相关的专业。“以点带面”指的是学校确定若干个重点专业，并逐步将其打造成品牌专业，作为学校发展的推动力量，同时带动其他专业的建设发展。

二、招生与就业

一直以来，招生和就业工作都始终困扰着农村中等职业教育的发展。20 世纪，农村中等职业教育招生较为容易，但由于地方经济发展不足，大批农民工涌入城市，给职高生就业带来了阻力。进入 21 世纪后，职高生就业道路顺畅，但由于普通高中的大发展，中职学校的招生难问题又突显出来。面对交替出现的就业问题、招生问题，学校负责人认真思索、不断探讨，摸索出一些有实践意义的办法。

第一，做好宣传工作，让学生“进得来”。

生源乃学校生存发展之本。但目前中职招生极为困难，其主要原因一是传统观念，“劳心者治人，劳力者治于人”“学而优则仕”的思想在不少家长的脑海里根深蒂固，他们总是千方百计让自己的孩子上普高、考大学，以光宗耀祖；二是社会偏见，不少人总认为孩子上职高是没有出息的，是无奈的选择，连家长都觉得脸上无光；三是社会用工制度不健全，一些没有经过培训、没有职业资格证书的小学、初中毕业生通过熟人引荐，也可上岗就业。因而，招生工作的重中之重是要做好宣传工作。为此我校成立了一个宣传班子，做到宣传工作的四个“结合”：平时宣传与集中宣传相结合，学校宣传与家庭宣传相结合，个别宣传与集体宣传相结合，口头宣传与文字宣传相结合。宣传的内容从政策方向讲到切身利益，从职业规划讲到事业前景，从市场经济讲到家庭实情。

在实际的宣传工作中，可以说是既有苦衷，又有乐趣。有的学生上职高态度积极，可家长不同意，且以不提供学费做要挟；有时老师去学生家里，家长以干农活为由，硬是不让老师进屋，甚至还说一些风凉话；有的家长在外务工，老师开始用电话联系，当谈到建议孩子上职高的时候，他便不再接这位老师的电话；有时老师把家长的电话打通，对方便先发制人，“你只要不劝孩子上职高，啥都可以说！”一次，学校老师在和家长谈到学生九年级毕业后若不继续上学，没有技术，外出打工不利于今后的发展时，家长甩来一句：“我的孩子就是今后饿死了，也不用你们操心！”让老师们当场难以下台。还有一次，学校老师在一所学校对毕业班家长进行招生宣传互动时，家长们提出一些问题，如“家里穷交不起学费怎么办？学校能不能保证孩子考上大学？孩子的在校安全是否有保障？孩子在校花费情况如何？”等等。

学校招生办主任在一次骑摩托车外出招生宣传的路上，由于路况不好，他又赶时间，不慎摔倒在路旁，幸亏有几位好心路人将其救起。事后，校长和他开玩笑说：“上职高的学生大多是思维能力不强的‘差生’，或者是没有社会关系的家长，或者是经济条件不好的家庭，总之，从家庭、家长到学生本人都是相应的弱势群体，我们为他们谋化美好的未来是在施善积德呀！正因为我们是在做善事，所以才会有好报，所以你今天才会有大难中的万幸哟！”回想十几年前，学校几位老师乘坐农用三轮车外出招生，由于道路泥泞，且路面坑洼不平，车子在途中不幸翻在路边，几位老师有被碰得头破血流的，有被擦伤肢体的，他们自己调侃，即兴编首了打油诗：“职高招生难，流血做宣传，社会若不解，我和你没完！”

现在，职教人确实品尝到了苦尽甘来的滋味。当看到一群群孩子背着书包前来报名的时候，当看到学生们在学校里快乐成长的时候，当看到毕业生们被一批批送往企业上岗的时候，当传回他们一个个成长为技术骨干的时候，学校教师不禁流下幸福的泪水，也发出这样的感慨：这些原本可能会游手好闲的孩子们，通过教师的艰辛付出，与传统观念和社会偏见作不懈的斗争，终于成长为国家工业化建设的栋梁之材；他们能够获得一份体面的、有尊严的工作，能够自食其力，为社会创造财富，这就是我们的幸福呀！

第二，做好教育管理工作，让学生“留得住”。

当然，学校的招生工作，第一场重要战役就是宣传工作，让学生“进得来”；但能否“留得住”，也是一场决定职教存亡的持久战。中职的大多数学生对学习兴趣不浓，且意志力较差，不良习惯较多，他们中的许多人不知道珍惜来之不易的学习机会。因而，学校不仅要做好常规管理工作，更要加强对学生的技能培养，让他们能够真正学到过硬的本领；同时还要强化对学生的思想教育，积极改正他们的一些不良习气，为他们未来的就业打下坚实的基础。

第三，重视就业工作，让学生“出得去”。

学校高度重视学生就业工作，即便在学生以职对口升学为主的时代，学校也成立了毕业生就业办公室，为学生提供就业帮助。职高学生的就业形式大致可分为四个阶段：第一阶段是关系就业，例如，1999 年，学校有十余名在职对口升学考试中名落孙山的学生，当时的就业环境不是很好，学校领导与在深圳市教育局工作的一位老同学取得联系，好不容易才将学生安排在深圳经济特区就业；第二阶段是有偿就业；随着长三角地区的经济发展，学校凭借区位优势，积极与一些人力资源公司取得联系，学校支付一定的报酬，由他们帮助安置就业；第三阶段是义务就业，人力资源公司通过从企业索取报酬，免费为中职学生安置就业；第四阶段是营利就业，特别是近年来，由于多数企业对中职毕业生情有独钟，加之毕业生供不应求，一些企业为了自身的发展，积极与学校联系学生就业，并承诺付给校方一定的管理费用。

中职学生的就业形势越来越好并非偶然现象，主要原因是中职学校逐步趋于成熟，加大了对学生素质的提升教育和技能培养的教育力度，也就是说，现在中职毕业生的综合素质更高了，更能够适应现代企业的需求，并能很快成长为企业的技术骨干和管理人员。他们比大学生们更具有吃苦精神和动手能力，比农民工们更具有技术能力和敬业精神，因而也就备受企业的青睐。

三、联办与实习

职业学校培养目标的特殊性，决定了职教应是“跨界”的教育。也就是说，职业学校单靠自身谋发展是不可行的，必须走校校联办、校企联办的模式。究其原因，一是广大农村职业学校经济条件不是太好，在适应市场调整专业时，其相关的师资力量和实训设施都很难及时得到补充，缺少了这两点，就谈不上办好职业教育或技能培训；而且外行不可能培养出企业需要的内行，没有手把手地教学生操作的过程，也不可能培养出企业需要的技术人才，没有政府或行业的积极参与，学校培训工作的开展也是十分艰难的。二是职业学校是直接为社会培养人才的，人才的标准不是学校自身规定的，而是用人单位说了算，技术的要求、能力的要求、素养的要求等都应该符合用单位的需要。因而，走联合办学、工学结合的模式是办好农村职业学校的必由之路。

20世纪90年代初期，针对当地因普及照明用电，农电工迅速增加的现状，学校积极与供电部门取得联系，利用学校的资源优势，为本县培养了五期近200名农电工，他们现在大都已成为本地供电系统的骨干力量。

2004年，学校更多的毕业生涌入长三角地区上岗就业，学校负责人考虑到距离较远、跟踪服务缺位的现实，积极与苏州英格玛人力资源公司联合办学。毕业生由对方在征求校方意见的前提下安置就业，学校重点做好学生的跟踪服务工作；对工作岗位不满意而提出需要调换的、对因违反企业管理规定而受到处罚的、对学生长假期间需要返回的等实际问题，由英格玛人力资源公司全部负责。

近几年，针对市场需求和学校的实际情况，也为了拓宽学校专业，学校于2006年和2007年分别与中国计算机函授学院联办了数控技术应用专业，与六安市裕丰汽车维修厂联办了汽车制造与检修专业，其联办的模式是：对方按学校要求，负责添置实训设备和选派专业课教师。

2009年，学校与苏州闳晖科技公司联合办学，采取了“1＋1＋1”的办学模式，即第一年，依据对方的要求，学生在校学习专业技术，对方适时安排人员对学生进行企业文化讲座；第二年，学生进入对方企业工学结合，学校安排专人负责管理，配合对方人事部门对学生进行学习考核和技能鉴定工作；第三年，闳晖科技公司根据学生工学结合阶段的表现，安排合适的学生顶岗实习，并负责学生实习期的考核工作，考核合格的学生方可获得职业高中毕业证书。

为适应当地铁矿发展对技术人才的需求，面对学校对此类专业人员培养的经验不足、设备缺乏的问题，学校积极与江西冶金学院联办了矿山机械运行与维修、矿山机电等涉矿类专业。第一年，学生在我校学习文化课和专业基础课；第二年，学生到对方学校学习实践操作技能；第三年，学校负责安排学生在当地矿区企业顶岗实习。

2011 年，为满足当地农村孩子进入大都市工作的心愿，学校与北京现代职业学校联办了电子商务专业。按照对方的课程计划要求，学生在学校学习一年半时间，在对方学校学习和见习半年时间，第三年由对方将学生安置在北京市相关单位工作。

依据目前在校中职生晚自习和周末时间难以管理的现状，学校正在积极探索与电子类企业联系，引进几条技术含量不高的生产线，让学生在课余时间可以进行实实在在的生产，这样既可释放学生过剩的精力，又可让更多学生参与勤工俭学。

其实，一些职业教育办得成功的国家，都是坚持走联合办学的模式。像德国的“双元制”就是一种最典型的校企联合办学的模式。所谓“双元制”，是指学生既在企业里接受职业技能和相应知识的培训，又在职业学校里接受专业知识理论和文化基础知识教育。这是一种将企业与学校、理论知识与实践技能紧密结合起来的，以培养专业技术工人为目标的职业教育制度。德国的“双元制”已经有 100 多年的历史，其主要特点是以能力培养和技能培训为主、理论教学为技能培训服务；采用模块式教学，学习内容安排由浅入深呈螺旋式上升；在企业与职业学校两个地点学习，学生同时具有学徒身份。

美国从 19 世纪初就推行了“合作教育”，提倡一些专业和项目的学生一年中必须有 1/4 的时间到与自己专业对口的公司或企业单位去实习，以获得必要的知识。美国的职业院校很重视吸收企业各界人士参与办学，例如，芝加哥市有许多炼钢、炼油企业，该地的职业技术学校便开设相关的专业。为使这方面的人才培养工作与企业实际需求相一致，学校设立以下几种机构：一是工业顾问委员会，委员是本地区企业界的知名人士或企业家，他们讨论、研究本地区工业发展对人才的需要，确立专业设置；二是专业委员会，委员会由专家教授参加，研究专业课的教学计划；三是人才调查办公室，由学校和企业双方人员调查本地区各行业对人才的需要，根据需要办学。

教育部部长袁贵仁在 2010 年度全国职业教育与成人教育工作会议上强

调，校企合作既体现了职业教育与经济社会、与行业企业紧密结合的鲜明特色，又是当前改革创新职业教育办学模式、教学模式、培养模式和评价模式的关键环节，更是把职业教育纳入经济社会发展和产业发展规划，从而促使职业教育规模、专业设置与经济社会发展需求相适应的重要途径。《国家中长期教育改革和发展规划纲要（2010—2020 年）》提出，职业教育要制定和实施校企合作的法规，建立健全政府主导、行业指导、企业参与的办学机制，并纳入国家教育体制重大改革的试点范围，探索中国特色社会主义职业教育发展的道路。

国外校企联合办学模式的精神，即学校与企业相沟通、教育与科技工艺的发展相适应、理论知识的教学与实践技能训练相结合，是值得我们学习与借鉴的。同时，国内的校企合作办学模式也已成为了职业教育改革的热点。我校作为一所农村职业学校，不但进行了校企合作的探索，还进行了校校合作的实践，其目的就是利用合作学校的教育资源（主要是师资和设备），弥补自身的不足。应该说，是联合办学为我校带来了活力，是联合办学推动了学校的健康发展。

四、教学与管理

众所周知，农村中职学校在实施教育过程中存在着两大难题。一是教学难，因为中职的学生大都比较厌学，他们注意力不集中，做事朝三暮四，缺乏自觉性、主动性和意志力，不善于思考。二是管理难，大多数中职学生都有一些不良的习惯，因为其中不少是留守学生，他们的家长在外务工，从小缺少家庭教育；进入小学、初中后，老师注重文化课成绩，忽视了对这些学生良好行为习惯的培养，加之这些学生成绩不是太好，于是成了被学校遗忘的人群。因而，中职老师的教育工作更为艰难，中职学校的管理工作也更为艰巨。

教学工作方面，学校针对学生的实际情况，牢固树立职业学校的人才培养观，摒弃以教学大纲为中心、以教材为中心、以课本为中心的“三个中心”的教学模式，并经过多年的探索，确立了四类课程的教学体系，且不断完善，不断创新。

一是文化基础课。随着社会经济的发展，学校的办学条件都得到不同程度的改善，各中职学校都加大了技能课程的份量，增加了实践教学环节。但学校负责人认为，无论什么样的改革都不能从一个极端走向另一个极端。也就是说，在重视技能教育的同时，也不能忽视必要的思想品德课和文化基础课。因为职业学校的教育不只是简单为学生提供岗前培训的过程，还包括学生综合素质提高的过程。但鉴于学生基础较差，对于文化课的教学可采用灵活多样的教学模式，并结合专业特点，鼓励教师自编适合学生特点、便于学生接受的校本教材。学校的语文课就细化为三个部分：应用文写作、普通话学习和文学欣赏；数学课以趣味数学和应用数学为主；英语课以交际口语为主，且不同专业的单词教学也不尽相同，比如，汽修专业主要教汽车零部件方面的单词，电工电子专业主要教电子元件方面的单词等等。学校还定期举办历史、地理等方面的专题讲座，以拓宽学生的知识面，提高学生的欣赏品位。

电工电子实训室

二是专业技术课。专业技术课的教学目的是培养学生的职业技能，是中职学校教学的核心内容。学校根据专业特点，采取不同的教学方法。像数控、汽修等工科类专业，采用模块式教学，注重实训操作，鼓励学生多动手，培养学生的想象力，提高学生的创新能力；每一模块的教学结束后，要进行理论测试和技能操作比赛。像旅游、电子商务等文科类专业，采用项目教学法，即让学生通过自由分组、合作，在教师的指导下共同完成某个职业工作的项目。教师是指导者、协调者，学生在整个教学活动中都处于积极参与的状态，而不是被动地接受，从而使整个教学过程焕发出生机、充满了活力。学校的专业技术课教学还注重加强与社会活动的联系，与企业合作加强学生实际操作的训练，正确处理好职业能力培养与企业岗位培训的关系，使得他们在走向社会后能够尽快地胜任所从事的职业岗位工作，并具备一定的可持续提高的职业发展能力。

三是职业准备课。职业教育就是就业教育，因而职业学校担负着为社会、为企业培养合格人才的重任。合格人才应该是德才兼备的。所谓“才”，就是技能水平，关于这一点，多数中职学校做得都很出色；但不可否认，有些学校忽视了对学生良好品德的培养。当然，这也是目前中国教育的普遍现象，重智育、轻德育，重技能、轻素质。也正因为这样，社会上才出现了“毒奶粉”“瘦肉精”“地沟油”“彩色馒头”等事件，也才让温家宝总理说出

“诚信的缺失、道德的滑坡已经到了何等严重的地步”之类措辞严厉的话语。之前，对于学生的就业，最令我们头痛的是学生工作的稳定性极差，一批输送 100 人，半年内会离开一半，再过一年，留下的就寥寥无几。学校负责人经过认真分析，意识到对学生加强职业道德教育的重要性和紧迫性。于是我们在常规的教学过程中，开设了《职业道德与法律》《就业与创业》《法律基础知识》《礼仪修养》《诚信教育》等必修课程。另外，政教处、团委还经常组织相关的专题讲座及座谈会，以活动为载体，强化对学生职业道德的培养，树立学生正确的择业观，为学生获取事业的发展空间奠定坚实的基础。

四是兴趣活动课。对中职学生的晚自习和课余时间的管理是相当难的，因为他们没有学习压力，不会预习和复习，更不会主动地去做相关题目。学生的过剩精力，如不正确地引导消耗，就可能导致他们做出违反校规校纪的事情。因此，学校积极开展丰富多彩的活动课程，旨在培养学生高雅的兴趣和爱好。主要有三种方法：一是在课外活动时间，成立以室外活动为主的乒乓球队、篮球队、羽毛球队、排球队等，安排专门的教练进行训练指导，让更多的学生参与其中，既培养学生的合作意识，又锻炼学生的身体；二是在晚自习期间，成立了以室内活动为主的象棋兴趣小组、军棋兴趣小组、围棋兴趣小组、五子棋兴趣小组、扑克牌兴趣小组等，由棋类和牌类的爱好者担任兼职辅导教师，先集中一段时间进行技术培训，更多的时间是让学生在教室实际操练，让学生的素养在教室里能够有所寄托；三是校团委积极鼓励学生会成员不定期地组织一些文体活动，鼓励学生积极参加，让学生在积极健康的娱乐活动中得到熏陶提升。

校体育运动会

管理工作方面，学校积极探索并践行从教师管理逐步过渡到学生自主管理的模式。由于职高学生自律性差，又没有学习压力，所以显得尤为淘气。在这方面，相对于普通高中老师而言，中职教师付出更多的精力，但管理成效仍不明显。通过外出参观学习，经过认真讨论分析，学校负责人认为：这些学生走出校门就要走向社会参加工作，如果现在总是在教师的监管下伪装自己，那么参加工作后又由谁来管理呢？他们又怎么能自理呢？鉴于此，学校尝试采用学生自主管理的模式。学生自主管理可以让他们自行发现自我价值、发掘自身潜力、确立自我发展目标，从而主动形成适应社会发展和推动个体与社会发展的意识和能力。学生自主管理，也是一个教育过程，是一个社会实践过程，是学校励志教育的一种体现，有利于学生的终身发展，有利于国民素质的整体提高。学生能够在自主管理活动中形成自律意识，从自律走向自信，从自信走向自主，从自主走向自立，从自立走向自强，最终从自强走向自如，即能够灵活自如地适应社会的发展并推动个体和社会的不断发展。

为了切实做好学生自主管理工作，使其达到预期的效果，学校成立了以政工校长为组长的领导组，下设四个管理小组：纪检组（主要负责对学生违纪情况的制止、汇报及夜巡夜查工作）、考勤组（主要负责分班统计早操、早自习、晚自习学生出勤和自习时间的纪律监管）、卫生组（主要负责检查教室、班级卫生区的卫生状况）、宿管组（主要负责寝室学生出勤统计和寝室卫生检查）。每个组由一名学校中层干部和一位教师负责，各组均有近 20 名学生成员，学生成员再分组，轮流值日，各司其职。每天，各组将检查结果向组内负责人汇报并张贴在校内公示栏处，学校领导依据公示结果及时与相关的班主任沟通，在最短的时间里解决发现的问题，将安全隐患消灭在萌芽状态。各组的学生成员可随时进行调整，以便让更多的学生得到锻炼。通过一段时间的尝试，教师们发觉这种管理方法效果很好，既让学生在参加自主管理活动中得到了更多的锻炼，走向成熟，又让老师得以从繁忙的学生管理工作中解脱，更重要的是学校的风气得到了好转，违纪现象得到了有效的遏制。

尽管广大农村职教工作者绞尽脑汁，想新法、出奇招，为推动农村职业教育工作勇于探索与实践，取得了一定的成绩；但目前的农村职业教育工作仍然相当艰难，仍是整个教育事业中较为薄弱的环节，特别是难以满足经济社会发展对技能型人才的需求。要创建农村职教良好的发展环境，学校负责人认为要做好以下几个方面的工作：

一、国家制度要健全

职业教育发达的国家，都建立了一整套促进职业教育发展的法规和制度。如德国 1969 年出台了《职业教育法》，1971 年后又相继颁布了与《职业教育法》配套的法律法规，如《企业基本法》《培训员资格条例》《青年劳动保护法》《职业教育促进法》《技工条例》等。

1. 加强立法执法监督

我国职业教育立法近年来取得了一定成绩，但还有很多不足之处，除不够系统外，在操作性上也存在一定欠缺。单从接收学生实习这一方面来看，德国的“双元制”培训要求：“在培训开始前，学生必须和企业或雇主签订培训合同，明确培训内容及双方义务。企业内或跨企业培训中心所进行的培训活动的费用由企业负担，雇员不超过 20 人的小企业可以得到国家一定的补贴。企业有义务建立标准的学徒车间，确保师傅的传授水平，并按工种不同每月支付学徒一定数额的工资。”日本于 1993 年设立了“技能实习制度”，学生在技能实习期间，日本的《劳动基准法》《劳动安全卫生法》《最低工资法》《劳动者事故补偿保险法》等有关劳动者的各项法令均可适用之。目前，我国中职学校虽然也在尝试工学结合、顶岗实习的模式，但尚没有关于学生实习的立法，绝大多数企业也没有把接收学生实习作为一种制度和义务。《国务院关于大力发展职业教育的决定》指出：“企业有责任接受职业院校学生实习和教师实践。对支付实习学生报酬的企业，给予相应税收优惠”，“建立企业接收职业院校学生实习的制度。实习期间，企业要与学校共同组织好学生的相关专业理论教学和技能实训工作，做好学生实习中的劳动保护、安全等工作，为顶岗实习的学生支付合理报酬”。但这一规定没有制度化的考量，更没有监督单位去执法，实施起来有较大难度。

2. 沟通普高职高教育

1985 年颁布的《中共中央关于教育体制改革的决定》中明确提出：“发展职业技术教育要以中等职业技术教育为重点……逐步建立起一个从初级到高级、行业配套、结构合理又能与普通教育相互沟通的职业技术教育体系。”从这个文件的颁布到现在已近 30 年了，目前普、职教育沟通依然存在一定问题。普通教育注重为升学服务的文化课教育，忽视职业技能训练，以致大批高中、大中专毕业生就业无技，成为有文化的待业者。职业教育则注重职业技能培训，忽视学生文化水平的提高，以致学生发展缺乏后劲，适应能力差。普职沟通难的一个很重要的原因是学生选择分流的机会单一。虽然目前我国实行了初中后、高中后分流，但对每一个学生来讲还是只有一次分流选择的机会。分流的结果是让一部分毕业生接受中级或高级职业教育，然后就业；另一部分毕业生则接受普通高中、普通高等教育。当许多人面对这种事关终身的一次性分流选择的时候，往往选择普通教育。

3. 落实就业准入制度

一方面，虽然《劳动法》《职业教育法》和《国务院关于大力推进职业教育改革与发展的决定》都明确规定：实行学历证书、培训证书和职业资格证书并重的制度；用人单位招收、录用职工，属于国家规定实行就业准入控制的职业（工种），必须从取得相应学历证书或职业培训合格证书并获得相应职业资格证书的人员中录用；属于一般职业（工种），必须从取得相应的职业学校学历证书、职业培训合格证书的人员中优先录用，等等。但是，这些政策和行政法规绝大部分都比较抽象，缺乏操作性、强制性和权威性，再加上目前推行就业准入制度还局限在部分技术工种的范围内，缺少一部涵盖全部职业并按初、中、高层次等级分类的权威性的职业等级标准，也没有具有可操作性的就业准入法规作为其支撑。因此，执法力度和范围远远不够，就业准入制度还没有得到有效推行。另一方面，由于受市场利益驱动，企业招聘未经职业教育和培训的低素质劳动力现象很普遍，特别是一些私营企业、股份制企业大量招收初中生进厂务工，这不仅占用了职校和培训机构毕业生的就业机会，也为安全生产带来很大隐患，而且对职业教育的发展有不可估量的消极影响。

二、政府重视要到位

近几年，国务院连续出台文件，进一步明确了各级政府在发展职业教育中的职责，2002 年颁发的《国务院关于大力推进职业教育改革与发展的决定》（国发〔2002〕16 号）指出：“各级人民政府要加强对职业教育工作的领导，把职业教育工作纳入当地经济和社会发展的总体规划，列入政府重要议事日程，帮助职业学校和职业培训机构解决实际困难和问题”，“深化职业教育办学体制改革，形成政府主导、依靠企业、充分发挥行业作用、社会力量积极参与的多元办学格局”。2005 年颁发的《国务院关于大力发展职业教育的决定》要求：“各级人民政府要加强对职业教育发展规划、资源配置、条件保障、政策措施的统筹管理，为职业教育提供强有力的公共服务和良好的发展环境……县级以上地方政府也要建立职业教育工作部门联席会议制度”；《国家中长期教育改革和发展规划纲要（2010—2020年）》提出要“建立健全政府主导、行业指导、企业参与的办学机制”。但目前，由于种种原因，地方政府对职业教育的职责履行不到位。学校希望政府能够做到：

1. **参与招生**

招生难是目前农村中职学校普遍存在的问题，而目前从事招生工作的就是教育系统自身。就目前的现状而言，对职业教育的传统观念和社会偏见根深蒂固，靠教育工作者去宣传职业教育，总有“王婆卖瓜”之嫌，往往会事与愿违，甚而造成负面影响，让社会和家长产生逆反心理。因此，让地方政府参与招生，迫在眉睫。一是县、乡、村各级官员都应了解发展职业教育的重大意义，在多种场合、通过多种途径向民众加强宣传，提升社会对职教的认识。二是县级政府可出台相关政策，对有成就的职校毕业生和在当地创业的职校毕业生，给予奖励和一定的政策支持。政府积极营造加快农村职教发展的外部环境，让职校毕业生能够有荣誉感和成就感，以增强社会对职业教育的认可度，吸引更多的学生进入职校学技术、谋发展。

2. **主导作用**

校企联办已成为职业教育改革发展的必由之路，但是广大农村地区企业发展速度缓慢，学校自身也是事务繁多，加之大批职业学校底子薄、社会地位又不高，依靠职校自身去找米下锅，可以说是事倍功半，这就更需要政府积极发挥主导作用。2002年出台的《国务院关于大力推进职业教育改革与发展的决定》中指出：“一般企业按照职工工资总额的1.5%、经济效益较好的企业按照2.5%足额提取教育培训经费”，“对不按规定实施职工职业教育和培训，经责令改正而拒不改正的企业，县级以上地方各级人民政府可以收取其应当承担的职业教育经费，用于本地区的职业教育”。据此，县级政府可出台政策，引导、鼓励并监督企业、行业参与办学，共同培养服务区域经济的技能型人才。

3. **加大投入**

由于教育过程的特殊性，职业教育所需要的经费要比普通高中高得多，根据专家测算，同等规模的职业中学所需经费一般应是普通高中的2.5—4倍。而从教育部全国教育经费执行情况的统计公告来看，2008、2009这两年，全国普通高中生均预算内事业经费支出分别为3208.84元、3757.60元，全国职业中学生均预算内公用经费支出为3811.34、4262.52元。如此看来，要想发展农村职业教育，办人民满意的农村职业教育，当地政府不加大投入是很难实现的。破旧的校舍、淘汰的设备，是不可能培养出与社会需要相适应的技术人才的，这也会极大地削弱职校的社会吸引力。

4. **补充师资**

目前农村职校的专业课师资状况是一缺二弱，主要是因为学校面临着交通不便、待遇偏低、教师无成就感的窘境，虽然政府发放指标让学校申报专业课教师，但参与应聘者很少。因此建议：一是降低招聘门槛（目前要求必须是本科学历），其实可以通过招聘、试用、考核、提高的程序，让有实践能力和良好工作态度的专科学历大学生先进入职校任教，以解专业课教师缺乏的燃眉之急；二是政府可制定相关政策，为企业和职校的管理机制搭建桥梁，聘请行业企业的专家兼职；三是解决职校教师培训经费，通过教师外出培训或者到企业实践锻炼等途径，来提升专业课教师的水平，以适应社会快速发展对技能型人才的需求。

三、办学模式要创新

近些年来，关于职业教育，国家多次出台了法律法规，这足以证明职业教育在我国得到了高度重视。但由于社会传统观念、地方政府的财政收入、国家工业化进程发展速度过快等问题，法律法规滞后于职教发展的需求。面对如此局面，中职学校不应只是等待和埋怨，而应结合本地、本校实情，积极创新办学模式，促进农村职业教育发展。一是高度重视抓好职高生的德育工作，教育不只是传授知识和技能的过程，更主要的是培养学生的健全人格。针对目前中职生的特殊性，培养他们的自律意识、自信意识和良好的行为习惯尤为重要。二是要动员一切社会关系，积极开辟联合办学之门，让社会资源为校所用，拉近毕业生与社会用工要求的距离；坚持学历教育和职业培训相结合，职前和职后教育相结合。三是要加强双师型教师队伍建设，让更多的教师既能从事理论知识传授和德育工作，又能从事技能操作培训，并全力投身到职业教育的大潮中去！

“尽管广大农村职教工作者绞尽脑汁，想新法、出奇招，为推动农村职业教育工作勇于探索与实践，取得了一定的成绩；但目前的农村职业教育工

作仍然相当艰难，仍是整个教育事业中较为薄弱的环节，特别是难以满足经济社会发展对技能型人才的需求。”这是农村职教人的切身感受，也在一定程度上反映了农村职业教育的现状。

案例中所讲述的学校教师坐农用小三轮车和骑摩托车外出招生遇险的经历，呈现了农村职校“非招生而是找生”的现实，是“搞职教就是积德行善”的朴素信念与情感。王秀江校长等农村职教人肩负着发展农村职教的责任与使命，提出了“以市场为导向，以就业为宗旨，以联办为渠道，以课改为重点”的农村职业办学思想，坚持“需求第一，适时调向，主干辐射，以点带面”的专业建设原则，在开好文化基础课、专业技术课的基础上，又开设了职业准备、兴趣活动系列课程，以提高学生的职业素养。

“学生在走进中职学校时就明确学校的目标，送他们去就业。要就业，要找到一个适合自己且基本感到满意的工作，就要通过在职业学校的学习和培训，获得一定的专业技能，这样才能从容就业。”这是安徽省霍邱县石店职高人面向社会的承诺，也是办学的基本目标。学校已形成了“收集用工信息——确定候选企业——学生选择企业——咨询家长会议——实地考察企业——护送学生上岗——专人跟踪服务”的就业工作模式，以就业拉动招生，也以就业质量树立了农村职教的形象与尊严。

当然，增强职业教育对农村学生和家长的吸引力是一个系统工程，提高教学质量、促进毕业生就业的工作仅是从教育领域的视角来看，其实外在的一些制度环境更重要。如王秀江校长所期待的：加强立法执法监督、沟通普高职高教育、落实就业准入制度等都是重要的影响因素。但可以相信，随着我国市场经济体制的不断完善，工业化和城镇化进程的不断加快，国家法律法规的不断完善，许多问题会不断得到解决，因为工业化和城市化需要越来越多的产业工人和新市民，农村学生也将更多地接受职业教育。

（点评：张振笋）

以人为本，探索与实践职校就业指导工作

——北京市商业学校

名校／名校长简介

北京市商业学校于1964年创建，占地200余亩，建筑面积10万平方米，现有在校生近8000人，是“国家级重点中等职业学校”“全国教育系统先进单位”“全国德育先进集体”“北京市现代化标志性学校”“职业教育教学研究基地”“北京市依法治校示范校”“首都文明单位”。2010年被教育部确定为“国家级中等职业教育改革发展示范校建设计划”第一批立项建设学校。2011年1月7日，北京市商业学校被评为首批“国家中职改革发展示范学校”立项建设学校。

学校共开设会计、金融事务、商务英语、市场营销、物流服务与管理、珠宝玉石加工与营销、眼视光与配镜、电子商务、计算机网络技术、计算机应用、美术设计与制作、动漫游戏、旅游服务与管理、会展服务与管理、文秘、服装设计与工艺、酒店服务与管理、城市轨道交通运营管理、学前教育（保育员）等21个专业。其中，会计、珠宝玉石鉴定与加工、眼镜配制、物流管理、电子商务、旅游服务与管理等专业在社会上有广泛的影响，是学校的重点专业和特色专业，年招生1200人以上，毕业生就业率始终

保持在99%以上。

学校现有教职工300余人，专任教师205人，其中高级职称52人，中级职称102人，市级骨干教师26人，有博士生、研究生学历的教师63人，“双师型”教师112人，兼职教师51人。

学校教学设备先进，生活设施完善，校园环境优美宜人。建有现代化多功能实训楼、图书馆、体育馆、国家二级体育运动场，学生公寓可满足5000多人住宿，生活设施一应俱全。学校建有21个现代化的实训基地，其设备一流，操作实习功能齐全，使学生能够“上学如上班，上课如上岗”。

学校开展成人学历教育，设有专科、本科、研究生班，与中国地质大学、中华女子学院、北京广播电视大学合作开办成人高考大专课程班，面向全国招生。学校积极开展校企合作、国际合作办学，与近百家大中型企业建立了合作关系，是百家企业的培训基地，在国外与十多所知名院校广泛开展合作办学，为学生学习、升学、实习、就业奠定了坚实的基础。

校长史晓鹤，1963年出生，国家职业指导师、教育部全国中职教育教学改革咨询委员会成员、中国职教学会德育工作委员会副主任、校园文化建设研究会主任、全国商业中专研究会副主任、全国教育系统先进工作者、全国中小学优秀德育工作者。

20多年来，她始终坚持“以人为本，和谐共生”的办学思想，坚持为学生的健康成长服务，为教工事业发展服务，为首都经济社会发展用人需求服务，为政府服务；她不断加强学校的学术文化建设，注重战略研究，积极推进改革，坚持“依法治校，科研兴校，质量立校，特色强校”的办学宗旨，打拼中职“旗舰校”，使学校跨入全国教育系统先进行列；她锲而不舍地追求“校风正、条件好、质量高、有特色、创一流”的办学目标，营造出了快乐工作、幸福生活、事业有成、彼此成就的良好氛围。

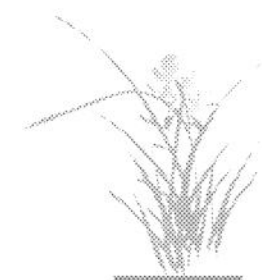

核心管理思想

北京市商业学校以邓小平理论和“三个代表”重要思想为指导，全面贯彻落实科学发展观和《国家中长期教育改革和发展规划纲要（2010—2020年）》以及全国教育工作会议精神，紧紧围绕首都职业教育发展的宏伟目标及学校“十二五”发展战略目标，结合北京世界城市建设特点、现代服务业特点、职业教育特点和学校实际，认真分析“十一五”改革发展的成绩与不足，认真分析社会需求（学生、学员、企业的需求），认真分析宏观政策、市场变化，认真分析职业教育供给，认真分析集团公司整合后的发展战略及需要，找准定位，制订实施方案，以高度的历史责任感、使命感和时代紧迫感，适应新形势，抢抓新机遇，迎接新挑战，实现新发展，取得新成绩。学校坚持科学发展，走内涵建设与可持续发展之路；坚持改革创新，全面推进各项改革顺利实施；坚持依法治校，不断提高科学管理与经营学校的水平与能力；坚持人才兴校战略，不断加强师资队伍、干部队伍和教工队伍建设；坚持以市场开发为先导，以教育教学为中心，不断优化专业结构，着力培育骨干特色专业、重点专业及优势教育培训项目，提高教育教学质量，稳定办学规模；坚持多元办学，走职教、成教与培训并重，中职与高职合作，国内联办与国际合作办学的共同发展之路；坚持以服务为宗旨，以就业为导向，突出学生职业道德教育与培养，突出职业技能训练与综合职业能力培养，培养适应经济社会发展需要的高素质劳动者和技能型人才；坚持为集团服务，为企业发展服务，为集团、为企业发展提供人才资源支持；坚持以人为本，实现学校与个人事业和谐共生；坚持品牌发展战略，不断增强综合实力，努力提高学校办学的核心竞争力，

酒店专业学生在实践课上

创建国内领先、国际知名的高水准的国家中等职业教育改革发展示范校。47年来，数万学子从这里昂首阔步，走向全国各地，在各条战线上放飞自己的理想，奉献自己的智慧和才华，为首都经济发展和社会主义现代化建设增砖添瓦，作出贡献，学校也被誉为“育人的摇篮”。

2010年3月25日，在国家行政学院隆重举行的《成功在手中——中等职业学校毕业生就业创业事迹选编》系列丛书首发式上，一位英俊的小伙子走上发言席。“我叫王安，是北京市商业学校89届会计专业的毕业生，现任蓝岛大厦承德商贸有限公司总经理……”发言中，他用自己的亲身体会向与会领导汇报了在商业学校“上学如上班，上课如上岗”的“准职业人”的学习与生活、实习与就业的经历，以及毕业后在老师的关爱指导下，如何培养综合能力及素质，从最基层服务员一步一步做到财务主管和今天总经理的职位。他说：“我的成人、成才、成功均归功于商业学校的办学理念，归功于母校老师的培养和抚爱，归功于党的职业教育。‘唯有源头活水来’，相信每个中职生只要努力，只要发挥优势，坚定信心，都能走向成人、成才、成功的明天。”那一刻，教育部副部长鲁昕带头鼓掌向他致意，礼堂里回荡着雷鸣般的掌声。

像王安这样的优秀毕业生，在北京市商业学校历届毕业生中又何止一个、十个、百个……

然而，当前在人才聚集的竞争中，社会上长期存在以学历文凭论英雄的现象，许多人仍对中职学生存有偏见，一些人甚至怀疑是否还需要办中职。北京市商业学校毕业生王安用自己的实际行动给这些带有世俗偏见的人上了生动的一课。当然，光有这些还远远不够，要想切实提升中等职业教育的吸引力，当务之急是要在提升人才培养质量的基础上，扎实做好中职学生的实习就业指导工作，帮助他们做好职业生涯设计，让他们确立“人人有才，人无全才，扬长避短，个人成才”及“行行能成才，人人争成才，学习助成才，实践促成才”的新型职业观和人生观。

在学生实习就业指导过程中，商业学校坚持“以人为本”，在尊重学生、分析学生、研究学生、服务学生成长方面狠下工夫。在此基础上，结合社会需要，创建具有商校特色的“多元成才”的职业教育人才培养模式，“因人、因才、因需”制订培养方案，设计实习就业指导规划，面向人人，尊重差异，分类指导，开展个性化教育，实施多维指导，多元分析、多元选择、多元定向、多元培养，使学生“群体的多元成才”成为可能，使每个学生的

"成人、成才、成功"得以实现，并在实践工作中开花结果，开创新局面。

多年来，商业学校始终坚持以邓小平理论和"三个代表"重要思想为指导，深入贯彻落实科学发展观，坚持以服务为宗旨，以就业为导向的职业教育方针，坚持以人为本，德育为先，全面推进素质教育；同时加强和改进德育工作，着力培养学生的职业道德、职业技能和就业创业能力，满足经济社会发展对高素质劳动者和技能型人才的需要，不断提升学校服务首都产业建设的能力。学校坚持为现代服务业服务的宗旨，围绕区域、行业和农村的需要，围绕企业对高素质人才的需要，以"面向人人、尊重学生、关爱学生、服务学生"为理念，以"热情关心、科学指导、严格管理"为原则，以"成人、成才、成功"为目标扎实做好学生的实习就业指导工作，力争做到让"学生喜欢、家长放心、企业欢迎、学校认可、政府满意"，让即将走上工作岗位的每个学生快乐工作、健康成长、幸福生活、事业有成。

学校高度重视学生实习就业工作，建立了学生服务体系，不断提升毕业生就业质量，并以毕业生质量的评价回馈为动力，不断改进学校人才培养模式，实现就业指导和人才培养的创新。其主要做法如下：

一是组织全面保障。学校成立了毕业生就业工作领导小组。由学校领导及有关职能部门负责人组成，校长及分管副校长担任组长、副组长，下设招生就业处负责处理就业指导的具体工作。学生处及毕业班班主任、各系部学生实习就业主管，积极主动配合就业主管部门，共同做好本专业的毕业生就业指导和实习生上岗、实习指导、毕业生就业签约、就业报到工作，形成了校、系、班级三级学生就业服务体系。学校毕业生就业工作领导小组负责制订学校学生就业的总体规划和实施方案，定期召开学生实习就业工作会议，加强工作研究、管理和考核，加强就业市场研究，并根据本市有关就业政策，对学校的毕业生就业工作进行统一协调与管理，指导学校招生就业处做好毕业生就业工作，努力提高学校毕业生就业率，为毕业生开启职业生涯，提高持续就业能力提供更加有效的指导和服务。

二是明确职责分工。学校设立学生就业管理工作机构，明确职责，分工到人，其主要职责：负责每届学生实习前的综合职业能力考核达标验收工作；组织学生实习离校前的集中培训工作，聘请就业指导专家、人力资源专家及本校职业指导专家开设就业指导专题系列讲座；指导学生了解就业形势、就业信息，转变学生就业观念，合理定位；定期开展就业市场调研，开拓学生就业市场，收集、整理、储存、发布就业信息，建立就业信息网络；

组织毕业生参加供需见面和双向选择招聘会，优先向用人单位推荐“优秀毕业生”；统计上报毕业生生源计划，做好就业协议书发放管理工作，面向毕业生及时、深入、细致、全面宣讲办理毕业生报到证及档案迁移手续的相关政策和具体办法，及时为毕业生办理就业有关手续；负责整理、收集、保管学生档案以及毕业生离校后的档案交接、迁移工作；制订毕业生档案迁移管理规定，做好毕业生就业率的统计和上报工作；建立信息反馈制度，定期收集、整理学校毕业生现状信息、社会就业需求信息、企业需求信息、优秀毕业生信息、学生实习信息、学生家长意见和建议，并总结经验，提出改进措施和制订新的一年工作计划和实施方案。各系部学生实习就业主管负责调研收集本专业市场需求信息，及时向招生就业处反馈信息。根据市场需求，对本系部的专业建设、课程设置提出合理化建议，每年负责联系提供3—4个就业需求单位以及3—4个实习基地，负责提供本专业毕业生就职单位及岗位花名册以及各种职业资格证书取证名单，配合招生就业处做好各类就业政策的宣传、就业指导、学生实习就业推介活动、毕业生档案迁移等具体工作。

三是制度先行规范。学校制订了《学生职业指导工作暂行办法》《北京市商业学校学生实习就业服务手册》《学生就业工作管理办法》，以制度来规范学生就业服务工作。学校把对学生的职业指导和就业服务分为职业了解期、职业准备期、职业生涯规划期、职业选择适应期等四个阶段，按阶段特点把职业指导和就业服务工作贯穿于学生在校学习的始终。学校建立学生就业咨询制度，接受不同年级学生的专业咨询、职业咨询、就业咨询和升学咨询。

四是特色运行管理。学校每年要对即将实习的学生实施职业能力达标考核，提出“不达标不离校，不合格不上岗”的口号，严把实习上岗关。校、系、班三级为学生提供一对一咨询服务，在实习单位和岗位的选择上为学生量身定做。学校在学生就业单位的选择上，注重企业知名度、企业文化、实习岗位专业对口、实习薪酬等方面，依托一商集团、行业协会，运用现代化信息手段，为学生开发就业

珠宝实训课

机会，与本市近百家企业建立联系。学校每年举办春秋两季校园招聘会，为学生提供了较为广阔的就业平台。学生到企业顶岗实习期间，学校实行“三导师制”管理，即班主任、专业教师、企业带学生实习的师傅共同参与对学生的管理，为学生顺利毕业和实现就业打下坚实基础。学校为毕业生制作了《学生就业服务手册》，为毕业生在签订三方协议、办理报到证、转户口、档案迁移等方面做细致入微的指导和服务，同时对毕业生提出终生就业援助的承诺。

五是学校与企业结对。为了保证学生顺利进入实习工作岗位，迅速适应工作环境的要求，圆满完成实习任务，学校采取分工分人与企业结对的形式进行市场调研，了解社会上人才需求现状、行业分工、用人单位岗位以及人员素质要求。例如，商贸系张晓辉主任、眼镜专业教研室王华主任分别与大明眼镜、北京市眼镜协会、苏明达光学有限公司结对；财金系丛秀云主任、杨国萍老师与法尔之星钻石公司结对；商贸系张晓辉主任、专业课老师郗爱群、刘殿正与戴梦得珠宝公司、健兴利珠宝公司、中国珠宝进出口公司结对；信艺系王红蕾主任、戴时颖老师与唐码书业集团公司、中影集团公司结对。学校通过与企业结对，进行市场调研，结合学生所学的专业课程和专业技能，了解企业的用人标准、岗位要求以及企业欢迎什么样的学生，学生应具备什么样的素质，与用人单位的领导进行交流与沟通，并达成共识。这样不但与企业建立起更加密切的合作关系，而且保证学生能够顺利地走进实习就业的岗位。

在采访中，我们了解到商业学校毕业生就业的经历和在工作岗位上所取得的辉煌业绩，以及他们那既诚实又朴实，既动听又感人的故事，真是感慨万千。一位曾在商业学校担任28年的班主任告诉我们：“从商业学校走出去的学生，经得起磨炼，人人都有出息，他们的故事说也说不完，个个都很精彩。”

一、在困惑中，为他们点亮人生

每年都有相当一部分学生在实习前或就业前存有畏难的情绪和困惑。他们走出校门时感到不自信，走上岗位时感到很自卑，抱怨中职生不如大学生。这种困惑如果不及时解决，就有可能使他们丧失信心，甚至感觉失去生存的价值。刘毅老师为我们讲述了这样一个故事。

徐楠，96级11班的毕业生，身高1.76米，圆圆的脸蛋，白白的皮肤，身材不胖不瘦，说起话来声音脆亮，底气十足，看上去是一个充满灵气的“小帅哥”。但就是这位人见人爱的“小帅哥”，在毕业离校前脸上堆满了食睡不安的“愁”纹。2000年秋，刚刚毕业的徐楠经学校推荐，找到了一份别人想要都要不来的工作，在工商银行北京西单支行当职员。这天，徐楠在班主任老师和父母的护送下，来到单位人事部门报到。当听到人事部门负责人介绍说，这次接收2名新职员，一位是中央财经大学毕业的学生时，徐楠就又开始愁了起来。只上了几天班，他就在家装病不肯去上班。妈妈问他为什么？他吱吱唔唔，说就是不想去上班。一连几天，父母急得团团转，无奈，只好请来了学校的老师和班主任为他“治病”。

原来，徐楠上班后，与新来的大学生分在一起，在银行前台负责业务接待工作，新来的大学生业务熟、知识广、会说话，领导和同事都很喜欢她。小徐觉得自己不如她，想以躲避的方式来掩盖自卑。了解实情后，老师劝他说：“人家大学生比你多上几年学，知识自然丰富，业务熟练，自己差是事实，可以理解。但我不能理解的是，比他人差你就害怕，就躲着走，不敢与他人比试。有这种心态的人，不论在什么地方，都是他人的俘虏，都是失败者。”班主任刘老师还对他说：“你很聪敏，在学校肯学，学习成绩也很好，在新的环境里，只要你敢于认识到自己的不足，坚持学习，不断改正，你就是强者。老师是你的后盾，希望你从困惑中走出来，从自卑中坚定信心，相信你能行，也一定能行。”

在老师的鼓舞和激励下，徐楠又有了信心和决心，并和老师一起重新规划了“人生行旅”。在实践工作中，他一边认真学习业务、熟练业务，一边在本职岗位上求知识、求学历。功夫不负有心人。经过6年多的努力，徐楠不但取得了大专、本科、研究生学历，还取得了学士学位和硕士学位，当上业务部主管、团总支书记。

2011年大年初一，徐楠和父母专程来到班主任刘老师家拜年，并向刘老师报告了自己进步的喜讯。徐楠父亲拉着刘老师的双手感激地说：“谢谢老师，谢谢学校，是你们为徐楠点亮了人生。”

针对学生的变化，利用典型案例进行分析，商业学校把对学生的指导重点转移到“以关注学生成长为核心”，指导学生有针对性地“扬长避短”，以满足学生个性化发展的多元化需要。学校为学生创造了丰富的接触各类知识、活动、专业的机会，使学生得以从中发现自己的智能强势，从强势入手，促进全面发展。在此基础上，学校还充分肯定每个学生的优势智能、学习风格和发展特点，正视学生之间的差异，并尊重差异、善待差异。渐渐地，商校的“问题生”“困难生”“障碍生”“困惑生”少了，原来的“笨孩子”“闹孩子”“寡言少语的孩子”变得可爱了，某些被称为“偏才”“怪才”的学生走上社会，成了某方面的奇才。

招生就业处张璎海主任深有感悟地说：“只要老师真心关爱学生，为他们提供服务与指导，他们都会成为对社会有用的人才。师爱是伟大的、成功的。”

师爱是人梯，给求学的攀登者以无穷的帮助；师爱是绿叶，衬托着千万朵桃李之花尽情开放；师爱是渡船，搭载着求知者驶向成功的彼岸；师爱是明灯，点亮人生，引领奋进；师爱更是教师的人格魅力，是教育的全部生命。商业学校的领导和全体员工就是这样用真心的爱去关照学生的生活，用心灵的沟通引领学生学习、就业，直至取得事业的成功。

旅游系2006级服装制作与营销专业的学生陈灵欣，家住北京市平谷区。奶奶78岁，患有关节炎，行走不便；父亲手指弯曲畸形，有先天性白内障，视力极弱，是个残疾人；姐姐是个残疾盲人，曾在海淀盲校学了两年盲文和按摩，现已结婚；姐夫双目失明，也是残疾盲人，两人已有一女孩，仍是因先天性眼疾，视力也不好，在家里靠母亲带养。全家人生活非常困难，学校得知后，全校老师都热心相助，一方面给她买来新衣服及生活日用品，无微不致地关怀她；一方面积极寻求各级政府给予照顾，学校还为她减免了学费，增加了生活补助费，毕业时老师千方百计地为她安排了稳定的工作。陈灵欣和全家人非常感谢学校对他们的关心和帮助，她表示一定要以实际行动回报母校，回报社会。

二、在突围中，为他们插上翅膀

作为职业学校，客观来说，学生的智能水平差异很大，许多学生缺乏自信，有挫败感，目标不明确，对未来职业方向的选择往往表现出盲从或功利色彩，缺乏客观的把握和选择。针对这种特点，商校在对学生进行客观而全面分析的基础上，指导他们做好人生发展方向的阶段性选择，让学生及其家长由直觉选择变为理性选择、科学选择、有效选择，并探索出一种“多元成才”的职业教育人才培养模式。

例如，在校园社团招聘会上，教师通过现场咨询答疑，指导学生选择有利于自己“扬长补短”的社团，在社团的日常训练和展示活动中，教师可持续性地对学生的潜能发展给予指导或建议，促进学生的个性化发展。

又如通过三级干部自荐、推荐、竞选、聘任的活动，为学生脱颖而出提供机会和辅助。自荐让学生学会自我分析；推荐让学生的自我分析有了教师的强化指导；竞选让学生的潜能被激发；聘任让学生的诸多能力得以展示，也让学生在工作中得到教师的重点辅导、长期指导。

再如为了照顾到每个学生个性化的发展需要，近年来学校一直坚持指导学生制订个人“职业生涯设计”。同时，根据中职生起点低、差异大、对自我认识不清、对前途茫然的特点，采用“三导师”制，即在班主任日常辅导的基础上，再选派有经验的专业教师或德育教师并聘请专家对学生进行个性化的辅导，从而帮助学生客观分析自己，激活他们的自我认知，从而引导学生自我认识、自我发现、自主规划自己的未来，指导学生从入学开始直至毕业、就业、创业各个阶段的生活和学习等，充分体现出尊重学生、服务学生的“生本”理念。

本着对学生的发展负责的态度，学校在学生毕业实习前引导学生发现自我，展示自我，进而再次为他们做出选择或调整提供帮助。安排离校前的最后一次选择机会，便于学生在分析自身当前条件、了解市场供求状况、征求家长意见的基础上，结合班主任、专业教师在几年观察、分析后给予的指导建议，选择自己是就业还是升学；也便于学校给予各种选择的同学不同的强化指导——对于大部分选择就业的同学，给予岗前强化训练，安排“综合素质达标验收”考核，做到“不达标不出门，不合格不上岗”，提高学生就业的竞争力。通过校园招聘会，真正实现为学生与用人单位之间搭建“双选”的桥梁，尽力做到帮助学生选择适当的岗位、为用人单位选择恰当的员工。

杨菊老师既是2007届酒店班班主任，又是任课教师。在一次班会上，有位学生向她提出：“杨老师，我们快毕业实习了，走上岗位想好好干，当个领导，做个经理，但又不知道怎么当好、做好。领导的责任是什么呀？请您给我们讲讲。”杨老师觉得这位学生提出的问题很好，也很现实，于是就为这个班的学生补上了“领导与责任”这一课。

杨老师通过具体、生动的活动，通过情感的交流，使学生获得实际体验，产生自发的情感，从而实现自我认识、自我教育，并把所学所感转化为自我行为和态度，提升了个人的价值观。

把对学生的职业指导与规划前移，这是商业学校就业指导工作的一条经验。从学生入学第一天起，学校就通过分析学生的个性特点、兴趣爱好、学习成绩、发展志向等，指导学生科学选择专业，重新认识自我，树立自信。

在2004年现场咨询会上，商贸系主任王华接待过一位来自外省的学生李国芳。这个学生没有具体的报考目标，不清楚自己有什么优势，对自己的发展也没有明确打算，很想听听老师的建议。王华主任通过与她沟通，发现她虽然外表文静，但言谈中却表现出性格外向的特点。她听问题很认真，也很有主见，喜欢动手做手工，不太愿意学习理论化的东西，打算通过学习掌握一门技能，为自己将来在北京创业打基础。王华凭着多年指导学生的经验，对李国芳说："如果你有创业的打算，一定要选择适合市场需求，适合自己独立经营的专业……"听了老师的介绍，再通过参观学校的实训基地，特别是看了学校与大明眼镜公司合作开办的眼镜"校中店"后，李国芳欣然选择了眼镜配置专业。如今的李国芳学以致用，在北京海淀区开设了自己的眼镜店，当上了老板。

荆华，北京市商业学校颇有些名气的学生。可用他自己的话来形容，初中时的他是一个"老师看着我头疼，我看着老师也头疼"的"后进生"。其实，他的"病源"挺简单，就是爱出风头，想当个"小官"什么的，可就是逮不着机会，因此只好以"闹"的形式表现自己，结果自然是遭到全面"打压"。2007年，他刚来商校不久，老师就问："'十一'系里组织演出，谁报节目?"这可触动了荆华那根兴奋的神经，他报了说相声。结果"露脸"成功，他一下子在系里出了名。时任校团委书记的程彬老师发现这孩子脑瓜好使，一点就通，而且站在台上颇有点儿人来疯的劲儿，就努力帮助他走相声"老段新说"的路。这条路他走得很顺，频频登台的荆华着实找到了几分当明星的感觉。更主要的是，说相声让他"说"出了自信，"挖"出了潜能。他先是自荐当了生活委员，后来又通过学代会选举，当上了校学生会的文艺部部长。正如他每次上台前总要对观众说的那句话一样，"今天的荆华是最棒的。"他的确是一名"好学生"。毕业应聘时，有好几家用人单位都抢着要荆华。

与荆华一样，来自山东的小姑娘于娟也"变化巨大"，放假回家差点儿"吓"着妈妈。妈妈不明白，原来整天寡言少语、闷在家里、撵都撵不出去的小娟，怎么到了北京就变得那么开朗活泼、"滔滔不绝"了？说起自己的

"巨变"，小娟有点儿不好意思，但更多的是得意。"这个学校社团多，锻炼机会也多，更重要的是，别的学校的老师像老师，而这里的老师像父母。在他们的鼓励下，我慢慢地改变自己，每做好一件事，就给自己鼓掌！我先是参加了民族舞的社团，后来又自荐做了班宣委、系宣委，一步步往上'爬'，'爬'到了校女生部部长的位置！""现在，我对自己很满意，因为我找到了一份最理想的工作，还当上了部门经理，昔日的'丑小鸭如今也变成了小凤凰'。"

三、在竞争中，为他们编织花环

近几年来，商业学校学生的就业率都保持在99%以上。学校与近百家企业建立了长期合作关系，许多知名企业把商校作为招收新员工的首选学校。在每年的校企招聘会上，学生一次签约率均达到89%以上，毕业生呈现出供不应求的状况。学生在企业经过几年的磨炼，有的逐渐成长为企业的骨干，还有的成长为技术中坚，还有的走上了领导岗位。一些用人单位反映："北京商校的学生，适应性强，知礼仪，懂规矩，有爱心，技能强，综合素质高，大多数能直接顶岗工作，很实用，我们欢迎。"在人才竞争如此激烈的今天，商校的学生用自己的实际行动证明了中职生的价值，证明了中职生在社会中不但能够立足，而且还可以做得更好。有的学生自豪地说："通过在商校的学习生活，我们找准了方向，明确了目标，树立了信心，充分挖掘出了自己的潜能，锻炼了各方面的能力、提升了综合素质，使我们从一个有失败感的初中毕业生成长为一个受企业欢迎的现代职业青年。在商校学习生活，我们快乐幸福；走向企业社会，我们充满信心。"

学生在企业

在学生的就业指导中，学校注重做好前期工作，为学生顺利实习、就业搭建平台。一是科学制订职业指导培训计划，要求各系部配合招生就业处对学生做好实习前的就业指导工作；二是进行全员培训；三是认真做好实习前的达标验收，做到不达标不上岗；四是针对各专业特点，千方百计、八方联系，多渠道、多形式开发用人单位；五是邀请用人单位进校举行人才招聘会，广开门路，荐选人才，力争让毕业的学生实习就业。

在用人单位的开发上，学校坚持用“七要素”来衡量用人单位是否适合毕业生，即单位的性质，企业的经营规划、文化环境、知名度，安排学生到与所学专业相对应的岗位群，企业的地理位置、能否提供食宿，能否接收档案及上国家要求的各类保险，企业对实习生的管理是否规范、是否能长期合作，实习结束后能否签订劳动合同。为了确保给学生找到与专业相对应的岗位群，有行业背景的岗位，有发展空间的岗位，福利高、待遇好，有保障的岗位，学校在开发用人单位的途径上，采取了五种获取就业信息的方式。一是与职介机构、劳务派遣公司、行业协会保持密切联系，定期参加社会上各行各业的招聘会，获取就业信息。二是上网查询，通过网络获取就业信息资料。三是通过报纸刊物获取就业信息。例如，《人才市场报》、内容齐全的职业分类大全等。四是从广泛的人脉关系中获取就业信息。五是提高职业敏感度，增强每名工作人员捕捉信息的能力，使其在与外界的交往活动中，做有心人，随时捕捉获取学生实习就业的信息。同时还要向用人单位介绍学生，宣传学校，让用人单位对学校和学生有一个充分的认知，为企业做招聘指导。同时，学校对新开发的企业进行实地考察，争取系主任、室主任、班主任、专业课老师共同参与，让他们亲眼看到用人单位的工作环境、工作性质、岗位要求、薪金待遇。在与人事部门商谈合作意向时，还不忘请企业来校参观，做到走出去，请进来。目前，学校已形成了自己庞大稳定的就业网络，与310多个企事业单位建立了合作关系，确保学生“出口”畅通。

实习生在用人单位出现问题时，学校能够及时出现在企业与学生面前，配合企业稳定学生实习，做好学生的职业指导工作。部分学生初到实习单位，缺乏思想上和心理上的准备，心理落差大，角色转换慢，又不能迅速适应周围的工作环境，再加上来自社会各方面的压力和诱惑，他们会产生思想波动，出现这样那样的想法。这就需要我们的班主任及老师，关心、帮助、指导学生，帮助他们度过不稳定期。

服装专业的学生曲直，在中国银行研修院实习，岗位是会议服务，实习期间表现非常好。公司葛总经理见到学校实习指导老师时说：“小曲是我们公司的重点培养对象，像曲直这样的学生，多给我们推荐几名，我们欢迎这样的学生。”但即使这样的学生也有思想波动，当听说她有想离开企业的想法时，老师到企业找到她，了解到曲直正在复习功课，准备报考北京服装学院，还想从事服装行业，老师就鼓励她好好学习，处理好工学矛盾，又把企业的重视和希望告诉她。在老师的指导下，曲直表示一定要好好工作，绝不辜负企业领导的期望。

文秘班张岩同学，在天文馆实习。面对单位严格的优胜劣汰制度，她非常担心自己实习结束后能否转为正式员工。学校就业主管高老师就对张岩说："这就是社会竞争，不积极努力的工作，就没有优异的成绩，也就没有你的一席之地。在天文馆实习的学生，不仅有商业学校的学生，还有商贸学校的学生以及大学的学生，所谓竞争，就是要比一比、看一看谁的综合素质高、表现好、成绩突出。实习结束后能否成为天文馆的正式员工，这就要看你平时是不是坚持不懈地努力。"不给学校丢脸，不辜负老师的期望，怀着这样的想法，张岩更加努力地工作。实习结束后，来自6所学校的8名实习学生有3人被天文馆转为正式员工，张岩就是其中之一。再如2006级商务外语专业有6名学生在华恒轩珠宝工艺品店实习。这是一家涉外商店，经常有外国人来购买商品，语言环境很好，但实习费不高，学生思想有波动。得知情况后，学校老师找这6位学生谈心，对他们说："企业不仅在生活上为你们提供吃住，而且在工作学习上重点培养你们，特别是外语的培训。你们现在掌握的德语、法语、泰国语都是到企业以后学会的。近期他们还要教你们学意大利语、西班牙语，对你们的关心是金钱无法比拟的。单位领导还称赞你们表现不错，个人能力强，竞争意识强，希望你们要珍惜。"学生们听后纷纷表示，要踏实工作好好学习，以实际行动回报企业的关心。

单秋爽，对商校人来说是个"有故事"的名字。2003年，这个玩游戏特"牛"、令家长担心的网迷进入计算机应用专业学习。他酷爱电脑，尤其对编程痴迷。由于在专业课上"吃不饱"，所以他就偷偷玩游戏，还经常用自己写的病毒搞恶作剧，甚至把教师机"搞瘫"。任课教师发现后并没有发火，而是找他聊天，了解到他有超前学习的愿望，学校就专门为他制订了个性化的培养目标，调整了关于他的课程安排，并请专人给他"开小灶"。为了给他的才能找到更好的"出口"，教师邀请他当考试助理，参与命题；系里请他帮助建立系部的BBS系统；学校鼓励他在教师的辅导下，用VB开发"教师测评系统软件"……这一项项任务使单秋爽兴奋不已，他刻苦钻研，常常通宵达旦、废寝忘食。这个2007年才走出校门的单秋爽，如今已成为国内咨询业中知名的锡恩公司管理系统事业部的总经理，被公司总裁、首席顾问誉为"锡恩IT第一人"。这位"出身"中职且最年轻的总经理，领导起手下的博士、硕士一点儿也不费劲。

走进北京商校，这样的故事太多太多，如果要用一句话来概括其共通点的话，那么最贴切的莫过于是孩子们“低头走进来，昂首走出去”！多好的“昂首”啊！它是商校孩子们群体的气质、群体的精气、群体的豪迈！它是商校美丽的校园中最迷人的风景——每一张青春的笑脸都写满自信、洒满阳光，每一双“隐形的翅膀”都飞向希望！

四、在成功中，他们这样真情回报社会

他们在创造中享受，在享受中创造，在成功中又无怨无悔地奉献自己的一切，真情实意地去付出、去回报。

北京市商业学校会计专业 89 届毕业生王安现任北京蓝岛大厦承德分店总经理，他是一位平易近人、受员工拥戴的领导。他从商业学校毕业后，又去河北上了大学，读了法律专业，获得了法学学士学位，大学毕业后被分配到首都机场百货商店，先从服务员做起，由于工作认真勤奋当上了会计，接着又晋升为团支部书记。2000 年被调到北京蓝岛大厦。2001 年在两三千人的竞争者中脱颖而出，调到承德蓝岛大厦任财务主任，不久荣升为总经理助理。2002 年公司改制后，经过竞争上岗，王安又晋升为承德蓝岛大厦的总经理。

王安当上总经理后，感到身上的担子更重了。每天清晨醒来，脑子里第一念头就是要如何养活 600 名员工，想到有 600 个家庭都要依靠这个企业生存，成千上万的顾客都要依赖这个企业的服务。他决心要努力为他人创造出欢乐和幸福。仅 5 年的时间，他用心血换来了奇迹般的业绩，把一个烂摊子的商店打造成了“北京的蓝岛”、特色鲜明的塞外“蓝岛”，现在的承德蓝岛已成为承德地区为国家纳税的大户，并先后获得“河北省商贸名牌企业”“河北省商贸服务名牌企业”、河北省“百城万店无假货”省级示范店、河北省消费者信得过单位、“守合同重信用企业”“文明优质服务窗口示范单位”“消防工作先进单位”“工会工作先进单位”“市级青年文明号先进集体”“奥运安保工作先进集体”“十佳非公有制企业党组织”等 20 多个荣誉。

王安常这样说：“能帮助别人找到好工作，创业成功，我感到很荣耀，这种快乐是用金钱无法比拟的。”他受邀去承德师范高等专科学校、河北旅游职业学院、河北石油高等专科学校及承德职业中专就是等十余所院校为数万名学生做创业专题讲座。他还根据自己的切身经历，将积累的创业、市场开拓、产品销售、营销策划、经营管理等实战经验传授给学生，帮助学生开

发创业思路，策划未来创业。用他一句很直白的话来说就是："我要把在校期间老师传授给我的知识、技能、智慧运用到实际工作中去，再回报给学校，回报给社会。"

刘燕刚，北京市商业学校财务会计专业85届毕业生。以德经商，对社会负责，是刘燕刚一贯的经营理念。1985年，刘燕刚中专毕业，被分配到公主坟一商贸批发市场从事财务工作，凭着他的聪明才智和对工作的执著，几年后，他开始主管公司的财务工作，事业小有成就。就在他的事业蒸蒸日上的时候，他却放弃了令人羡慕的职位和待遇，选择了一条完全陌生的、注定艰难的道路，而且一干就是12年。十几年来，刘燕刚的斯特尔（后合资更名为东方斯特尔）服装公司的资产由创办初期的零变为目前的六千多万元，刘燕刚也在服装领域成了名人。面对着各种各样的荣誉，刘燕刚显得很平静，用他的话说就是，"做一个负责任的商人很快乐"。

回报社会是一个负责任的商人的快乐。刘燕刚先后为下岗职工380余人解决生活和就业问题，为社会作出了自己的贡献。1998年，我国很多地区遭遇了百年未遇的特大洪涝灾害，全国人民积极行动起来，为灾区人民捐款捐物。刘燕刚把价值100多万元的服装装满整整一卡车，无偿捐献给内蒙古林木萌受灾群众。2008年，汶川大地震，他向灾区人民捐款800万元，当新闻媒体采访他时，刘燕刚很平静地说："我不图名，不图利，只想真心实意为灾区人民做点儿事，为社会尽一点儿微薄之力。目前，我的企业虽然急需资金，我个人的生活也算不上富裕。但毕竟我有房住，有饭吃，比起那些灾区群众，我的困难无论如何都要比他们小得多，应该为他们做一些事情。别人说我是个体户也好，商人也好，民营企业家也好，无论是什么，我想做的只是一个城市的商人，一个对社会负责任的商人，能做一个对社会负责任的商人是我的快乐。"

商业学校以改革创新为动力，以提高就业率、提高就业质量、提升社会信誉为中心，以做实、做精、做特、做优为特色，经过不断探索和实践，促使学校的实习就业指导工作有力、有序、有效向前推进，步入了良性循环、可持续发展的轨道，并取得了显著成效和成功经验。

一、就业指导工作的主要特点

招聘

其一，理念新，把就业指导工作做实。学校领导班子解放思想，以就业为导向，以服务为宗旨，以校为本，加速发展；以人为本，细化管理；以道为本，开拓经营；以善为本，团结合作；以学生为本，一切为了学生，为了学生的一切，对学生负责，为学生服务，让学生满意；以实习和就业一体化操作为模式，拓展就业面，提高就业率，做到对口就业，有效就业，充分就业，高标准就业，高质量就业，把就业指导工作做实。

其二，机制新，把就业指导工作做精。学校的实习就业指导工作构建了三级管理长效机制，实施科学管理，精细管理，规范管理，依法管理。首先，校长任就业指导工作领导小组组长，亲自抓，出理念，出思路，解难题；校长办公会定期研究就业指导工作的重大决策，把实习就业指导工作纳入学校工作计划，加大工作力度，加大经费投入。其次，领导带头，深入实际了解情况，掌握信息，征求意见，改进工作。最后，各个实习单位成立就业指导小组，由实习班主任、用人单位、学生代表三方人员组成，定期召开会议，分析就业形势和趋向、热点和难点，为就业指导工作提供强有力的组织保证。

其三，思路新，把就业指导工作做特。学校就业指导工作从新生入学时就开始抓，贯穿于学生在校期间的方方面面，贯穿于德育工作中、教学工作中、实训工作中、校企合作办学中。全校一盘棋，全员重视，全员支持，全员参与，全员出力，把就业指导工作做到每一位学生的心坎里。增强每一位学生热爱专业的意识、市场竞争意识、依法就业意识、自主创新意识；提升每一位学生的职业素养、职业道德、职业操守、职业纪律、职业技能、职业综合能力，把他们培养成为德能兼备的现代职业人才，为他们创造更多的就业机会、更好的就业岗位，让他们毕业后，人人有工作，人人有岗位。

其四，举措新，把就业指导工作做优。一是坚持“三导师”制（班主任、专业任课教师、企业专家），关爱、引导学生实习就业；二是开发校本课程，编写校本教材，开设实习就业“百问课”；三是编写并宣传学校历届优秀毕业生事迹，强化就业创业导向；四是开展创业教育，邀请优秀毕业生回校当老师，以现身说法激励学生创业；五是加强毕业生岗前培训，做到不达标不上岗；六是坚持实习和就业并重，管理与服务并重，推进实习就业一体化服务；七是开展就业指导咨询，增强学生对就业的信心，帮助学生正确就业。

就业是民生之本，职校是就业之门。毕业生的就业工作是职业学校生存和发展的生命线，既关系到职业学校的办学质量和社会效益，又关系到本区域的经济建设和社会发展，更关系到千万学生家长的切身利益，只有出口畅，才能进口旺，职教发展道路才会越走越宽。

二、部分学生实习就业中存在的问题

1. 主要反映在郊区孩子的实习住宿上

(1) 能够提供住宿条件的一般是酒店饭店，学生嫌岗位不好（餐厅、客房），主要是怕苦怕累，即便是旅游饭店管理专业的学生也有不愿去的，都愿意去前台、商务中心、会议中心，但毕竟岗位有限。

(2) 实习当中，实习薪酬不高（企业也在核算成本，学生刚到企业还不能带来经济效益），又要租房住，学生感到困难，从而放弃对岗位的选择。

(3) 即使有的用人单位也提供住宿，但学生嫌住宿条件差（指不收费的），有时也会放弃。

(4) 住宿条件好的用人单位，又要收一定费用，学生又嫌单位收费高。

(5) 让学生回家乡实习就业，又都不愿回去（实习申报表一栏中有填写记录）。

(6) 有一些知名企业，只选择城里学生，郊区孩子很难入职。

2. 虽经多次面试，但不能上岗实习

(1) 自身对工作期望值过高。如工作环境、薪酬待遇、食宿问题、交通问题。

(2) 面试者自身的外在形象问题。如高、矮、胖、瘦等身体问题，卫生习惯。

(3) 由于缺乏面试指导，面试没经验，导致沟通有障碍，面试失败。

(4) 通用技能、专业技能不符合用人单位岗位要求。如外语、计算机、专业动手能力、表述能力，对专业的认识和理解的问题。

3. **实习不稳定，人员流动原因有以下几点**

（1）到企业实习一段时间后，又要上学（企业已培训），放弃实习岗位。

（2）特别是女生，因租房离单位远（安全问题）而放弃实习单位。

（3）学生与企业员工、领导有矛盾，不能正确处理人际关系，而放弃实习单位。

（4）实习生嫌工作单调、枯燥、寂寞，放弃实习单位。

（5）专业技能差，不能胜任本岗位工作而放弃实习单位。

（6）因工资待遇，别的单位比自己的单位高 50 元钱就离开，宿舍里没有空调，别的单位有空调也离开。其他一概不管，还有些学生怕苦怕累，嫌工作紧张、节奏快而离开。

（7）企业工作量不大，工作轻松的学生又嫌没事干，也离开。

（8）不遵守企业规章制度、不适应本岗位工作、工作懒散有违纪罚单的学生被企业退回。

（9）挑单位、挑岗位，即使专业对口，但工资低也不能留住学生。

（10）专业不对口。

三、实习就业指导工作的几点建议

经分析上述问题，学校负责人认为主要原因在于一些学生对实习准备不足，思想认识存在偏见，导致就业指导面临困境，无法实现预期效果。他们缺乏生活磨炼，缺乏吃苦耐劳、艰苦奋斗的精神，不愿意做具体细致的基层工作，在顶岗实习过程中不遵守企业的规章制度，上班迟到，眼高手低，实习质量难以保证。一些学生缺乏责任感，工作消极，在企业需要加班时，讨价还价。还有的学生工作粗心，缺乏团队意识、态度不诚恳，这些都与企业的岗位要求不相适应，也对毕业生的就业与发展也极为有害。对此，我们建议：

1. **做好实习准备，加强中职教育理念认同**

解决学生对顶岗实习的认同问题，需要加强对学生的思想教育工作。一方面可以通过在实习前召开实习动员会，对学生进行有针对性的深入细致的实习前教育和培训学习，让学生明确“顶岗实习”的目的、意义、内容与要求，使学生认识“顶岗实习”是中职教育的一个重要的实践性教学环节，是学生认识社会、认识专业的工作岗位特点的有效途径。另一方面要通过日常宣传营造良好的氛围，通过组织专业参观等方式让学生了解企业对员工的素质要求，让学生认识到顶岗实习的实际需要，从而让学生积极投入顶岗实习之中，为就业奠定良好的基础。

2. 发挥“三导师”作用，确保对实习学生教育、管理、援助、引导和培养

学校和企业共同制订了由班主任、专业指导教师和企业人员组成的对实习学生协同管理的“三导师制”。学校选派有经验的班主任和专业指导教师深入企业，同时企业指定部门或师傅协同校方，共同对顶岗实习的学生进行管理，保证对实习学生的教育、管理、援助、引导和培养，确保学生实习成功。

3. 加强职业养成教育，构建就业指导服务体系

随着顶岗实习培养模式的深入推进，职业学校原有的就业指导体系显得落后，无法应对新形势的要求，这就需要构建一种与当前形势相适应的就业指导模式。学校应在学生的技能训练、理论教学、校企合作等方面进行完善，以适应新形势下日趋严峻的就业形势。特别是针对目前中职毕业生在职业素养、职业规划等环节上的薄弱情况，尽可能对中职学生实施有效的全程化指导，这样才能在毕业时的就业指导上收到更好的效果。因此，学校应该从就业岗位的要求出发，培养学生严格执行操作规程，遵守企业规章中的职业规范；利用各种场合，长期坚持对学生基本职业素质的养成，帮助学生养成良好的职业习惯，构建“全程化、个性化”的就业指导服务体系。

4. 强化创业教育，提高学生的创业能力和意识

近几年，由于两校（大学、高职学院）大量扩招，高校毕业生供应量急速增加，就业竞争非常激烈，这给中职毕业生的就业也带来了压力和“恐慌”。对此，开展创业教育是当务之急。中职学校应积极鼓励和支持学生创业，培养他们的创业能力和意识，改变在校中职生的就业观，这对缓解中职生的就业压力有重要的促进作用。一些教师由于自身也缺乏创业经历，在为学生进行创业培训时容易纸上谈兵。为此，学校应通过聘请政府部门的专家、成功企业家和优秀毕业生等来做专业指导，而不单纯是依靠学校教师进行创业知识讲授。这些人通过言传身教，帮助中职学生树立正确的价值观，引导他们做好角色转变，把自己的理想和现实结合起来，树立全新的职业发展观和职业价值观，正确处理个人利益和社会需要的关系，充分发挥个人的主观能动性，为社会作贡献，最终实现自己的价值。尤其是在指导学生择业时，学校应教育学生不能只考虑经济收入、工作条件、工作地点等，更要考虑职业对自己长期发展的影响和作用。

5. 注重心理健康教育，培养学生良好的就业心理

充分发挥心理健康咨询中心（室）的作用，建立就业心理辅导长效机制，培养学生良好的就业心理。学校应制订完善、系统的培养计划，系统地对学生进行就业心理健康咨询和辅导，对学生在就业过程中遇到的问题进行分析，并采取相应对策，消除学生的心理困惑。在就业心理辅导过程中，着重培养学生自信、自尊、自爱、自立、乐观向上的心理品质。在学生求职遭受挫折，产生自卑、失败感，甚至完全丧失信心时，应通过学校、系部、班级三级心理健康辅导系统，及时反馈到心理健康咨询中心（室），心理辅导老师要主动对学生进行心理调控，帮助他们全面提高职业素质，包括思想政治素质、职业道德素质、科学文化素质、专业技能素质和身心素质等，从根本上提高中职毕业生的综合职业能力和就业竞争力。

《职业教育法》总则中确定：职业指导是职业教育的组成部分。职教的创始人黄炎培先生曾指出，“职业指导，外适于社会分工制度之需要，内应天生人类不齐才性之特征。”他认为，职业指导“简直是职业教育的先决问题”。在职校中探索、形成完整科学的职业指导工作的方法和手段，是当前职业教育改革和发展中的一个重大课题。我国劳动力资源丰富，市场需求复杂多变，就业竞争激烈，加强对职校学生的就业创业指导，对于促进学生积极进取、正确择业，为我国的经济建设建功立业，具有重要的现实意义和深远影响。

北京市商业学校在名校长史晓鹤的带领下，已成为全国知名职业院校。校长的学生观即学校的办学观。史校长坚持并实践“多元成才”的学生观，“因人、因才、因需”，促使每个学生“成人、成才、成功”。

基于上述认识，北京市商业学校坚持以学生为主体、把促进学生健康成长作为学校一切工作的出发点和落脚点，实现人才培养与首都现代化服务业发展相适应，实现人才培养与受教育者的成长特点和对幸福生活需要相适应。校长史晓鹤女士提出，学校要从扭转观念入手，确立符合职业教育人才培养规律和学生成长规律的，人人有才、人无全才、扬长补短、个个成才的人才观，形成行行能成才、人人争成才、学习助成才、实践促成才的学生观，尊重个人选择，鼓励个性发展，不拘一格培养人才。面对学生全面素质

发展的需要，该校以德能兼备为目标，确立多元发展的人才培养模式。同时，在职业指导方面，因为职业道德教育是中等职业学校教育的重要组成部分，学生的职业道德水平是职业学校办学质量的重要体现。北京市商业学校从学校的培养目标出发，将其实实在在地渗透于教学、实践和生活的每个环节之中，具有重要的现实指导意义。

北京商业学校的做法启示我们，增强职业指导的针对性与时效性，首先要帮助学生明确职业目标和人生方向，解决原动力的问题；要针对不同专业的特点准确定位，探索和研究有效的职业道德教育内容、行为方法等；还要构筑发达的德育网络，通过健全系统来保证德育目标的实现。

（点评：张振笋）

以行业为依托，提高就业指导的实效性

——北京市园林学校

名校／名校长简介

马玉，中共党员，北京市园林学校校长。教授级高级工程师，全国林业职业教育教学指导委员会委员、北京市职业技术教育学会园林专业委员会主任、北京市园林学会常务理事、北京市园林绿化工程专家库专家。1982年毕业于北京林业大学园林系，2002年任北京市园林学校校长。曾历任北京市玉渊潭公园副园长、主任工程师，北京动物园副园长。她在樱花引种、园林规划设计、园林绿化管理等方面具有丰富的专业实践经验，被誉为专家学者型校长。

马玉校长

马玉校长自上任以来，勤于实践、勇于创新、甘于奉献，取得了卓越的成就。她组织完成了新校建设工作，牵头开展了北京市园林专业两轮课程改革研究，带头参加了省部级重点校、国家级重点校、素质教育督导、现代化标志校建设的评估工作，历史性地改变了学校的发展面貌和办学条件。现在的园林学校已形成了以园林专业为骨干，其他相关专业协调发展的专业特色，构建了学历教育与职业培训并举的发展模式，先后被评为北京市职业教育先进单位、首都文明单位、北京市教育系统奥运服务先进集体、全国后勤管理先进学校、首都绿化美化先进单位，学校的发展站在了历史的新起点上。

马玉校长对园林绿化行业倾注了满腔的热情。任职北京市园林学校校长后，她将在园林绿化行业多年实践的经验迁移到园林职业教育中。她认为，依托行业办学，尊重行业特点和规律是培养行业所需人才的关键。因此她在建校、治校、人才培养等方面都有自己独到的见解。她的这些见解在园林学校近十年来的实践发展中得到了有效见证。

一、“四化”建校方针

“设施设备标准化，校园环境景观化，景观环境教学化，教学环境人文化”是马玉校长就如何建设园林特色校园文化思想的形象表述。“设施设备标准化”，即按照国家级重点专业的标准建设实验室、专业教室。“校园环境景观化，景观环境教学化”，即提倡“校园里每一寸土地都要服务于教学”，在校园环境的营造上做到“三季有花，四季常绿”，将造园艺术应用于校园环境建设之中，让同学们在鲜花簇拥、树木繁茂、山石叠翠、流水潺潺的景观中认知园林专业，切实感受到春花烂漫、夏花争艳、秋色绚丽、冬季长青的园林植物配置艺术。“教学环境人文化”，即在教学化的景观环境之中，注入人文理念、教学思想、行业规范，通过走廊、实验室的装饰以及科普长廊、标牌等园林小品，营造富于园林特色的校园文化，潜移默化地培养学生的职业素养和能力。

校园全景图

二、“四爱”主题教育模式

将德育活动与学生的心理成长需求相结合，与职业能力培养相结合，与行业发展相结合，以此搭建以行业为背景的大德育平台是马玉校长对职业学校德育工作的体会和要求。经过多年的实践和磨合，学校构建了以“爱祖国、爱劳动、爱专业、爱奉献”为主题，以参与、体验、感悟为途径的实践型德育工作模式。“爱祖国”即树立以社会、行业为平台的“大德育观”和“大课程观”，将“小课堂”同社会、行业的“大课堂”相结合。每学期在德育课中安排1—2次外出参观学习，让学生身临其境地在校外基地体验、感悟爱国主义情怀。“爱劳动”即每学期给每个班安排一周劳动实习，让学生通过参与清扫校园、清理垃圾桶及校内绿地养护管理等工作，了解行业标准，端正学习态度，提高协作精神。“爱专业”即与行业接轨，每年开展具有行业特色的“保护生物多样性科普宣传月活动”，通过开展植物挂牌、花坛设计施工、叶画制作、插花、园林小发明等园林特色活动，将文化活动与专业学习紧密结合，激发学生的学习兴趣，引导学生热爱专业，提高专业素养和审美能力。“爱奉献”即与社会接轨，长期开展学生志愿者服务活动，形成了系统的志愿者招募、培训、服务流程，并建立了以市属公园为窗口，以行业大型活动为主线，专业实践与文明礼仪服务相结合的运行机制。

三、“四服务”治校方略

政府支持、行业需求、属地部门配合、家长满意是学校和谐发展的要素。马玉校长认为，一所学校能不能很好地发展，关键看它是否被需要，服务对象对它的服务是否满意。马玉校长依托行业办学，把政府、行业、区域、家长作为学校发展的四个服务对象。第一，加强政校沟通。明确了“以服务绿色北京建设为宗旨，以首都园林绿化事业发展需求为导向”的发展思路，开展行业调研，密切与行业主管部门的联系，积极承担全市绿化普查等政府职能，赢得政府的支持。第二，深化校企合作。在专业建设、学生实习、基地共建、人才流动等方面深化与行业企业的合作。成立了行业企业专家、领导参与的专业指导委员会，为学校的发展把脉；根据行业的用工特点，安排学生顶岗实习，既保障学生的学习内容，又满足企业的用工需求；邀请企业专业技术人员、技师承担学生的实习指导工作；选派学校专业教师到企业进行实践锻炼。第三，开展属地共建，定期邀请地方检察院检察官、公安民警、消防队员到校对师生进行法制教育、安全教育。同时，学校开放资源，结合专业教育，深入社区开展居室花艺栽培与养护的知识普及等活动，并与房山建委合作，派专业技术人员对房山区农民进行磨盘柿复壮修剪技术培训，对石花洞等风景名胜区讲解员进行讲解技巧训练。第四，健全家校互动机制，尊重家长的知情权、选择权。增进家长与学校的互信和了解，共同参与学校的管理。

职业教育就是就业教育。职业教育的过程就是职业生涯规划、职业技能训练、职业道德培养、就业指导实践的过程。北京市园林学校属于行业办学，隶属于北京市公园管理中心。因此，背靠行业开展职业教育是其得天独厚的条件。为了帮助学生尽快树立职业意识，明确职业学习目标，进而顺利地成为行业所需的实用型人才，北京市园林学校一直致力于全程就业教育体系的构建。通过建设特色校园、参与行业活动、开展志愿服务，让学生在真实的环境中实践、应用专业知识技能，体验、感悟职业道德，培养、熏陶职业精神，构建、规划职业人生。

一、在浓郁的校园环境中规划绿色人生

中南理工大学刘献君教授的“泡菜理论”是职业学校校园文化建设的一个代表性理论。北京市园林学校于 1951 年建校，原址在天坛公园外坛，是一所历史悠久、行业特色鲜明的中等职业学校。进入 21 世纪，为满足蓬勃发展的园林绿化事业对技能人才的需求，为了帮助恢复世界文化遗产天坛的原貌，该校在市委市政府和上级主管部门的帮助下，把校址迁到房山区良乡。为了建设一个富有园林特色的校园，马玉校长巧妙地将园林造园手法与职业教育实际需要结合，提出了“设施设备标准化，校园环境景观化，景观环境教学化，教学环境人文化”的“四化”建校方针，让专业文化、行业文化融合在环境文化之中，营造了富于园林特色的校园文化。

从环境文化而言，学校办公楼、教学楼、实验楼、宿舍楼、食堂、盆景园、温室、组培室等单体建筑以青灰色为主灰白色为辅，色调古朴典雅，方位错落有致，透着和谐、静谧、明朗、清新的气质。学校按照专业特点及课程设置，用造园手法将校园进行合理的功能分区，先后建成攀援植物、春景植物、秋色植物、竹类品种、新优植物、草圃、宿根花卉、水生植物、岩生植物 9 个植物展示区，及园林工程、露地繁殖、大树移植、岩石园、盆景园、温室、喷灌 7 个实训园区。校园里种植了 500 余种树木花卉，树木繁

茂，三季有花，四季常青，让人身临其境地感受到春花烂漫、夏花争艳、秋色绚丽、冬季长青的园林植物配置艺术。水生植物园与岩石园相映成趣，山石叠翠，曲水流觞，既各自独立，又浑然一体。岩石园囊括了太湖石、黄石、青石、人造石等，这些石材的堆砌、铺装方式，既体现了观赏的价值，又体现了教学标本、示范的作用。

岩石园

总之，一走进校园，就能够深切地感受到建校者对学校未来寄予的强烈愿望。更值得一提的是，在教学化的景观环境之中，学校注重人文理念、教学思想、行业规范等意识形态的渗透，通过科普长廊、实验室环境装饰以及植物标牌等园林小品，给景观化的环境注入生机和活力，彰显了浓郁的园林特色校园文化，潜移默化地发挥了环境育人的功能。

在学校环境营造上，马玉校长经常讲的一句话就是“园林学校就要像个园林学校”。语言朴实无华，但却道出了真谛，职业学校的校园建设要有别于普通学校，要着力体现职业特点。通过全校师生几年来的精心种植养护，校园中各种花草夺目、树木繁茂，整个校园既具有观赏价值，又具有实用价值。师生可以在校园里开展树木识别、种植、养护等实践活动，也可以随时随地观察、了解植物的生长习性、体征等，还可以在校园里开展种子采集、插花、盆景制作、标本叶画制作、花坛设计与施工等专业比赛活动。在学习之余，校园还是同学们享受绿色生活、怡情养性的场所。你会发现，他们三五成群地在林间玩耍嬉戏、在石上促膝交谈；他们也会不由自主地为自己的美丽校园而骄傲；他们还会积极参与校园环境管理，为树木浇水、除草、种植新优花卉、清理树叶垃圾等。他们对校园的热爱溢于言表，校园文化对他们也进行了潜移默化地浸染。

二、在重大的行业活动中锻炼专业技能

进入 21 世纪以来，首都园林绿化事业蓬勃发展，特别是奥运会的举办，以及“绿色北京，科技北京，人文北京”和“世界城市”目标的提出，有力地推进了首都园林绿化事业的发展。马玉校长认为，职业学校不能关起门来办学，要走出去，走到行业的前沿，参与行业的重大实践活动，让师生敏锐

地感知行业的需求，在真正的职场上获得高品质的锻炼和真正的就业指导。对此，学校以重大活动为契机，以专业服务为主线，以校企合作、政校合作为模式，为师生搭建平台，积极参与国庆花坛施工、奥运、绿化普查等大型活动的服务保障工作。

特别是在为 2008 年的奥运服务时，北京市园林学校成立专门领导小组，积极与行业主管部门协调，根据奥运服务的需求情况和工作要求，制订详尽的实施方案和安全保障措施，给学生搭建直接服务奥运的平台。经过严格选拔和训练，该校成立了 4 支奥运服务专业团队。

参加奥运颁奖花卉制作

一是奥运颁奖花卉制作团队。该校 16 名师生经过层层选拔被奥组委选中，经过 2 个多月的严格培训，与其他 24 名来自全国的志愿者一起承担北京市奥运花卉配送中心颁奖花卉的制作任务。他们每天要扎 500 多束颁奖用花，常常工作到深夜。特别是工作在花卉冷藏库里的同学，由于库内温度低，连续工作时间长，头发和眉毛常常会挂满一层白霜，但他们仍然坚守在工作岗位上，16 名师生没有一人退缩，也没有一人叫苦叫累，表现出了良好的专业素质和顽强的拼搏精神。他们共为奥运会和残奥会制作了 7000 多束颁奖花束，对每一个花束都是精益求精。每当各国运动员站在领奖台上，手持颁奖花束向全世界挥舞时，他们都感到无比骄傲和自豪。他们以良好的精神面貌和严谨细致的工作态度，出色地完成了任务，得到领导和专家的一致好评。2008 年 9 月 15 日，北京奥运花卉配送中心专门向学校发来感谢信和荣誉证书。

二是奥运主体场馆周边环境植保检测团队。16 名师生加入朝阳区植保站的工作队伍。他们负责鸟巢、水立方、奥体中心、朝阳公园、工人体育馆等 12 个奥运比赛场馆的绿地植保监测工作，对植物生长、病虫害等情况进行严格的监控和观测，及时记录并提供第一手观测数据，为奥运会环境保护作出了自己的贡献。

三是天安门花坛布置团队。31 名师生与北京市花木公司职工一起承担“2008 年奥运会、残奥会天安门广场及长安街沿线、奥运场馆摆花工程”任务，主要完成了天安门“鸟巢”造型、天桥“五环曙光”、天坛东门“东方希望”、东便门“折扇”及中环广场“如意中国结”“步步高升”“和谐大团结”等奥运花坛工程。参与施工的师生精心施工，对花木精心养护，使天安门花坛在奥运花期间始终保持绚丽多姿的面貌，向世人展示了北京最美的形象。

四是场馆环境布置团队。学校先后派出150人执行各场馆的环境布置任务。奥运会前夕，各场馆的环境布置工作量大、时间紧，特别是鸟巢、水立方等大型场馆内外的植物环境布置技术标准高。该校将课堂教学与专业实践结合起来，并加强专业教师的过程跟踪和技术指导，确保了工程质量，圆满完成了各场馆的环境布置任务。

通过服务奥运，师生们经受了考验，得到了锻炼，提高了技能，开阔了视野，学到了在学校和课本上学不到的东西，收获了人生中难得的宝贵经历和精神财富。北京市园林学校通过服务奥运，促进了教育教学改革的进一步深化，为实践教学树立了更高的标准；通过服务奥运，提高了学校的凝聚力，营造了团结和谐的校园文化，增强了师生的集体荣誉感，激发了师生奉献、拼搏、向上的精神，促进了德育的开展。

红红火火中国情

——奥运颁奖花束制作背后

2008年4月的一天，我们接到学校挑选学生参加奥运会颁奖花束制作的通知，我当时是又激动又高兴。能够成为奥运志愿者为奥运直接作贡献是一个既光荣又艰巨的任务，老师也为我们高兴，非常支持我们。学校派出了80多人供奥组委花卉中心挑选。经过两个多月的紧张培训，制作颁奖花束的志愿者由原来的80多人缩减到40多人。

刚进入北京奥运花卉配送中心进行培训时，我们都不知道奥运颁奖花束是什么样的，老师只是让我们每人用螺旋法做一束高40cm，宽25cm，花材高低错落有空间感的花束。由于没有样品示范，我们每个人做得都不一样，做完后，还要写上制作时间和姓名，原来这是老师在考查每个人的制作水平。老师把我们剩下的40多人分为A、B两组，每组又按照个人的水平分为制作组、保鲜组和包装组，我被分在A组的制作组。老师要求我们在制作过程中对每一个步骤和环节都要非常精细，而且必须在20分钟内完成。

7月12日开新闻发布会时，我们终于见到了奥运颁奖花束的真面目。奥运颁奖花束取名“红红火火”，其外形呈尖塔形，大小适宜。主花材是9朵“中国红”月季，在中国传统中，9被誉为至尊，代表着凝聚力与生生不息，同时还有长长久久之意。花束配材方面，选用了6枝火龙珠、6枝假龙头、6片芒叶、6片玉簪叶和6组书带草。每种花材都有6片（枝），取一帆风顺之意。在见到真正的奥运颁奖花束后，我们也进入了紧张的备战状态。每天我们除了要完成规定花束的数量外，还要制作出一定的备用花束，以防止花束在出现问题时及时调换。奥运会已接近尾声，我们的工作却越来越大，现在我基本上15分钟左右就可以完成一束奥运颁奖花束，一天可做20多束。虽然我们的任务繁重，也很辛苦，但当看到奥运健儿站在领奖台上挥舞着花束时，我们也感到骄傲和自豪，因为这也凝聚着我们的辛苦和汗水。在最后的冲刺阶段，我要更加努力工作，为运动员加油，让他们在鲜花的映衬下绽放出最骄傲的笑容。

三、在日常的志愿服务中培养职业精神

十七大报告指出“育人为本，德育为先”。北京市园林学校非常注重对学生职业道德的培养。马玉校长认为，学生良好的职业品格和综合素养不是一朝一夕能炼就的，是在长期的反复的实践锻炼和环境熏陶中培养出来的。

2006年以来，学校从园林绿化行业对人才需求的角度出发，从人才培养和市场接轨、占位的角度出发，成立了学生志愿者服务团队，由校团委负责，旨在培养学生的奉献精神、职业意识，让学生多参与行业活动，同时也密切学校与行业的内在联系。2007年，为更好地服务奥运，学校成立了“百名志愿者奥运服务预备队”，以“迎接绿色奥运，提升校园文明，践行志愿精神”为主题，积极参与了“奥运倒计时400天大型纪念活动”“7·11排队日活动”“迎奥运，大练兵”修剪技能大赛服务等行业直接组织或承担的大型活动。2008年，除了为奥运提供专业服务外，该校还组织学生志愿者完成了6次850人次的文明观赛任务。2009年，该校有300名志愿者参与了北京市第六次园林绿化普查和国庆60周年庆典晚会集体舞表演任务。其中，100名师生被分配到石景山、大兴、海淀等11个区县的园林局、绿化处及街道办事处，负责绿地测量、植物统计、填写表格、电脑绘图等工作。另外，200名师生头顶烈日，经过两个多月的排练，以饱满的精神、标准的舞姿、良好的秩序圆满完成了天安门集体舞表演活动。新华网以《欢乐的海洋》的题图反映了学校学生的良好精神面貌。

经过多年的实践，学校在内部形成了系统的志愿者招募、培训、服务流程，在行业里建立了以市属公园为窗口，以行业活动为主线，以植绿护绿、咨询服务、礼仪引导为途径的实践参与机制。目前，学校志愿者规模每年保持在500余名左右，2007—2010年累计提供志愿服务1万余人次。志愿服务活动的直接成果是培养了学生的奉献精神，规范了学生的文明举止，提高了学生的素质，同时也帮助学生明确了职业方向；间接的效果是提升了学校在行业和社会上的知名度，为学校开展招生就业、实践教学工作营造了良好的外部环境。

彩旗与烟火齐飞　青春与时代共鸣

——参加新中国成立60周年庆典晚会回暮

2009年6月，我校200名师生代表在公园管理中心参加国庆60周年晚会集体舞表演。作为此项任务的参与者，回想天安门广场汇演的场景，时至今日仍然心潮澎湃。“我参与，我奉献，我快乐”的经历让我们感到光荣和自豪。

排练从7月中旬开始，我和其他几位同学作为小教员先到劳动人民文化宫去培训学习，一天之内学习5支舞，100多个动作，对于没有一点舞蹈基础的我们来说太难了，可大家还是竭尽全力，一丝不苟，一天下来筋疲力尽，浑身酸痛。但到了第二天，我们对头一天学习的内容已忘得差不多了，自己没弄明白又怎么教别的同学呢？大家对此都很着急，一商量，干脆住校，趁热打铁，一连7天反复练习。最后，我们终于熟练掌握了整套舞蹈动作，克服了第一道难关。

8月初，所有参演学生放弃了暑假，全部回到学校。200名师生开始了为期2个月的艰苦训练。当时正值8月酷暑天，骄阳似火，中午室外温度高达近40度，全体学生在田径场上头顶烈日进行合练，每一轮练习下来，个个汗流浃背，身上的衣服一会儿被汗水浸透，然后又被身体烘干，循环往复，但没有一个人叫苦叫累，每个人都干劲儿十足。因为我们明白，祖国的利益高于一切，我们肩负着太多的期望，向全世界展示中国人的美好形象要通过我们的努力来实现。因此，我们只能成功，不能失败！为了让大家在短时间内学会舞蹈动作，学校老师想了很多办法。一是基础训练法。每名小教员负责7到8名学生，责任到人。从站立练习到队列练习，从10分钟、20

分钟增加到后来的1个小时。针对性的训练取得了效果，整个方阵的精神面貌焕然一新。二是分组训练法。将小教员与学生编成6个临时班，男女、身高合理搭配，由专门的教师负责教舞。三是重点帮助法。对动作协调性不足的同学采取补课的形式强化训练，以达到同步协调。四是整体训练法。由于学生平时很少接触此类难度大、变化多、节奏快的集体舞，要做到整齐美观，在跳的过程中就要不断纠正动作，我们踏着拍子，喊着号子，嗓子哑了，吃一片润嗓药，喝口水继续喊。

梅花香自苦寒来。我们终于在计划的时间内熟练掌握了整套舞蹈动作，先后通过了8月底、9月初的全市合练。特别是9月12日在天安门广场的现场彩排，市委书记刘淇和市长郭金龙还到我校标兵方阵中同师生亲切握手，表示慰问，领导的关怀极大地鼓舞了在场的每一个人。

国庆节当天上午，学校领导组织我们集中观看阅兵表演实况传播，这既是对大家的一次爱国主义教育，又是对大家的一次无声的动员。下午2点半，学校200名参演师生登上了开往天安门广场的大巴车，经过严格的安检后，于晚上6点钟顺利到达了天安门广场。当舞曲在天安门上空响起时，全体师生踏着欢快的节奏载歌载舞，不停地将手中红绸高高抛向空中，那一张张朴实而真挚的面孔洋溢着青春的活力，那是精神与意志的迸发，是几十个日日夜夜辛勤汗水的凝结和绽放。我们向世人展现了国人朝气蓬勃的精神，演绎了庆典活动的主题和内涵，感染了在场领导、感染了包括各大媒体记者在内的所有参与者。彩旗与烟火齐飞，青春与时代共鸣，因为那欢乐和笑容是发自内心的。

实践证明，我们以实际行动为自己赢得了荣誉，为祖国母亲献上了一份厚礼。首都国庆60周年筹备委员会联欢晚会指挥部致函公园管理中心，对我们进行了如下的评价："坚持祖国利益高于一切的信念，团结协作，勇于奉献，为联欢晚会的成功举办作出了突出贡献"，并授予中心先进集体称号。我骄傲地说："这里有我的一份力量。"在参与的过程中，我和所有的同学经历了封闭式训练时割舍亲情的考验；经历了面对酷暑训练的考验；经历了在天安门现场长达4个半小时不能如厕的考验；经历了为少如厕而少饮水的考验；经历了在天安门演练过程中过家门而不入的考验……而如今，这些考验不仅成为了我生命中一段美好的记忆，更成为了我人生中宝贵的精神财富。这种特殊的经历不仅磨练了我的意志，也升华了我的灵魂，它将激励我一如既往的以更加坚定的信心、更加昂扬的斗志投入到今后的学习工作中！

纵观北京市园林学校近年来的发展历程，实践证明：坚持开放办学、密切行业联系、遵循行业人才成长规律是学校取得成绩的关键所在。马玉校长作为在园林绿化行业实践成长起来的行业专家，熟知行业对人才需求的标准。她到校任职后，迅速将这一信息迁移到学校教育教学管理的各个环节，颠覆了传统的办学模式，让行业需求成为主导职业教育发展的内在动力，指导学校教育教学工作的开展。更重要的是，马玉校长认为，教育面对的是鲜活的生命，对于这些充满活力的、对面对面的相对静止的教与学早就厌烦了的十七八岁的半大孩子来说，没有什么比让他们参与到新鲜而充满挑战的实践中更让他们觉得开心了。所以，让教育活动真正“动”起来，让学生作为鲜活的个体真正参与到其中就成为职业教育充满活力的根源所在。而该校，正是在教学实践活动中将行业需求和学生培养很好地结合，用实践活动诠释了职业学校与行业的鱼水情，用创新精神开创了职业人才培养的新模式。

一、让校园成为学生职业人生的开始

具有生命力的校园文化环境对人的发展的影响是不可低估的。教育家夸美纽斯曾经说：“校园应当安排得美观，成为一个快意的场所和对学生富有吸引力的地方。”现代教育心理学也认为，在人的性格的形成过程中，环境因素影响很大。学生的主要活动范围是学校，校园的环境质量跟学生息息相关，并持久地对他们产生影响，如从实用到艺术，从绿化、美化、净化、知识化到学府化，可以行“无言之教”，对学生具有强烈的暗示性、渗透性和潜移默化的作用。

学校在校园建设的实践过程中，结合实际，因地制宜地运用造园手法，恰当地将校园建设与专业发展、学生能力培养、环境育人功能相结合，既满足了教学需求，又彰显了文化特色。可以说，校园本身就是园林设计的精品和范例，处处寄托着建设者对未来的美好希望，学生身临其境、耳濡目染地求知学艺、怡情养性。这不失为校园建设改革创新的典型案例。

二、让行业成为学生专业成长的舞台

职业学校归根到底是为行业培养人才。因此，谁能将行业需求与行业人才培养在学校教育教学活动中有机结合起来，谁就在实现职业教育与行业需求零接轨的方向上迈进了一步。学校的主张是让行业成为学生专业成长的舞台，让学生成为行业活动的直接参与者。在真实的环境中、真实的岗位上，让学生锻炼专业技能，塑造职业品格。

1. 专业实践育专业素质

通过参加行业的各种活动，学生的专业知识和技能普遍得到了大幅度提升，在同行业比赛中脱颖而出。2008 年 9 月底，该校参加奥运活动的 6 名学生参加了第六届农业博览会插花花艺大赛，其中 4 个作品分别获得现代花艺插花二等奖、东方式插花三等奖、东方式插花优秀奖。通过绿化普查工作，学生掌握了测量、常见植物识别、计算机绘图、记录、整理资料等多方面技能。

真枪实弹的工作内容与环境，极大地锻炼了学生的心理素质与职业素养。有关奥运会的绝大多数行业活动都在露天进行，而且当时正值炎热的夏季，施工的时间紧、任务量大、工序复杂、技术含量高，学生都坚守在岗位上，每天干到夜里，有时还冒着小雨施工。高强度的工作和恶劣的环境培养了学生们吃苦耐劳的精神和坚忍的性格，也培养了他们团结协作、认真负责、主动学习、与人沟通等能力，这为他们尽快适应岗位、融入社会打下了良好的基础。

2. 专业活动育职业理想

所有参加大型行业活动的学生均得到领导、师傅及周边同事的一致认可与好评。在花坛施工和绿化普查现场，各级领导多次亲临现场参观，对学生的技能本领和工作精神给予了高度评价，也对学校给予了高度的赞扬和充分的肯定。该校上级主管部门给学校和学生专门发送表彰信并给予了奖励。一些报纸、电视等媒体也对此进行了相关的宣传和报道。2008 年，该校有 9 名学生被评为市级奥运会、残奥会优秀学生。在这些活动中，学生对职业理想有了更进一步的认识和规划，树立了立足行业、成人成才的目标。

3. 专业活动拓就业市场

学生参加行业活动的过程就是学习和实践的过程，这为实现与就业零距离接轨的目标奠定了牢固的基础。学生良好的技能与表现使其具有了明显高于他人的竞争优势和宽泛的就业面。例如，钓鱼台国宾馆在 2008 年以前 10 年内没有进过中职毕业生，2008 年他们主动提出要留一名学校毕业生。去年，学校就业对口率达到 85%以上，而且很多人在岗位上能够马上成为专业骨干。

三、让实践成为学生素质提升的方式

职业学校的德育工作应具有鲜明的职业特色。这一直是学校在德育工作中所遵循的原则。面向行业，开展长期有效的志愿服务是具有园林职教特色的德育工作的具体体现，是对联合国教科文组织“学会求知，学会做事，学会生存，学会共处”的进一步阐述，是对社会主义核心价值观的深化。

综上所述，我们可以欣慰地说，北京市园林学校的成功是可以复制的，只要我们在办学的过程中，经常性地换位思考，从行业需求、学生需求的角度考虑问题，我们就一定能在工作实践中找到学校教育教学与行业需求的切合点，从而在人才培养过程中为学生创造和搭建更多发展平台，让他们用人类改造自然的最有效的办法——实践，真正地参与其中，成为社会生活、历史发展中的一员，让他们通过体验、感悟，从实践中获得真知。而这种思维和实践的方式也必然成为指导他们一生的生活方式，给他们留下宝贵的人生财富。

《职业教育法》在第四条中明确要求：“实施职业教育必须贯彻国家教育方针，对受教育者进行思想政治教育和职业道德教育，传授职业知识，培养职业技能，进行职业指导，全面提高受教育者的素质。”

如何有效地开展职业指导活动，北京市园林学校给予了我们诸多启示：

1. 以特色校园文化为背景

教育家夸美纽斯曾经说：“校园应当安排得美观，成为一个快意的场所和对学生富有吸引力的地方。”

马玉校长的“园林学校就要像个园林学校”的理念朴实且富有哲理。在这一理念指导下，学校提出了“设施设备标准化，校园环境景观化，景观环境教学化，教学环境人文化”的“四化”建校方针，让专业文化、行业文化融合在环境文化之中，营造了富于园林特色的校园文化。

“人造环境，环境育人。”校园环境是一部无字的教科书，是一种潜在的课程资源，学生们在园林文化与校园文化融合的特色学校文化熏陶下，学会做事，学会做园林人。

2. **以行业专家为引领**

马玉校长本人1982年毕业于北京林业大学园林系，曾历任北京市玉渊潭公园副园长、主任工程师，北京动物园副园长，在樱花引种、园林规划设计、园林绿化管理等方面具有丰富的专业实践经验。担任校长后，她将自己在园林绿化行业多年实践的经验迁移到园林职业教育中，她认为，尊重行业特点和规律是培养行业所需人才的关键。

学校依托行业办学，服务区域发展，将政府、行业、区域、家长作为学校发展的4个服务对象，密切与行业主管部门的联系，积极承担全市绿化普查等政府职能，为职业指导活动的有效组织拓展空间并寻求专业支持。

3. **以重大的行业活动为载体**

职业指导要坚持主体性原则和实践性原则，要充分发挥学生的主体作用，以真实职业环境为背景，以活动为载体，以任务为驱动，让学生在实践中了解自我、探索世界。

北京市园林学校充分发挥其办学优势，以首都北京重大活动为契机，以专业服务为主线，以校企合作、政校合作为模式，为师生搭建平台，积极参与国庆花坛施工、奥运、绿化普查等重大任务的服务保障工作，使学生在真实的环境中应用、实践专业知识技能，体验、感悟职业道德，培养、熏陶职业精神，构建、规划职业人生，成效显著。

（点评：张振笋）

练内功、搭舞台，促进就业服务民生

——福建省龙岩卫生学校

名校／名校长简介

教学综合楼

福建省龙岩卫生学校是一所有着近80年办学历史的学校，位于全国著名革命老区——福建龙岩。在国家明确提出要把大力发展职业教育作为经济社会发展的重要基础和教育工作的战略重点后，福建省龙岩卫生学校紧紧抓住大好机遇，不断创造出斐然的成绩：2004年被国家教育部评为首批国家级重点中专学校，2007年被评为福建省教育系统先进单位，同年被国家卫生部选为全国中等卫生职业教育教学研究会成员单位；2008届护理（1）班被国家教育部评为先进班集体；2009年国家护士执业资格考试改革后，该校护理、助产两个专业考试通过率达75%，为全省同类学校之首（高于其他同类别同层次学校20%左右），2010年通过率达94%，连续两年保持全省同类学校排名第一；2010年职业技能鉴定通过率达99.7%；2010年有9名教师被科学出版社选中参加全国卫生职业院校示范教材护理助产专业教材编写，其中主编1名，副主编3名，参编5名，有7名教师的论文被推荐到全国卫生职业教育第19次学术会议上进行交流，并获得优秀组织奖第二名的好成绩；2011年，学校还承办福建省职业院校技能大赛首届护理项目比赛。成绩最能说明问题，这一系列的成绩，使得龙岩卫生学校毕业生每年直接就业率达98%以上，每年的招生都出现爆满现象，甚至开学后仍有家长打电话咨询能否再让子女入校就读，让省市其他中职学校羡慕不已……

“教学质量是学校的生命线，我们始终把教学质量放在重要位置，但单凭做好这一点还不够。中国近代职业教育的创始人和理论家黄炎培先生曾经指出：职业教育的终极目标是使无业者有业，使有业者乐业。我们中职学校与大学、高职院校、普通高中不同，我们培养的不是为尖端科学作贡献的学生，而是优秀的一线技术人员、服务人员。职业教育就是就业教育，我们要更加重视对学生就业能力的培养，让学生拥有终生就业的能力。只有教学与就业能力培养双管齐下，才能真正办好中职学校。”张鹰厦校长娓娓道来。

谈及学校如何培养学生的就业能力，张校长颇有自信，他说，他有自己的一套办学方法。那么，龙岩卫校是如何在生存的基础上做到高就业率，从而完成培养目标的，就让我们了解一下张鹰厦校长是如何办学的。

一、苦练内功强素质

张校长在办学上不断探索、创新，在“以服务为宗旨，就业为导向”的办学方针的指导下，坚持“育人为本，厚德强能，质量立校，争创一流”的办学理念，坚持职业教育面向人人、面向社会的发展方向，明确培养医药卫生工作第一线的实用性、技能型人才的教学目标。

学校课堂

学好专业知识才能为干好事业打好基础。学校不断加强学生对基础知识的学习，除公共基础课程使用教育部规定的大纲和教材外，鼓励各专业、教研组大胆创新开发校本大纲、校本教材，要求教师把教学实践与临床实践对接起来，通过教学改革，从课程设置、教学方法、学科建设等方面让学生掌握较全面的专业基础知识。

二、将就业能力培养植入教学大纲中

著名的教育家陶行知先生曾经说过：校长是一个学校的灵魂。的确，校长是一个学校的关键，是学校领导的核心。

张校长认为，人的一生对职业的认识是不断发展的，紧跟的职业期望也在不断发展。而中职学生的年龄一般不足 20 岁，身心都还不够成熟，对职业生涯规划缺乏足够的认识，开展职业生涯设计的能力也较弱。因此，学校要特别重视对他们加强教育与引导。正是由于这样的信念，龙岩卫校通过各种形式、途径，从课时、内容、效果等方面全方位地对学生进行就业指导，通过帮助学生制订个人职业生涯规划，让他们顺利走上工作岗位并能发挥个人的潜力。

（一）校领导高度重视学生就业指导工作

毕业生就业状况是中职学校办学水平的重要标志，直接关系到学校的生存和发展。该校早在 1997 年就成立了专门的就业办和就业工作领导小组，把提高学生的就业质量和就业率作为目标，将就业工作列入对校领导的考核体系中。在短短的几年时间里，学校就业办就从最初的单一组织招聘会到如今全方位地培养学生的就业能力；制度也从无到有，到如今已形成良好的长效机制。张校长经常在教职工大会上强调，校领导和教师要用科学发展观的眼光，主动学习和讨论，要认识到学生就业指导工作的重要性，不断更新观念，创新机制，高度重视学生的就业指导工作。通过建立和健全就业组织，规范学校的就业管理和日常就业指导工作，加强对学生就业工作的服务指导。

（二）科学统筹，全程贯穿

教育部副部长鲁昕在某中职学校考察时说过，中等职业学校教育不仅要增加学生的专业技术含量，更要增加文化知识含量，强化人文素养的培养，提高学生的文化内涵和职业修养，为学生终身学习、长远发展考虑。

的确，就业指导工作是理论性和实践性很强的工作，涉及法学、社会学、心理学、经济学、公共关系学等多学科的知识。在长期的观察和实践中，龙岩卫校逐渐认识到学生就业的特点——被雇佣仍会有失业风险，拥有就业能力才会拥有就业保障。因此，学校慢慢从以前单一地为毕业生讲授求职培训、举办招聘会帮助学生找工作，转变为“以学生人生发展”为理念，把对“就业能力”的培养植入教学的每一个环节，以此让学生掌握相应的知识，提高个人职业素养，形成自主学习、把知识转变为技能、适应环境变化等多方面的能力，并最终形成终生受益的“就业能力”，使他们在未来的职业发展中能自主调整，从而获得职业生涯的成功。

“就业能力的培养应该是学校就业教育的核心价值所在，也就是说我们应该着眼的是学生全面的与长远的发展。”张校长是这么说的，也是这么做的。

在众多学校管理、专业知识等方面的书籍中，张校长看的最多的就是中职学校就业指导这方面的书了，他还常常与其他学校进行交流学习，探讨就业问题。他认为，就业指导工作要贯穿教育的全过程，不能仅限于在学生毕业前匆忙进行指导，要从学生的入学教育开始到学生毕业甚至包括毕业后的跟踪服务。

龙岩卫校的学制是3年。学生前两年在学校学习，第三年就进入医院实习。因此，及早对学生进行就业指导更是迫在眉睫。针对不同年级，学校采用不同的指导方式：对一年级的学生要侧重就业宣传教育，重点转变学生的就业观念；要求二年级学生能明确自己职业生涯的方向和具体目标；引导三年级学生通过实习对社会、工作有更深的了解，对自己即将从事的工作有充分的准备和良好的心态。

1. 就业指导从学生一年级开始

龙岩卫校的就业指导工作从学生还未进校门时就开始展开了，从负责招生工作的老师到班主任，学校都要求他们向学生介绍本专业培养的目标、所设置的课程、学习要求和学习特点，以后就业的范围、对象、职业的特点等，以方便学生根据自己的兴趣爱好选择专业。也正因如此，在每个新学期开始，有部分学生申请转专业。张校长说，专业本身没有好坏之分，但一定要发自内心的喜欢，只有喜欢这个专业了才能将自己的潜力充分发挥。每个学生都有转专业的权利，但他也要求班主任和相关处室慎重对待学生转专业的申请。这时，有些班主任就不高兴了，学生转专业，那完全是学生自愿的，按照程序办就好了，没必要对学生进行苦口婆心的劝说和教育。但张校长却认为，有些同学其实并不真正了解新专业的情况，要耐心细致地为他们讲解该专业的情况，让学生多看新专业课表和教学的内容，观察和了解自身的兴趣、特长是否与新专业相匹配，只有这样才能避免学生盲目转专业，要保证没有一位同学因转专业而后悔。经过张校长耐心的说明，各班班主任都认同了他的看法，对学生转专业的问题也更加慎重处理。

一年级的同学刚从初中毕业，对职业教育和未来从事的工作完全没有概念。因此，学校在第一学期，安排《职业道德与职业生涯规划》的课程，将对学生的就业指导重点放在“全面认识自己和社会”和“未来社会和职业发展对学生的素质要求”上。学校通过组织学生开展职业生涯规划活动，并结合职业生涯规划设计开展职业兴趣测评等活动，让学生充分认识自己，把自己的职业兴趣和爱好、职业意向、职业角色、职业行为、专业和工作的匹配有机地结合起来。同时，通过将卫生职业教育与卫生服务需要相结合，引导学生端正学习态度，明确学习方向，树立正确的职业理想和职业观，尽快提高自己适应未来社会和职业发展要求的能力和素质，为今后从事的工作做好准备。

为提高就业服务质量，在对一年级学生的就业指导中，学校还特别注重礼仪课程教育。以护理专业为例，他们今后要面对的是形形色色的病人，这就要求他们不仅要拥有丰富的专业理论知识、良好的专业形象，还要掌握与各种病人沟通的技巧以了解病人的状态和需要，同时要求学生具有自主学习的能力去适应工作中有可能碰到的各种各样的问题。因此，学校便要求教师们把课堂当病房，用最形象的形式向学生传授最新的业内知识和技能。

虚拟的总是没有现实的来得真实。在护理礼仪训练过程中，遇到要求学生与各种病人沟通的环节，很多学生就不愿意了。他们认为，跟病人沟通似乎没那么困难，病人不会都那么胡搅难缠，就算他们不配合，还可以找亲属沟通，而且现实中的医院并没看到护士这么耐心细致地与病人沟通，这样训练，不仅令自己感到很别扭，也没有必要。鉴于此，教师便跑来与张校长沟通，征求是否能放松对学生这方面的训练。张校长严肃地说：“护理工作本身就是一个服务性很强的专业。必须要树立正确对待本职工作，热爱这份工作，要不怕脏、不怕累、树立全心全意为病人服务的意识。学生就业后随时都可能碰到各种各样的患者，只有让自己掌握了良好的沟通能力，在碰到情绪不好、不配合的病人时，我们才能应对自如，赢得病人的信赖，从而做好工作。把病人当亲人，就不会别扭了。我们老师要引导学生认识这一点，工作就不会不好做了。”此后，再也没有礼仪课老师到张校长面前诉苦了。

2004届优秀毕业生，现任长汀县精神病防治院护理部总长的巫梦洁，对此就深有感触。以前在学校不管是专业知识还是护理礼仪、心理辅导等课程，她都比其他同学要学得认真，还积极参加学校组织的各种各样的活动，从而具备了过硬的专业知识和能力。参加工作后，她把护理工作当成了一门心灵的艺术，由衷地热爱这份职业，视病人如亲人，用自己的心灵去感受病人的心情。工作之余，她还努力学习理论知识，充实自己、丰富自己，善于在工作中不断积累经验，提高自己的理论基础和实践技能水平。她说，以前对“活到老，学到老”这句话并没有多深的理解，在校3年，由于老师们的教育和长期的耳濡目染，她不仅掌握了良好的专业知识，也形成了终身学习的好习惯。由于肯学习、技术好，又热情细心，在医院，患者都愿意和她拉家常，向她倾诉。短短的几年时间，巫梦洁因于成绩出色，先后被评为“先进个人”“县优秀护士”“2010年龙岩市优秀护士”。

2. **引导学生树立正确的就业观**

经过一年的职业生涯规划学习，学生对自身、专业和社会有了一定的了解，学校便开始引导学生认识职业特点、职业素质及构成等，培养学生的职业兴趣和能力，使他们养成医务工作者的职业道德。学校还通过对学生开展正确的择业观、就业观、成功观教育，突出对他们吃苦耐劳精神、社会责任感、服务意识、创新意识、团队精神的培养，使其确立诚实守信、爱岗敬业、相互尊重的职业道德观。学校引导学生加强学习就业政策，法律法规、劳动人事制度和就业制度，明确自己在择业过程中的权利和义务、程序和途径、择业渠道和就业范围。

3. **灵活开展就业指导工作**

从教育内容上看，对中职学生职业生涯规划的教育应包括职业知识、职业技能、职业精神等；从教育形式上看，这种教育需要各种知识与素质的教育整合。

除了理论学习，学校还要有针对性地分层次、分阶段地开展各种活动，如开展丰富多彩的校园文化活动和第二课堂等活动。通过歌咏比赛、演讲比赛、清明扫墓、新年晚会等素质教育活动，为学生创设健康的校园文化氛围。这既丰富了学生的课余生活，增加了学生的学识，又陶冶了学生的情操，提升了学生的品位。同时，同学们通过在活动中展示自己的才能，可以增强学习和就业的自信心，也可以明确职业目标。

为了让学生更好地运用知识、发现问题，学校要求学生在每个寒暑假参加社会实践。除了平时的教育引导，学校还邀请各医院优秀毕业生来校给学生做讲座或报告，讲述他们如何成才成功，鼓励同学们努力学习，珍惜时光，让学生切实感受身边成功的案例，增加自信心。借此引导学生树立“成功者”的心态，激发他们提高自身素质的动力。

在长期的教学中，学校把就业指导和德育、行为训练、社会实践、专业实习等有机结合起来，并配合心理辅导、专题讲座、录像观摩等形式，加强指导的实效性。在进行就业指导讲座时，学校要求授课老师尽量结合贴切的案例进行分析，紧密联系社会生活和形势发展，联系学生思想及求职择业的实际，提高指导的针对性。如利用校园网、黑板报、校园刊物宣传职业生涯规划设计的意义和作用，强化学生的职业意识、职业理想、职业道德和就业观、创业观的教育，让学生用笔描绘自己未来的职业蓝图，等等。总之，要把对中职学生的职业生涯规划教育贯穿于整个教育过程之中，使学生形成正确的职业价值观和人生观。

供需见面会

此外，为提高职业适应程度，学校还不断强化对学生专业素质的培养和能力素质的教育，通过实验、实作、实训让学生能够及时掌握医疗行业的新技术和新技能，组织学生参加各级各类的专业技能比赛，如“心肺复苏”“无菌技术”“铺麻醉床”等比赛。近年来，该校学生在参加的省、市级技能比赛中取得了很好的成绩，这极大地调动了学生专业技能学习的积极性，加强了实践技能培训，提高了学生的素质以及就业竞争力，也保证了毕业生拥有双证率达98%上。

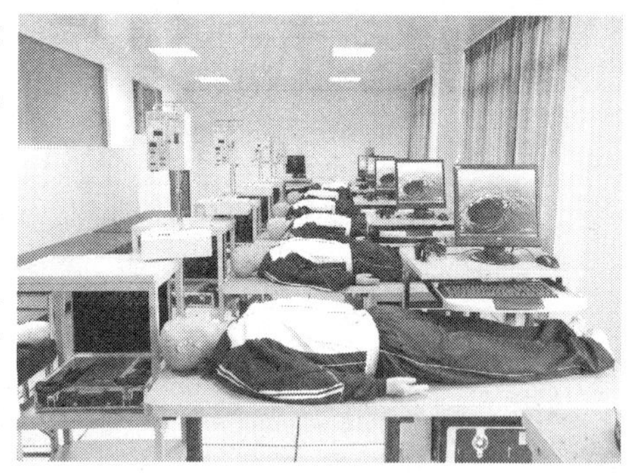
实训教室

在第3年的医院实习中，同学们就可以将在学校学到的基础知识和与就业相关的知识运用在实习过程中。但同学们往往在实际工作中会遇到许多书本中学不到、没接触的知识。面对这种情况，他们只有通过实践，才能真正发现自己的不足，才能真正获得这些知识，并能更深刻地体会到专业知识的价值所在。因此，在第3年的实习中，班主任、指导教师都会提醒学生好好珍惜一年的实习机会，把实践和理论融为一体，并通过实习了解自己的兴趣和能力所在，从而更加明确职业发展方向。

在实习过程中，学校还通过党建服务育人模式，使学校对学生3年的德育工作目标体系实现学生在校二年学习与校外一年实习的无缝对接，真正实现了“全程育人”的目标。同时通过医院实习和大量的社会实践，培养学生吃苦耐劳的精神和高度的职业责任感，引导学生树立正确的“择业观”“就业观”。

实习结束返校后，学校充分利用各种载体开展对学生的就业指导工作，有计划、有步骤地对即将就业的学生开展就业指导专题讲座，从就业形势分析、就业政策宣传、就业技巧训练、就业心理指导等各方面对毕业生进行系统的指导和训练，让学生从中学到就业所需的知识，如学会调节个人情绪、正确对待挫折、有效排除各种不健康的心理、避免心理冲突、保持乐观向上的情绪和积极择业就业的心态，在就业市场激烈的竞争中找到适合自己的工作；求职择业的方法和技巧，包括需求信息的收集与整理；自荐材料的准备、自荐的方法和技巧，常见的面试种类、方法及应试技巧，笔试的方法和技巧、求职的外在能力等。

学校在教育和指导学生就业的同时，要特别引导毕业生到农村、到基层卫生院工作。随着新型农村合作医疗制度的改革，乡镇卫生院对技能型人才的需求较大，毕业生到基层卫生院工作既可以解决乡镇卫生院对医疗技术人员的需求问题，又可以推动农村医疗服务的发展。很多同学不愿意去偏远地方工作，因此学校在动员的同时，也要邀请在基层卫生院工作的优秀毕业生回来为大家介绍情况。

现任连城曲溪卫生院副院长的罗英润，便是扎根基层卫生院的优秀代表。罗英润出生于连城县姑田镇的一个小村庄，父亲是村里的一名赤脚医生，他从小受父亲的影响，也喜欢上了医生这个职业。在学有所成后，他毅然放弃学校推荐他留在岩城工作的机会，怀着“作为一名学医的大专生而言，家乡的农民用得着”的念头，选择到乡镇卫生院为农村、为农民服务。

乡镇卫生院的医疗技术和医疗水平都相对落后。为了弥补不足，罗英润在平时工作中不断总结经验，并经常到县、市医院请教，刻苦钻研，精益求精，不断提高自己的医术。他还通过向上级和社会寻求资金支持，不断改善医疗环境和医疗设施，2009年底投入添加了X光机、全自动生化分析仪、B超等先进诊疗设备，大大提高了卫生院的服务能力，做到了常见病、多发病不出乡镇即可治愈，还可辐射周边乡镇。由于工作出色，他多次被评为连城县先进医务工作者。

就业指导，尤其是价值观教育是一项系统工程，不可能一蹴而就。对学生就业观念的培养和学生良好就业心态的养成不是一朝一夕的事情，需要有长远的规划，循序渐进地来做。因此，就业指导要做到科学统筹、全员参与、贯穿全程。学校要在教学中、在班会上、在各种主题活动中，在任意场合中都要加强对学生的养成教育，做到全员育人、服务育人、环境育人，引导学生学会求知、学会做事、学会生存、学会共处，让学生在耳濡目染中提高综合素质。

三、实现就业指导的专业化

学校认真贯彻“以就业为导向”的办学思路，不断加大对就业指导的人力、物力和财力的投入，提高就业指导服务的水平，提高学生的市场竞争能力和就业适应能力。

教师队伍素质直接关系到职业教育的质量。同普通高中教育相比，职业教育对教师有更加特殊的要求。因此，学校重视对师资培训的投入，多渠道地培养教师的专业技能，积极加强“双师型”教师队伍的建设，把有丰富实践经验的优秀医生请到学校任教，不仅可以促进经验交流，也可以有效提高课程质量，从而真正提升职业教育的水平。

2010年，在张校长的主持下，学校引进了价值1200万元的现代化实验设备，进一步完善了学校的实训设备，围绕“以服务为宗旨，以就业为导向，以品德为首位，以技能为根本，以实训为手段，以比赛为载体”的办学宗旨，不断地加强实践教学，并开展技能比赛促进学生的学习，提高学生的技能水平。

学校不仅关心学生的专业技能培训，更关心他们的心理问题。该校投入10余万元改造了200余平方米的工作场地，设置了办公室、宣泄室、会谈室、心理测试室和沙盘治疗室。教师队伍中有国家二级心理咨询师1人、国家三级心理咨询师2人、应用心理学专业教师2人、教育心理学专业教师1人、医学专业教师1人。心理帮扶中心对学生存在的心理问题，及时并有针对性地开展心理干预工作。经过多年的实践与发展，学校的心理帮扶工作已走在全市学校前面。

学校还建成150台电脑的绿色网吧，使学生在学习各种知识的同时及时了解就业信息。

校企合作，是职业教育发展的必由之路。福建省龙岩卫生学校积极探索校企合作模式，根据企业对人才需求的规格开展定向培养。例如，与厦门鹭达眼镜有限公司联合开办眼视光技术专业，采用共同培养的模式，由学校组织所有的基础课程教学与管理，公司提供专业实训室设备并派出资深高级培训讲师负责专业课程的授课。学生入学就签定就业合同，毕业后直接由厦门鹭达负责接收并签订劳动合同，这样可以缓解部分家庭困难学生的经济压力，使他们能顺利完成学业，并提高他们学习、生活、就业的自信心，真正实现订单办学的校企合作模式。

四、加强就业信息网络

学校通过电视、报纸、广告、网络、历届毕业生提供等方式多渠道广泛收集就业信息，并主动深入用人单位去采集信息，与各地的用人单位建立长期良好的合作关系，要求每位教师都要关注学生就业信息，形成人人关心毕业生就业工作的良好氛围。就业办对收集到的信息，核实过滤后及时向学生发布，发布内容包括用人单位情况介绍、用人条件、工资待遇等，让毕业生自主选择，从而畅通学生就业的渠道，保证学生的就业率及就业质量。

五、做好毕业生跟踪调查和继续服务

学校就业指导办公室主动做好毕业生就业的跟踪调查和服务工作，建立了较完善的毕业生就业指导档案，了解每个毕业生的就业去向、在用人单位的工作情况。学校除了对乡村医生培训外，还承担对浙江大学的远程教学和小自考、福建医科大学成教学院等单位的继续教育培训，在帮助学生解决专业技术难题的同时，也为毕业生二次就业提供信息，为毕业生的继续教育提供服务。

六、开辟就业能力培养的新途径

中职学校的学生因为受各种主客观因素的影响，在创业上大多会表现出信心不足，只是把找份好工作作为人生的目标，这让很多同学在大好形势和机遇面前错过了许多创业良机。因此，学校在安排职业道德与职业生涯规划课程时，重点对学生们进行创业教育。从自主创业的价值与意义，到创业的分析与准备，再到创业启动的一般程序，鼓励同学们勇于自主创业，走好职业生涯中的第一步，实现人生价值。

福建省龙岩卫生学校是国家关于大力发展职业教育战略的典型代表，从办学理念、定位、培养目标、学校管理、办学模式、课程设置都有自己的特色。

一、准确定位是关键

职业教育最成功之处应该在于它为更多的人开辟了成功的通道。自办校以来，学校为社会培养了近 2 万名学生，遍布全市的每家医院及周边各县市医院。

中职学校要取得瞩目的成绩，定位很关键。张校长说："每个学校都应该有自己的特点，学校应该知道做什么，如何去做。"

就定位这个关键问题，很多教师无法理解，很多人赞同模仿普通高中办学，追求升学率。张校长却认为，中职学校有它自身的特点，不能丢掉自身的优势去走普通高中办学的路子。

中职学校招收社会上完成义务教育的任何人，包括中考成绩不好的学生，并把他们培养成优秀的一线医技人员，他们反过来再为社会经济发展服务。社会需要什么样的人才，他们就培养什么样的人才。一所中职学校只有有了自己的准确定位，才能够真正实现"以服务为宗旨，以就业为导向"的办学思路。

学校定位准确了，付出努力了，让学生真正掌握知识了，家长就放心了，政府和用人单位就重视了，社会地位也就提高了。

二、以学生为中心

每位学生都有闪光的地方，教师应该辩证地看待每个学生。一个问题从这一个角度看是缺点，从另一个角度看却很可能是优点，教师应该努力发扬每个学生身上的优点，让他们拥有一技之长。把中考成绩不好的学生教育成对社会有用的人才，这就是职业教育的伟大之处。职业教育应致力于"提供工作技能和知识，增强就业能力，帮助终身学习。”“学会学习”要作为一条重要的办学理念贯穿职业教育的始终，学校和教师要十分关注学生学习能力的提高，关注学生掌握终身学习的方法。

三、创新是改革动力

职业教育与其他层次的教育不同，有它自己的特色，学校应该在探索的道路上不断创新找到适合自己发展的模式。首先，职业教育就是终身教育。职业学校应坚持以能力为本位，致力于对学生综合职业能力的培养。学校根据学生的特点改革教育与教学，以“让所有的毕业生都能找到工作”为办学目标，以“把学校办成企业一样的学校”为理念，注重对学生进行实际能力训练，联系自身的实际，不断学习、借鉴、尝试、创新、应用，真正实现“以需求为导向，以能力为本位，以学生为中心”的办学理念。其次，职业教育的生命在于适应需求。职业教育的重要特色，就在于学校与企业的紧密合作。学校把提升职业教育与行业企业对接的辐射能力作为重要方向，并通过改革创新来吸引学生与用人单位。

凭借扎实的基本功和系统的就业指导，学校已成为一所基础坚实、实力雄厚、特色鲜明的学校，在省内具有较高知名度和影响力，同时也是中等医药卫生人才学历教育中心和卫生职业人员技能鉴定和培训中心，成为周边省市更多家长和学生的选择。有人说，学校是校长的折射，有什么样的校长，就有什么样的学校。作为学校现任掌门人，张鹰厦校长正用与时俱进的思想引领这所被人们誉为“白衣天使摇篮”的老卫校走向新的发展历程。

作为一所位于全国著名革命老区，有着近80年办学历史的老卫校，该校办学是非常成功的，每年招生爆满和毕业生直接的就业率达98%以上这两个现象是最好的证明。这一成绩的取得除了其定位准确、实力雄厚、基础坚实之外，还与其系统的就业指导工作密不可分。

第一，就业指导理念先进，以促进“学生人生发展”为根本目标，特别注重对学生就业观念（服务偏远山村乡镇）和价值导向（为农民服务）的引导，帮助学生真正具备自主学习、把知识转变为技能、适应环境变化等多方面的能力，使学生在未来的职业发展中能自主地调整，从而获得整个职业生涯的成功。

第二，科学统筹，全程贯穿。学校首先是将对学生的就业能力培养植入教学的每一个环节中，如就业指导从学生一年级开始，并针对不同年级的学生采用不同的指导方式，目标要求也不同："对一年级的学生侧重就业宣传教育，重点转变学生的就业观念；二年级学生要能明确自己职业生涯的方向和具体目标；三年级学生要通过实习对社会、工作有更深的了解，对自己即将从事的工作有充分的准备和良好的心态"。在第三年学生实习的过程中，德育工作是容易被忽视的，该校特别通过党建服务育人模式，使针对学生三年的德育工作目标体系做到学生在校两年学习与校外一年实习的无缝对接，真正实现"全程育人"的目标。

其次是做好毕业生就业的跟踪调查和服务工作，建立了完善的毕业生就业指导档案，了解每个毕业生的就业去向以及在用人单位的工作情况。

第三，校领导高度重视学生就业指导工作。学校早在 1997 年就专门成立了就业办和就业工作领导小组，把提高就业质量和就业率作为目标，将就业工作列入对校领导的考核体系中。目前，已形成良好的长效机制。

第四，实现就业指导的专业化，打造"双师型"教师队伍，加大对就业指导的人力、物力和财力的投入。心理帮扶中心配合细致，有实效。

福建省龙岩卫生学校成功的职业指导工作给予我们的启示是：

职业指导应坚持"以需求为导向，以能力为本位，以学生为中心"，不仅要关心学生眼前的就业安置，更要关注其一生的职业生涯发展，应该以个体生命的发展为出发点和落脚点；职业教育不仅仅是为了给经济世界提供人才，它不是把人作为经济工具而是作为发展的目的加以对待的。

（点评：张振笋）

以能力为本位，以就业为导向

——甘肃省成县职业中专

名校／名校长简介

张勇校长向来校视察的教育厅王萍副厅长汇报工作

张勇，中共党员，甘肃省成县职业中等专业学校校长，中学高级教师。在职教战线上奋斗了20多年。在他主持职业中专工作期间，学校校园的占地面积由原来的不足30亩，扩大到现在的100亩；宿舍面积由原来的不足6000平米，扩大到现在的2万多平米；专业由原来的3个发展到现在的12个；争取到国家资金1200多万元，添置了800多万元的教学实训设备。张校长坚持“以就业为导向”的办学方针，围绕“职业教育就是就业教育”的理念，构建了全方位开展就业指导工作的系统工程，在北京、上海、杭州、青岛等地建立了20多个学生实习就业基地，使学生的就业率多年保持在96%以上。在他的领导下，学校顺利晋升为国家级重点职校，并先后获得“全国中职学校德育工作先进集体”“全省职业教育先进单位”“全省中职学校毕业生就业工作先进集体”“陇南市名校”等荣誉称号。他个人也先后被授予全县“十佳校长”“陇南地区优秀校长”“陇南市名校长”“全国职业教育先进个人”等荣誉称号。

张勇同志从事职业教育学校管理工作 20 年，经历了 20 世纪 80 年代的起步、90 年代的创业、21 世纪的发展三个阶段，探索、总结出了一整套职业学校管理理念。他始终坚持“以人为本”的管理思想，围绕“职业教育就是就业教育”的办学理念，积极开展全方位的就业指导工作。以就业为导向，以如何让各专业学生对口就业、稳定就业、光彩就业作为学校一切工作的主线，积极推动职业教育从计划培养向市场驱动转变，从政府直接管理向宏观引导转变，从传统的升学导向向就业导向转变。

围绕“以人为本”的管理理念，张勇校长提出了“成才先成人，做事先做人”的素质教育观。他强调用人单位才是检验职业学校“产品”的试金石，毕业生的社会责任感、工作责任心，以及良好的职业道德素养才是用人单位最看重的。张勇校长把培养企业欢迎的合格毕业生作为学校一切工作的出发点和最终目标，努力构建各部门齐抓共管、人人参与、处处说话的全方位育人的学校德育工作网络，开创了职业学校“以就业为导向”的德育工作新局面。

围绕“以人为本”的管理理念，张勇校长提出了“文化课够用，专业课实用，文化课为专业课服务”的职业教育教学观，强调“为学生的终身发展打好基础”。他认为，应结合专业实际和就业能力需要学习必要的文化常识，突出技能训练，强化对学生动手能力的培养。职业教育不是终结教育，对中职学生的培养应更注意对他们选择就业、竞争上岗、转岗再就业的能力的培养，并为他们奠定可持续发

护理专业生练习扎针

展的基础。衡量职业学校的教育教学质量，要看毕业生就业以后技术水平的提高和发展程度如何，尽可能地为学生职业道德、文化修养、专业技能的提升打好扎实的基础。

围绕“以人为本”的管理理念，张勇校长提出了“用刚性的制度约束人，用宽松的环境造就人”的管理模式，坚持集体领导，民主决策，分工负责。在用权上，主张责权利一体，他尊重副手，相信每一位领导班子成员，责权利一体，放手让他们工作；在用人上，他尊重每一位教师，挖掘每一位教师身上的闪光点，避其短而用其长；他还特别注重培养青年教师，通过给课题、压担子、参加业务培训、经常交流指导，促进了青年教师的成熟和成长，在学校营造了较为和谐、宽松的人际发展环境。

围绕“以人为本”的管理理念，张勇校长提出了”经营学校”的大职教管理模式。职业学校涉及多种运行主体，如政府、行业、企业、市场、社会、学校；具有各种专业类型的教师、学生、实训场所和设备；包含不同的教育活动，如全日制学历教育、各类短期技能培训、后勤服务、招生与就业、工学结合、校企合作、实习实训、企业运营，等等。各部门、各职能、各专业、各项工作互相联系，相互制约，管理过程交织在一起，既复杂又综合，如果用普通学校的模式去管理，就会理不出头绪来，张勇校长用跳出学校管学校模形式来经营学校，取得了可喜的效果。

在多年的职业教育学校管理实践中，张勇校长紧紧围绕“职业教育就是就业教育”的办学指导思想，坚持“以服务为宗旨，以就业为导向，以技能为核心”的办学方针，探索并提出了“成才先成人，做事先做人”的职业教育理念，明确了“抓管理，保质量，创特色，促就业”的工作重点，形成了“专业设置多元化，招生形式多样化，内部管理规范化，教学手段现代化，学生就业市场化”的工作思路，以良好的就业促招生，用优质的教育保就业，将学校打造成了甘肃一流的中等职业学校。

毕业生的就业状况是职业学校生存和发展的基础，是衡量职业学校办学水平的重要尺码，就业率的高低直接影响着职业学校招生吸引力的大小。多年来，成县职业中专的就业率能够始终在陇南市中等职业学校中保持领先地位，成为甘肃省有影响的职业学校，主要的一点就是张勇校长坚持“以就业为导向”的办学思路，在狠抓教育质量的同时，扎实有效地开展了学生的就业指导工作，积极稳妥地做好了毕业生的就业安置工作，并且取得了良好的成效。

通过对毕业生就业工作十多年的探索，成县职业中专同北京地区的服务业、上海地区的机械制造业、江浙地区的电子制造业和服装制作业建立了稳定的联系。例如，同北京的京都信苑饭店、翠宫饭店、上海振华港口机械集团公司、上海浦东铭源大酒店、杭州日资矢崎配件公司、中日合资松下马达公司、苏州台资仁宝公司、青岛海尔集团公司、绍兴红黄蓝服饰公司等20多家大型企业合作建立了学生实习和就业基地，共安置毕业生4000余人。这些人中已成为企业部门主管、领班、技术能手、班组长的有500多人，回乡创业的1000多人。工资待遇上，最高的年薪可达22万元，最低的月工资也在1500元以上。毕业生一次性就业率始终保持在96%以上，就业稳定率在85%以上，专业对口就业率保持在80%以上。稳定的就业率赢得了学生家长的好评，吸引了周边县的学生来学校学习。这一切都得益于张勇校长所领导的学校领导班子团队的创新精神，得益于他们扎实细致的就业指导工作。

一、“敢为天下先”的冒险精神开创了成功的毕业生异地就业之路

1999年，县委县政府领导通过慎重考虑，把曾经担任过成县化垭农职中学副校长、成县职业技术学校副校长职务的张勇同志，从成县教委副主任的岗位上调到成县职业中专任常务副校长主持学校工作。当时正值大中专毕业生的就业安置工作由国家统配向双向选择、自主择业转型的时期，社会、家长、学生对就业概念比较模糊，处在等待分配和自谋职业的两难之间。当一些普通中专还在满足于争取招生指标和分配名额的时候，张勇校长已经把目光瞄向了沿海发达地区的电子企业。经过派人赴企业实地考察、征求学生及家长意见、安排好跟踪管理和服务的带队老师后，2000年6月，成县职业中专电子技术专业毕业学生被安置到深圳一家电子厂工作。在战战兢兢之中，成县职业中专叩开了

学校学生赴京实习

毕业生异地就业之门。

二、“敢于失败”的创业精神为就业工作积累了经验

长期以来，职校学生存在着模糊的职业意识，“学而优则仕”的思想根深蒂固，他们总是幻想着将来要凭一纸中专文凭找一份高薪而又轻松的文员工作，对就业的期望值较高。家长对学生到异地就业也心存疑虑，害怕孩子上当受骗，不愿让他们在外就业。学校对就业市场也缺乏全面考察，属于摸着石头过河的情况，也的确出现了一些问题。例如，一些民营企业用拖欠工资的形式来留住员工，学生就业期间还跟家里要钱花，给学生和家长造成了误会；一些学生第一次出远门，在工作中、生活中遇到问题不会解决，也不知道给学校或企业反映，只知道给家长打电话诉苦，给家长造成不必要的思想焦虑；就业学生中跳槽的、中途回家的经常出现。但张勇校长没有被眼前的困难所吓倒，他认为失败的原因，主要是缺乏对学生长效的就业指导，学生不适应城市生活和企业严格的纪律约束。在他的坚持下，学校及时调整学生就业工作思路，组建了学生就业指导办公室，抽调精兵强将集中抓学生就业指导工作。

为了开拓就业市场，张勇校长走出校门，走进用人单位，深入了解就业市场，了解企业对职校在技术人才培养方面的要求和愿望，从而勇敢地跨出了学生就业的第二步——同杭州经济技术开发区下沙工业园区外资企业建立了就业联系。从此，成县职业中专毕业生走入了日本独资企业矢崎汽车配件公司、美资摩托罗拉公司、中日合资松下马达公司等大型企业。由于没有了以往民营企业不及时兑现实习工资的现象，原来安置到杭州周边民营企业的学生，也通过各种关系纷纷涌到杭州下沙工业园区。一时间，杭州经济技术开发区下沙工业园区第一号街，住满了成县职业中专的毕业生，被当地人戏称为“成县人一条街”。学生就业质量的提高，拉动了学校招生情况的好转。2004 年秋季，成县职业中专的招生人数比以前翻了一番。张勇校长审时度势，主动调整工作思路，把学生就业指导工作放在同教学工作同等重要的地位来对待，大胆开拓就业市

县领导看望在下沙工业园工作的毕业生

场，迎合了县政府大抓劳务培训的工作思路，赢得了县委政府领导的大力支持。2005年深秋，成县县委书记者永明带领县委、人大、政府、政协四大班子领导，亲赴杭州火车站迎接赴杭州就业的成县职业中专实习学生，看望在杭州经济技术开发区下沙工业园区实习和就业的成县职业中专学生，考察劳务市场。者书记一行深入矢崎汽车配件公司、松下马达公司、绍兴红黄蓝服饰有限公司等有关企业，对就业学生的工资待遇、工作环境、住宿生活等情况非常满意，并连夜在杭州西湖召开四大班子联席会议，决定在杭州经济技术开发区设立“成县人民政府驻浙江劳务办事处”，由一名副县级领导担任办事处主任，指导和协助学校管理就业学生，协调处理劳务纠纷。就业环境的改善，薪酬工资的提高，县级领导的重视，使得成县职业中专的学生就业工作彻底从失败的阴影中走了出来。

张勇校长善于思考，长于总结，勇于追求，是一个事业心极强的人。当他的学生和通过就业学生介绍的农民工纷纷涌向杭州电子企业的时候，他已经在思考如何进行校企合作建设专业基地的事了。难道把在校学了两年文化和专业知识、掌握了一定技能的学生送进企业流水线就算就业了吗？是让学生有钱可挣就行了，还是给学生一个继续提高专业技能的机会，为他们的终身发展提供平台呢？张勇校长始终认为，学生在校期间是系统学习，进入企业才是深入学习。因此，他的口号是“为学生的终身发展打基础”。专业对口的就业才是实现他良好就业理念的第三步。

如何实现让所有专业的学生都能做到对口实习、对口就业，是张勇校长就业理念的根本。经过多年对就业实践地探索，成县职业中专80%以上的学生实现了对口实习和对口就业。归结起来，他们主要采取了以下三种形式：

一是“校企合作，搭建平台”。有的专业的学生当时找不到合适的对口企业或单位，学校就通过与中介公司联办的形式来实现对口就业，比如“旅游管理与外事服务专业”，就是与北京华学教育咨询有限公司联办的，由该公司提供教学计划和就业安置，学生在完成在校的学习任务之后，被送到北京，由华学公司提供住宿，负责培训管理，安排实习和就业。为了办好旅游服务类专业，张勇校长花费了大量的精力，挑选性格开朗、热爱旅游服务专业、工作能力强的老师担任班主任，选派有一定专业基础、教学水平高的优秀教师参加旅游专业技能培训，承担教学任务。除此以外，张勇还把主要精力用在了学生以及家长对旅游服务类专业的认同上。成县地处甘陕川交界的秦巴山区，是典型的农业县，淳朴的农民由于不了解星级酒店，往往把酒店与色情联系起来，对自己的孩子从事酒店服务业，思想上总是疙疙瘩瘩的。帮助他们转变观念，关乎着旅游服务类专业的发展空间。因此，张勇校长逢会就讲作为第三产业的旅游服务业在经济社会发展中的重要地位和作用，以及星级酒店管理非常规范，是锻炼和提升人的综合素质的大熔炉、大学校，从事服务业并不低人一等，等等。他还经常参加旅游服务类专业学生的主题班会，并亲自带领学生去当地星级酒店见习，终于使学生树立了信心。第一届旅游管理与外事服务专业的学生被送到北京后，受到用人单位的普遍好评，从而一炮打响。两年以后，通过就业学生的介绍，成县职业中专同北京的翠宫饭店、京都信苑饭店等五星级酒店建立了联系，签订了长期合作协议。

实习学生与实习单位部门负责人合影

二是"校校合作，借船出海"。这种合作形式正契合了后来教育部提倡的"东部地区和西部地区职业学校合作办学""城市职业学校和农村职业学校联合办学"的思路。21世纪初，趁西部地区大中专毕业生还由国家统一分配的机会，为了吸引生源，扩大招生，张校长首先同省内外的普通中专开展联合办学。在市、县招考部门的支持下，同甘肃联合中专、湖北咸宁科技应用学校分别联办了"音乐舞蹈"和"学前教育"等专业，借普通中专学校文凭，使一部分有特长的优秀初中毕业生通过三年的学习，踏上了讲台，解决了农村学校教师紧缺的问题。

10年前的职业学校，还是比较封闭的，再加上企业用工也不是很紧缺，要实现学生的对口实习和就业，对于一所农村职校来说，还真是比较困难。同东部发达地区的职业学校开展联合办学，的确是一步好棋。2004年春，张勇校长同青岛一所民办职业学校签订了"1＋1＋1"模式的联合办学协议，开设了"电子电工""机电一体化"专业，学生第一学年在成县职业中专学习，第二学年在青岛，第三学年由联办学校安排到海尔集团公司等大型企业实习，借他们的出路为我所用。在联办了两届以后，张勇校长已经实现了他的原始梦想：建立了就业基地，签订了学生对口实习协议，培训和选调了一批专业教师，争取到了中央财政支持的职业教育"电子电工及自动化"专业实训基地项目，添置了必须的实训设施。

三是“中介牵线，校企联姻”。一些好的人力资源公司，主动出击，为职业学校和企业之间牵线搭桥，让企业了解学校，让学校及时掌握用工信息，为学生提供满意的就业服务，促进了职业教育的发展。成县职业中专将烹饪专业的学生送到北京的大型餐饮公司后，再安排到几家甚至是十几家餐饮企业实习，等于解散了班集体，不便于管理，就是学校想了解一下学生的实习情况都不太容易。后来，兰州起航就业服务中心找上门来，介绍了一家位于上海浦东的铭源大酒店，其中仅酒店餐厅就可同时容纳多人就业，而且它前临国际会议中心，后临黄浦江，绝对是学生愿意就业的好地方。张勇校长通过图片介绍，一下子就动心了，亲赴上海考察，当场就签订合作协议，从此实现了“整班安排，保留班委会”的学生实习最佳效果。2010 年 4 月，陇南市扶贫办杨建国主任率领全市八县一区扶贫办负责人，考察“两后生”就业情况，辗转看了成都、广州、武汉等地的就业学生以后，来到成县职业中专烹饪专业对口就业基地——上海铭源大酒店，受到在海鸥舫实习和见习学生的热烈欢迎。品尝着烹饪专业学生的厨艺，享受着旅游管理与外事服务专业工学结合见习学生的餐饮服务，杨主任情不自禁地把电话打到了成县，向张勇校长转达了学生对他们一行的热情接待和对烹饪专业就业基地的高度满意。

三、学生扎实的专业技能是实现对口就业的基本条件

“以服务为宗旨，以就业为导向，以技能为核心”，是张勇校长一贯坚持的办学方针。如何让企业留住学生，如何让学生实现稳定就业、光彩就业，是张勇校长长期思考的一个问题。他认为，良好的职业素养、扎实的专业技能，是实现学生对口就业、稳定就业和光彩就业的基本条件。为了切实提高学生的专业技能水平和就业能力，他主要抓了“两个”建设和“两项”创新，并取得了良好效果。

（一）专业教师队伍建设

建设一支师德高尚、技术过硬、教学能力强的专业教师队伍，是职业学校管理工作的灵魂。张勇校长常说，“一个好的专业教师，就能办活一个专业。没有好的专业老师，再好的设备也就成了一堆废铁，而好的专业老师可以变废为宝。”但作为一所县级职教中心学校，专业教师的正常来源几乎是没有的。于是他采用了“培”“调”“选”“借”“聘”的形式来解决专业教师紧缺问题。“培”就是通过专业培训，自己培养专业课老师，这是解决专业

教师紧缺问题的主要方法。他主持制订了一系列鼓励教师参加专业技术培训的奖励政策，凡45岁以下的青年教师必须学习一门专业技能，凡新调来的青年教师必须先参加专业培训。每年暑假期间，全体教师都要参加校本培训，开展教师技能练兵活动和年轻教师的技能比赛活动。对普通文化课老师进行相关专业的基本能力训练，使他们了解有关专业技能训练的特点要求，这样，文化课教师就能在讲课中结合专业的需要进行授课，全面提高课堂教学质量，使文化课教学与技能训练有机结合起来。而对于专业课教师，则对他们进行更高要求地系统技能训练，并开展青年教师技能竞赛。新进教师，在完成教学任务的前提下，必须到实训场地与学生一起跟堂学习，在完成一个工种实习后，再转移到另一工种实习，并与学生一同参加技术工种的等级考试。近年来，成县职业中专教师中共有102人次分别参加了国家级骨干教师、省级骨干教师和德国汉斯·赛德尔基金会举办的专业教师技能培训，并有5名教师被选派到德国参加培训。教师业务培训涉及汽车维修、机械加工、焊接技术、电子技术、机电技术、旅游服务、服装加工等专业领域。通过专业培训，参训老师不仅学到了专业知识，更主要的是提升了敬业精神，提升了综合素质。刘权原是总务科的一名干事，在企业当过工人，有些电焊基础，在其他老师都怕学电焊的时候，张勇校长想到了他，通过多次的培训学习，刘权现已成为一名合格的焊接专业老师。刘文虎原是物理老师，爱好电器维修，张勇校长劝他参加汽修专业技术培训，在掌握了一定的汽修专业技能后，他被选派到湖北十堰东风技校参加德国汉斯·赛德尔基金会举办的汽车维修工长培训班系统学习汽修技术。2009年，他又被选派到德国参加汽修专业培训，现在已成为全省很有影响的汽修专业老师，他做的汽车维修专业实训基地实施方案，受到省级专家的高度评价。“调”，就是从基层学校选调专业老师，张勇校长一旦了解到哪个学校有能带专业课的教师，他就会缠住不放，非调来不可。程德顺，学的是服装专业，却一直在陈院初中从事政治课教学。为了能把程老师调来，张勇校长利用暑假期间同劳动、扶贫等部门举办了80多人的服装加工培训班，请来县委政府主要领导参加开班仪式，并对程德顺作了重点介绍。

汽车维修专业学生接受教师指导

会后，县委书记者永明叫来教育局长，当场拍板，把程德顺同志调到职业中专工作。“选”，就是从县人事局大中专毕业生报到册或新录用的毕业生中挑选专业合适的，动员其来校任教。张玉宝，汽车运用技术专业毕业生，刚到人事局报到，就被张勇校长请来任代课教师。3年后，当这批大学毕业生要被安排到乡镇工作时，又是张勇校长向县委打报告将其留在了学校。“借”，就是对愿意来校带专业课的其他单位或学校人员，一时调不来的，由学校暂时借用一段时间。这样借调来的老师，目前就有9人，如烹饪专业的王文娟老师、幼儿教育专业的朱瑜老师、数控技术专业的佘振军老师，等等。“聘”，就是从社会上聘用有技术的人员来校担任专业课教师。烹饪专业代课教师唐文惠，虽拿着微薄的工资，年年从事班主任工作，她的学生也年年从省市技能大赛中抱回奖牌。张勇校长的惜才爱才，在社会上一时传为佳话。由于他的种种种努力，成县职业中专的“双师型”教师已占到全部教师的45%以上，为教育教学工作的可持续发展积蓄了师资力量。

（二）实训基地建设

为了适应专业课教学和训练的需要，突出技能训练，张勇校长始终把专业实训教室的装备列入重要议事日程，时时挂在心上。他常说，其他方面都可以省钱，唯独教学设施绝不能省钱，这方面省了钱就是误人子弟。他最大的能耐就是巧做“无米之炊”，经常以王进喜的精神鼓舞自己，“有条件要上，没有条件创造条件也要上”，想方设法从牙缝中抠钱，一点一滴添置设备。一是自筹资金“购”设备，学校每年都要从非常紧张的学费收入中挤出一点，用来购置专业教学设备，为了解决汽修教学设备，他带上专业课教师多次到旧汽车收购市场选购能用的教学配件；二是专业培训“添”设备，德国汉斯·赛德尔基金会在学校举办的柴油机拆装、电焊、氩弧焊、钳工专业教师培训班，为学校建设了四个工科类实训室；三是争取项目“配”设备，在省市教育行政部门的支持下，学校争取到中央财政支持的“电子电工及自动化”和“汽车维修”两个实训基地项目，共配备了价值600万元的设备；四是校企合作“投”设备，为了创办机械制造专业，张勇校长同张家港一家企业老板整整谈判了半年，终于打动了企业老板为学校投资了价值20万元的普通车床等机械加工设备。为了扩大实训场地，张勇校长又积极筹措资金，争取项目，修建了两栋实训楼，一座汽修车间，总建筑面积达8000平米，并装备了50多个实习实训教室，为开展专业教学和技能培训提供了重要的物质保证。

（三）创新办学模式

为了进一步扩大办学规模，满足各个层次培训的需要，张勇校长在很大程度上是把学校当企业来经营的。教学管理上，他打破原来以学科分类的教研组，由相近专业合并组成专业部，安排年轻的中层干部或优秀的专业教师担任专业部主任，对照不同专业多年的招生基数和办学成本，核定不同的分成比例，由专业部主任采取半承包形式的管理，再由专业部主任聘任班主任、任课教师。鼓励以专业部为单位创办企业或开展校企合作，学校在学期末进行考核，兑现奖罚。这种模式调动了中层干部的工作积极性，激发了教职工的办学热情。成县职业中专“机动车驾驶员培训中心”创办之初，学校只有汽修教学用的部分设施，没有场地和教练车，张勇校长和学校领导班子成员经过商量，做出了一个大胆的决定，这个专业的创办从社会上引资，让教职工自愿集资，由一名汽修专业老师领办，3 年内不用向学校上交任何费用，3 年后交回学校经营，从而轻而易举地解决了汽修专业学生学习驾驶技术的培训基地问题。“机械工程培训中心”的办学模式就更简单了，直接引进陕西汉中东升机械工程学校的师资和设备，由学校提供教学、办公、住宿及训练场地，组织学员参加技能考核，陕西汉中东升机械工程学校上交一定的管理费用就行了。

（四）创新教学模式

张勇校长的教学理念是：教学为就业服务，文化课为专业课服务；文化课够用，专业课实用，全面提升学生的综合素质和就业能力。倡导“以教师为主导，学生为主体”的启发式教学模式，积极推动“项目教学法”，要求教师在将知识转化为能力上下工夫，坚持课内学习与课外训练相结合，技能竞赛与等级考核相结合，有效地促进了学生专业技能的提高。为了能让学生自觉参与训练，学校制订了学生实习实训制度，每次上课前要求班长集合整队，有序进入实习地点，并向指导老师报告出勤人数。每两节课结束后，实训指导教师对该班学生的纪律状况、学习态度进行打分，并将各班打分情况送到学生管理处，计入班级量化评比；对于个别不认真的同学，将其成绩纳入个人操行评定。学生实训期间必须穿戴学校统一发放的实习服装，学生进入训练场所就要像工人一样。每项技能训练都作为独立的一门课计入学分，凡是技能成绩不合格而达不到学分的同学一律不得就业。学校每年开展一次全校范围内的专业技能比赛，从初赛到决赛，再到颁奖，各个环节都要造出声势，营造全校学生参赛的氛围，以竞赛促学风。针对近几年生源质量逐渐下降的趋势，学校允许教师根据就业的需要删减教材内容，相对增大专业课时，实行分层教学。对一些实践性强的课程，集中用 1 个月左右的时间对学生进行强化训练，直至达标为止。张勇校长还积极鼓励不同专业的学员参加由劳动部门组织的职业技能考试考核，大力推动职业技能鉴定工作。为了调动专业教师的工作积极性，他重奖在省、市中职学生职业技能大赛中获奖的学生和指导教师。因此，成县职业中专参赛学生的获奖率一年比一年高，有力地促进了专业教学水平的提高。

四、形式多样的德育活动为学生稳定就业打下坚实基础

职业教育的核心是让学生成才、成人、立业。而职业学校的产品质量，最终要让用人单位来检验。企业老板最看重的不单是员工优秀的技能，还有人品，这是张勇校长多次跟企业打交道后得出的结论。因此，他在抓全盘工作的同时一直坚持分管学校德育和学生就业工作。他根据多年从事职业教育的经验，结合学校特点，创造性地提出了“成才先成人，做事先做人”的素质教育理念。张勇校长始终坚持把育人放在第一位，把教育的重点放在提高学生的全面素质和综合职业能力上，围绕学生成才和就业，制订了一整套学生管理制度，形成了各部门齐抓共管的德育工作网络。第一，充分利用课堂教学主渠道的作用，做到既教书又育人，他要求教师在备课时必须备学生、备德育，教学过程要渗透养成教育、就业教育、创业教育等方面内容，让学生在接受知识和技能的同时，思想道德受到潜移默化的影响。第二，坚持每周一次国旗下的讲话，每周一个主题，由各班轮流推荐升旗手，值周领导作主题演讲。教育学生遵章守纪，勤奋学习，报效祖国。第三，定期举办爱国主义教育、法制教育、养成教育、安全教育、就业教育讲座，教育学生“在家做个好孩子，在校做个好学生，在企业做个好员工，在社会上做个好公民”。陶冶学生的爱国主义、集体主义情操，增强学生的法制意识、公德意识、环保意识和健康生活理念。2009 年，成县职业中专学生代表队在“全市节水节能知识电视大奖赛”中荣获一等奖，代表陇南市参加了“全省节水节能知识电视大奖赛”，并获中职类一等奖。第四，充分利用元旦、清明、五一、七一、国庆等重大节日，举办革命歌曲演唱、文艺演出、主题演讲、为烈士扫墓等全校性的活动，让学生在放松心情的同时，思想也受到润物无声般地影响。第五，积极发挥学生社团的作用，丰富学生的课余文化生活，锻

炼学生的组织能力和社交能力。“校园之声”广播站坚持每天三次播音，有校园新闻、经典短文、优秀歌曲欣赏；“芳草地”校园文学社，每月一期报纸，有时事述评、校园新闻、先进事迹、学生作文。从运动场上篮球队的欢呼声，音乐教室里合唱队悠扬的旋律，练功房中舞蹈队员优美的身影中我们可以看出，张勇校长力求在各种“刚性”的制度、规定之外，在校园里营造一种较为和谐、宽松的人际环境和富有书香、艺术气息的文化氛围，使学生的校园生活丰富多彩、生动活泼，使思想品德教育如春风化雨，影响学生的人格形成。李应堂，成县职业中专留校学生，现被聘任为保卫科长。在校读书的时候，李应堂就积极参与学校各类活动，展现了他的管理才能。留校后，他一直负责管理学生宿舍，参与学校的安全保卫、后勤生活等管理工作，并把学生宿舍管理工作做得井井有条，多次受到市教育局领导的表扬，甚至邻近几所普通中专的宿舍管理人员都来校参观。他不仅要负责宿舍区的卫生及安全管理，还要负责调解学生的纠纷，可以说，学生课堂学习以外发生的所有事情，都要由他处理。他还积极组织学生开展丰富的课外活动，多次组织歌咏大赛、文学大赛，组织学生自己办报，丰富学生的生活。李应堂以校为家，一年难得回家两次，却始终把学生安全放在第一位，同当地派出所配合，把许多安全隐患消除在萌芽状态。他任保卫科长以来，学校从未发生过较大的安全事故，为学校的安全工作做出了重要贡献，他也成为张勇校长的得力助手。第六，请优秀毕业生来校做成才报告，用他们成长的事例、就业和创业的经历，教育在校学生要认真学习，积极参加各项活动，并树立“先就业，后择业，再创业，成事业”的观念。成县职业中专就业学生的良好职业素养普遍受到用人单位的好评。旅游管理与外事服务专业学生李武平，在北京京都信苑五星级酒店实习期间，一次在棋牌室里一次捡到客人遗失的十万元人民币！这些钱对于家庭并不富裕的李武平来说可不是一笔小数目！可他还是想都没想就交给了酒店。这件事在校园里一时传为佳话，成为学校教育学生的典型事例。酒店的客房部主管和人事部门的领导都对成县职业中专的就业学生赞不绝口，对学校的德育给予了很高的评价。

五、全方位的就业指导是做好学生就业工作的关键一环

就业指导工作是职业学校长效的系统工程，贯穿于学校教育教学工作的方方面面，学校要通过各种行之有效的教育形式，提高学生的全面素质，以适应城市就业的需要。归纳起来，学校主要通过做到“四个结合”，把好

“五个关口”来指导学生的就业工作。

（一）就业指导同招生宣传相结合

招生宣传和就业指导是张勇校长的拿手好戏。为了让广大初、高中毕业生和社会青年及时了解学校的招生专业和就业去向，张勇校长作了大量的工作。他印制了大量的宣传资料，在市、县电视台，《未来导报》《陇南日报》等媒体上进行广泛宣传，对县境内及外县临近的初级中学，学校招生宣传人员逐校上门，深入教室做招生专业介绍，同时对该校毕业生的就业去向、就业形势、就业要求、办学特色等向学生作宣传，这是对学生未进校前进行的第一堂就业指导课。为了做好招生宣传，张勇校长每年都要召开全体教职工参加的招生宣传培训会，从社会企业对技能型人才的需求程度、大中专毕业生的就业情况、职业教育的重大意义等方面进行宣讲，以便教师熟悉情况，统一口径。遇到一些不太熟悉的学校，张勇校长就亲自出马，对其初三学生进行宣讲。十多年来，张勇校长几乎走遍了陇南 9 个县（区）的多半初中学校。

（二）就业指导同入学教育相结合

新生入学教育是职业学校的重头戏，对于稳定新生情绪，增进新生对学校的认同感具有不可替代的作用。为了让学生更快地了解学校，了解专业，成县职业中专从新生进校的第一天起，就不失时机地对他们开展就业指导工作。学校利用对新生进行入学教育的机会，由各科室从不同侧面、不同角度向新生介绍学校的发展历程、各专业特色、达到的标准、优秀毕业生成才事迹等，以促进学生对本专业的热爱，并使其学好专业技术，提高综合素质，适应在发达地区就业的要求，为将来的实习和就业打好坚实的基础。2002 级计算机应用专业学生郭敏，实习时被安置到杭州一家企业办公室当文员，后来应聘到萧山市的开元大酒店当人事部经理。经过几年的历练，她的眼界宽了，能力强了，她不满足于现状，自己在绍兴市又创办了飞扬模特礼仪公司，目前，企业员工已发展到 60 多人。2008 年她回到学校招聘员工时，曾对张勇校长说，学校的新生入学教育和就业指导，使她坚定了学好专业技术的决心。她很感谢学校的老师，没有学校的培养，就没有她的今天。

（三）就业指导同课堂教学相结合

为达到潜移默化的教育作用，建立就业指导的长效机制，成县职业中专给每个专业都开设了职业指导课，由负责招生就业的部门领导和考取了职业指导师资质的优秀教师授课。并按年级确定不同的授课内容：一年级学生的学习重点突出学好专业、掌握待人接物的常识、树立正确的就业观；二年级学生的学习重点突出城市生活常识、职业道德、求职礼仪等。这样，学生在毕业前就对就业形势和就业要求有了比较全面的了解，对就业有了充分的思想准备，就业情况就比较稳定。2004 级旅游管理与外事服务专业学生马彩凤，在校期间就是班长和学生会干部，她来自农村，进校时连什么是酒店都不太清楚，但通过两年的课堂学习和酒店见习，她成为了一名优秀的酒店管理人员。一年的实习刚结束，她就被北京君王府五星级酒店聘为餐饮部主管，经过几年的工作锻炼，现在已被聘为北京颐和府酒店常务副总经理，年薪达到 22 万元。

（四）就业指导同就业安置工作相结合

职校学生的就业安置工作在一定程度上是学校就业指导工作的试金石，也是学校就业指导工作的延续。针对一些非“定单”式培养的学生，在每次安置前，张勇校长都要求把好五道关：一是遴选关，在众多用人信息中，筛选出规模大、待遇高、环境好、技术性强的企业。二是考察关，对于初步选定的先前没有就业学生的用人单位，学校都要派人进行考察，为了掌握第一手资料，做到心中踏实，一般都是张勇校长亲自带领招生就业科负责人前去考察，认为满意了再安排学生就业。他常说的一句话是，在学生就业上我们输不起，一旦失败，对下一届的招生就会带来负面影响。三是护送关，每一次护送学生，都是张勇校长亲自点将，安排责任心强、工作细致、有经验的老师护送学生到实习或就业单位。一般是负责就业的中层干部和班主任，同时安排专业老师轮流去企业学习考察，了解企业用人方面的要求，并且陪住 20 至 30 天，帮助学生适应就业环境，及时协调解决出现的问题，待学生稳定一段时间后再返回学校。四是跟踪服务关，为了解除就业学生的后顾之忧、维护就业学生的合法权益，学校依托有资质的中介机构，对就业学生进行妥善安置并开展为期一年的跟踪服务。就业学生中出现的问题和纠纷，由中介机构出面予以解决，使就业学生的合法权益得到很好的保障，稳定了学生的就业情绪。五是回访关，成县职业中专建立了就业学生回访制度，凡学校中层及以上领导出差或考察，都须对出差地的就业学生进行回访，学校主要领导每年利用寒暑假也要对就业学生进行一次回访，对就业学生中存在的问题和困难予以及时处理和解决，鼓励就业学生踏实工作，积极进取。张勇校长像一只候鸟一样，每年都要去实习学生集中的地方回访一次。2008 年春节期间，适逢冻雨天气，大量民工滞留，成县职业中专有170多名学生在东莞开展工学结合、顶岗实习，带队的年轻老师回家过年了，张勇校长却放弃同家人团聚的机会，飞抵东莞看望实习学生，组织学生开展春节联欢、游艺活动，所有的学生都感动得流下了眼泪。为了巩固就业率，让学生满意，家长放心，成县职业中专建立了毕业生就业安置卡，定期通过信函、电话了解就业学生的工作、生活情况，了解用人单位对学生思想、工作的反映及对学校教育教学的建议。这既解决了学生和家长的后顾之忧，又能使学校及时改进教学计划，适时调整专业设置。良好的就业指导，赢得了良好的就业环境，促进了学校的招生工作，推动了学校的发展。

多年来，张勇校长始终把“真诚待人，科学做事”作为自己做人的出发点，始终把社会认可、师生及家长满意作为自己工作的归宿点。在学生眼中，他是一名好老师；在教师心中，他是一名好领导；在神圣的教育园地里，他是一名辛勤的园丁，他始终不停地耕耘着、努力着、追求着……

张勇校长坚持用“职业教育就是就业教育”的理念办学，用他对教育事业无限忠诚的信念去做事，凭着他坚韧不拔的毅力和聪明才智，在政府财力投入严重不足的情况下，面向市场、面向企业、面向农村办学，在西部农村贫困地区撑起一座职业教育的丰碑。

以就业为导向，以技能为核心，就是必须让学生掌握过硬的技能和就业能力，而首要的就是解决专业教师不足的问题，这也是改变农村职业学校只有牌子没有内容的一大难题。张勇校长绞尽脑汁，运用培、调、选、借、聘等手段培养和选调专业教师，缓解了专业教师紧缺问题。但这只是在特定的历史条件下暂时缓解专业教师紧缺问题的办法，要长远地解决职业学校专业教师不足的问题，还要通过在非师范类院校招收职教师资班和招考或招聘非师范类大学毕业生来职业学校任教的形式来解决。农村职校发展的第二个难题，是实训设施的装备，张勇校长通过购、添、配、投等形式，逐步解决了各专业教学实践和学生实训问题，经历了实训设备从无到有、由差到优的发展过程，基本做到了有专业就有设备的程度。这是在没有项目和资金支持的情况下，专业教学起步阶段所采用的无奈之举，同时也体现了张勇校长艰苦奋斗的创业精神。

张勇校长所倡导的“教学为学生就业服务，文化课为专业课服务”的理念，体现在教学中，就是尊重学生的意愿和选择，尽可能地减少文化课的课时量，加大专业课特别是实践课的课时量，以提高学生的动手操作能力，拉近了学生同就业岗位之间的距离，使就业学生普遍受到用人单位的好评。这样的做法，突出了对学生岗位技能的培养，强调学生毕业就能顶岗工作，在转变教育观念，突出职业教育特点，提高学生岗位技能和岗位适应能力等方面起到了一定的积极作用。但如今，信息技术的发展带来了生产方式和管理手段的重大变化，强烈要求学校培养复合型人才。学校更加注重学生终身学习能力、岗位变换能力、创新能力的培养。强调就业“能力”，不仅是指学生的“技能”，还包括学生的职业道德和行为规范、思维能力、表达能力、团队合作能力、继续学习能力、职业发展能力和实践能力等综合职业能力。

在“以就业为导向”的背景下，张勇校长实施的“中西部地区职业学校合作办学”模式，在职业教育的起步和发展阶段，起到了一定的作用，既支持了西部贫困地区农村职校的招生，又帮助西部地区学生学到了实用技能，实现了良好的就业。双方通过互相交往，也使西部地区的职校校长和老师们开阔了眼界，增长了见识，学到了办学经验。但长此以往，西部地区职校会失去应有的造血功能，产生依赖性，成为东部职校的招生宣传员，不利于培养教师的专业意识，也不利于职业学校的可持续发展。

在“职业教育就是就业教育”的办学理念影响下，张勇校长转变观念，把学生的就业工作放在了第一位，使每个毕业学生都有一个就业岗位。就业学生主要集中在珠三角、长三角、环渤海湾等经济发达地区，这些生长在大山里的孩子都实现了走出大山、走进城市的愿望。有的学生还通过自己的努力，成为企业白领或老板，定居在城市。但大多数同学特别是女同学几年以后就会被家长们叫回家结婚了，从此也就失去了就业岗位。外向型的就业指导往往忽视了对学生的创业教育，一部分学生只会适应大城市大型企业的打工生活，回乡以后就不会创业，也不适应小企业的工作环境。随着西部大开发的逐步深入，西部地区也需要大量的技能型人才，职业学校的就业指导也要适应西部大开发的需要，倡导“外出就业，回乡创业”，教育学生“先就业，后择业，再创业，成事业”，鼓励学生在家门口干事业，以建设社会主义新农村。这样，学校就把加快职业教育发展和经济繁荣、消除贫困、维护稳定和建设先进文化结合起来。推动职业教育从传统的学科本位转向职业能力本位，促进职业教育与生产实践、社会服务的结合，使学生具有良好的职业道德、必要的文化素养和熟练的职业技能，成为建设有中国特色社会主义的有用之才。

职业学校职业指导的主要任务是：根据职业技术学校的培养目标，引导学生树立正确的职业理想和职业观念，全面提高学生的职业素质和职业能力；为学生根据社会需要及其身心特点顺利就业、创业和升学提供必要的指导和帮助，使其在适应社会、融入社会的同时得到发展。职业指导的主要内容包括加强对学生的职业意识、职业理想和职业道德教育；提供就业指导和援助；开展创业教育。

不重视职业指导的职业教育，不是真正的职业教育；不为受教育者提供高质量就业服务的职业学校，不可能具有旺盛的生命力。在多年的职业教育学校管理实践中，成县职业中专张勇校长紧紧围绕“职业教育就是就业教育”的办学指导思想，坚持“以服务为宗旨，以就业为导向，以技能为核心”的办学方针，紧紧围绕“专业设置多元化，招生形式多样化，内部管理规范化，教学手段现代化，学生就业市场化”的工作思路，以良好的就业促招生，用优质的教育保就业，打造出了甘肃一流的中等职业学校。

在办学实践中，积极开拓就业市场，安置学生“对口就业，稳定就业，光彩就业”为学校发展赢得了空间与机遇，在杭州经济技术开发区设立了“成县人民政府驻浙江劳务办事处”。但在就业工作实践中，学生发展无目标、择业无动力、就业不稳定的问题一度困扰了张勇校长，这是“缺乏长效的就业指导”所致，张校长对此感受深切。

所以说，就业工作不仅是信息提供、不仅是岗位安置，更重要的是“把学生找回来”，解决学生的就业观念问题，协助他们进行职业生涯规划，帮助他们掌握求职择业的基本方法，关注他们一生的职业生涯发展。

基于这样的认识，在张勇的坚持下，学校及时调整学生就业工作思路，组建了学生就业指导办公室，抽调精兵强将集中抓学生职业指导工作，促进职业指导同招生宣传、入学教育、课堂教学以及就业安置工作相结合，并形成长效的系统工程，倡导“以教师为主导，学生为主体”的启发式教学模式，积极推动“项目教学法”，要求教师要在将知识转化为能力上下工夫，坚持课内学习与课外训练相结合、技能竞赛与等级考核相结合，有效地促进了学生专业技能的形成，把对学生的职业指导工作放在同专业教学同等重要的地位来对待，实现了学校就业工作从短期促销式的安置到全程化、系统化职业指导的转变，促使学生实现从校园人到职业人的转变。

（点评：张振笋）

深入探究，多措并举，唱响就业教育的主旋律

——浙江省三门县职业中等专业学校

名校／名校长简介

校园全景

三门职业中专教育集团是一所融学历教育和非学历教育为一体的国家级重点职业学校，创办于1983年，2004年被评为国家级重点职业学校，2009年6月，学校与亭旁中学职高部、健跳中学职高部联合，组建成立了三门职业中专教育集团。学校现有学生5000多人，教职工286名，双师型教师达到了教师总人数的80%以上。学校开设有机电等7大类16个专业，有各具专业特色的教学班108个，拥有先进设备的实验实习场室54个，建成国家级电子电工与自动化等实训基地5个，与中国星星集团等60多家著名企业建立了合作关系，与浙江大学等10多所高校有长期联合办学协议。学校着力打造品牌职业学校，教学质量优异，办学特色鲜明，创业教育成效显著，被评价为“走在台州市职业教育的前列”，先后获得“全国德育先进学校”“2009年全国德育管理先进学校”“国家级电工电子

与自动化实训基地”“全国信息技术职业能力培训网络培训中心”等多项荣誉称号。

校长谢卫民，中学特级教师，三门职业中专教育集团党委书记、董事长，同时担任台州职业教育与成人教育协会副会长。他一心扑在职教事业上，在担任校长期间，学校得以快速发展。他潜心研究职业教育，先后发表论文12篇，出版专著4部，主编并出版教材5部。谢卫民校长坚持“以服务为宗旨，以就业为导向，以质量为中心”的办学方向，把“肯吃苦，敢冒险，善创业”的台州精神引入素质教育中，科学定位，主动将地方经济建设和学校教育服务联系起来，大力进行改革和创新。他办学业绩突出，曾获得“春蚕奖”，并获得全国优秀教师、全国德育先进工作者、全国百名优秀校长、台州市拔尖人才、台州市名教师等多项荣誉称号，还被聘为浙江师范大学兼职研究员、东南大学职教院客座教授。

学生创新作品展示

三门职业中专教育集团以科学发展观为指导，坚决贯彻党的教育方针，落实国务院《关于大力推进职业教育改革与发展的决定》和浙江省政府《关于大力推进职业教育改革与发展的意见》的精神，以人为本，全面实施具有职教特色的素质教育、职业能力教育和身心健康教育，注重培养受教育者的专业技能和创业能力。学校本着“特色立校，科研兴校，人才强校”的办学理念，走内涵发展之路，逐步由量的扩张向质的提升转变，确立了“立足三门，面向台州，服务经济，依托产业，工学结合”的办学思路，提出了“人人有才，人无全才；扬长避短，人人成才”的育人理念，形成了“修身、精业”的朴实校风和“敬业、民主、求实、创新”的工作作风。

集团依托台州市这座制造业强市，坚持“以服务为宗旨，以就业为导向，以质量为核心”的办学方向，科学定位，主动服务地方经济建设。融学历教育与非学历技能培训为一体，以中等职业教育、“双证制”教育为主，同时开展企业员工培训、农村劳动力转移培训、预备劳动力培训等，努力为社会培养技能型专业人才；把“肯吃苦，敢冒险，善创业”的台州人精神引入学生素质教育中，培养学生的创业就业能力和品质；紧贴时代脉搏办学，建立专业设置动态机制，形成“紧贴时代办专业，专业跟着就业转”的建设思路。根据《国家中长期教育改革和发展规划纲要（2010—2020年）》精神，集团制订了较为系统的“十二五”规划，并围绕这一发展规划，大力进行改革和创新。以培养学生的综合素质为目标，重点加强对学生的职业道德教育、职业技能训练和学习能力培养；以适应职业岗位需求为导向，加强实践教学，着力促进知识传授与生产实践的紧密衔接；以服务经济社会发展为宗旨，完善依靠企业，充分发挥行业作用，争取社会力量参与的多元办学模式；以人才培养对接用人单位、专业对接产业、课程对接岗位、教材对接技能为切入点，深化教学内容改革；以改革教师培养、评聘和考核为核心，努力提高教师的德育工作能力、专业教学能力、实训指导能力等综合素质；以制度建设为基础，全面加强学校内部管理，提高规划、执行、质量监测的能力；以贡献和能力为依据，按照企业用人标准构建学校、行业、企业、研究机构和其他社会组织等多方共同参与的评价机制。

集团各种改革稳步推进，教学质量优异，办学效益显著，形成了鲜明的办学特色。一是多种办学模式并举。组建紧密型职教集团，实行人事、财务、管理三统一和优质师资、设备、管理经验的融通与互补；采用自办企业、引企入校的模式，实行工学结合、顶岗实习；应用现代工艺复活非物质文化遗产——“三门石窗”，并批量生产，体现了“研发一个产品，开设一个专业，兴旺一个产业”的“产学研”一体化办学特色。二是注重实践和实效进行教学改革。开展“理实一体”的小班化教学、实训课复式教学和“先动手后理论，在做中学”等教学改革，增强教学实践性、针对性和实效性。集团被授予“浙江省课程改革优秀基地学校”的称号。三是推行“阳光德育”模式。以生为本，以爱育爱，形成中职生“阳光行动”德育系列，主要包括班主任阳光行动、党员老师阳光行动、寝室导师阳光行动和教职工阳光行动。四是引领创业创新教育。把“肯吃苦，敢冒险，善创业”的台州人精神引入创业教育，确定了以“教材奠基，氛围激才，大赛展才，一条街孵才”的教育机制，被誉为“中职学校创业创新教育的领军学校”。五是以科研指导改革发展。集团的每一项改革与发展均先申报课题，立项论证，在行动中开展研究，以研究来指导办学，保证了改革和发展的正确性。

实践应用

三门职业中专教育集团位处东海之滨的三门县。学校从花桥镇建校至今已走过28年的风雨历程，经历了两次搬迁、三次创业、一次合并，直至今天成立职教集团举步腾飞。这20多年来，学校始终坚持自力更生、艰苦创业，从无到有，从小到大，从乡下到城里，从当年的10几个教职工、100多名学生、几百平方米校舍的乡下农技校，到今天的近300名教职工、5000多名学生、80000多平方米校舍的职教集团，在职业教育的道路上乘风破浪、勇往直前。

不管在什么时期，不管碰到什么困难，学校总是站在职业教育发展的前列，依靠鲜明的办学特色大步向前迈进。早在花桥的时候，学校自办养鸡场，培育的“三黄花桥鸡”名声斐然，并被评为全国先进集体，受到当时国家教委的登报表彰。搬到凤凰山后，学校得到迅速发展，升格为省级重点职业学校，由农技校转为职业中专，最后与三门职技校合并，两校于1999年9月一齐搬进位于县城沙田洋开发区的新校园。搬入新校园后，学校进入跨越式发展时期，2004年，升格为国家级重点职校并跻身于全国千所名校200强之列；2009年6月，学校与亭旁职高、健跳职高联合，组建成立了三门职业中专教育集团，走上了紧密型集团化办学的道路。学校取得如此巨大成就的精髓在于探索求变、自强不息。学校敢为人先，开拓创新，办学不断取得新的成就，被誉为“走在台州市职业教育的前列”。

也正因为探索求变、自强不息，学校在每一个时期总有不同凡响的举动。近几年，学校致力于创业创新教育，唱响了创业创新教育的主旋律，且创业教育获得了较好的成绩，引人关注。浙江省教育研究院院长方展画在《创业教育，开启中职学生创业之门》一文中，有4处近700字提到三门职业中专的创业教育做法，并提出：“在这一方面，三门职业中专教育集团的做法值得我们重视”。2010年第34期《中国职业技术教育》全文刊登了谢卫民董事长撰写的《科研入手，机制护航，提升创业教育水平》一文。《职业》杂志记者舒玲玲通过对谢卫民董事长的采访，以《创业教育的“操盘手”》为题，在该杂志上发表了对谢卫民的长篇采访报道。突出的创业创新教育成就，使得浙江省中职学校的创新创业研讨会在本校召开，与会专家对学校的创业创新教育予以高度的肯定、赞扬。学校的创业创新教育在浙江等地反响热烈，前来学校参观取经的兄弟校达30多所，均对学校的创业教育予以高度肯定，省、市、县三级媒体纷纷前来采访报道。

一、探究思考，构建创业创新教育的全新系统

1999年全国教育工作会议指出：“帮助受教育者培养创业意识与创业能力，通过教育部门的努力，培养出越来越多的不同行业的创业者，就可以为社会创造更多的就业机会，对于维护社会稳定和繁荣社会经济发挥重大作用。”温家宝总理要求中职学校努力培养学生的就业创业能力。教育部鲁昕说，要让中职毕业生就业有优势、创业有本领、升学有希望、终身发展有基

础。因此，三门职业中专教育集团的创业教育很有现实意义。

1. 开展创业教育可以提高中职生的劳动就业层次

创业是高层次的就业。创业者不仅为自己创造工作岗位，还可以为更多的人创造就业岗位。中职学校不仅要教会学生一技之长，也要培养学生的创新观念、创造思维和创业意识；不仅要使毕业生能够顺利就业，更要鼓励毕业生走自主创业之路，可以更充分地为社会创造财富、创造就业岗位，带动其他劳动者就业。

2. 开展创业教育是培养高素质劳动者的重要途径

创业教育可以通过对受教育者进行创新、创造、实践、科技、人文、挫折等教育，把理论知识与实践锻炼结合起来，激发他们的兴趣，挖掘他们的潜能，发挥他们的特长，培养他们的自信心、适应能力、创新能力和实践能力，从而拓宽他们的视野和思维空间，提高他们的综合素质特别是创业素质，使其把知识资源转化为创业资源的能力，以帮助他们展现能力，超越自我，更好地实现人生价值。这既是培养高素质劳动者的重要途径，也是社会人力资源建设的迫切需要。

3. 开展创业教育是我国经济实现可持续发展的重大战略举措

中职学校为社会培养了大量的劳动人才，这些人才是我国人力资源的重要组成部分。中职学校开展创业教育，培养学生的创新精神和创造能力，增加人力资本的创新型元素，这有利于填补社会服务的空白领域，加快社会进步，对于构建创新型社会，实现可持续发展也具有重要的战略意义。

经过深入探究后，学校上下统一了思想，明白了创业教育的重大意义。因此，学校确定了创业教育的指导思想，即营造良好氛围，模拟真实情景，搭建创业平台，运用多种途径、多种手段，增强学生的创业意识，丰富他们的创业知识，训练他们的创业技能，使他们成为“创业人”，踏上社会后即能在职业的舞台上创造一番事业。学校也从实际出发，经过深入研究、反复论证，确定了“教材奠基，氛围激才，大赛展才和一条街孵才”的创业教育思路。“教材奠基”是指编写创业教材，夯实创业教育的基础，并解决开展创业教育没有合适教材的问题。“氛围激才”是指通过各种手段、各种媒介，营造强烈的创业创新氛围，感染熏陶学生，以增强他们的创业意识，使他们具有创业的强烈愿望。“大赛展才”是指举办各种形式的创业创新大赛，展示学生创业创新的才能，这可以增强学生创业创新的自信心和自豪感，促使他们全身心地投入学校的创业创新活动中去。“一条街孵才”是指开辟创业一条街，为学生创业创新提供训练场所，模拟真实的创业情景，实打实地训练学生的创业才能。整个创业创新教育，包括 4 个环节，各个环节相辅相成，联成一体。其中关键环节是让学生“试水创业”，所谓“试水创业”，就是让学生在校期间就能尝试创业，知道创业这潭水的深浅，为他们日后创业做好充分准备，其中包括心理准备、知识准备和技能准备。整个过程是个系统工程，从研究论证，到作出行动纲领，再到付诸行动，最后反思改进，包括方方面面的内容。学校在实施时必须进行深入地研究，具体地部署，作出科学的行动计划，采取有力的措施并予以落实。总之，学校把创业创新教育放在相当重要的地位，并将其当做学校办学的一大特色来抓。

创业一条街

二、理论先导，为创业创新教育指明航向

学校有诸多办学特色，其中比较明显的一条就是“学校发展课题化”。为了使自身办学少走弯路，更有成效，学校每开展一项教育教学行动前都要进行课题研究，实施创业创新教育当然也不例外。学校遵循创业创新教育规律，联系本校创业创新教育的实际，紧扣职业教育的特点，对创业创新教育开展一系列卓有成效的研究。

1. **一份问卷**

当时，社会上对职业学校开展创业创新教育存在着种种看法，推行创业创新教育的职业学校也为数不多，但一份问卷坚定了谢卫民校长推行创业创新教育的决心。在 2007 年 12 月的一次班会课上，一份主要涉及创业意识、创业品质和创业能力三个问题的问卷被发放到学校二年级 15 个班的 621 名学生手中，最后的统计结果说明，中职学生对创业有欲望，但创业素质和能力不理想，亟需提高，所以在中职学校开展创业教育很有必要。通过摸底，谢卫民和他的团队心中有底了，决心要在创业创新教育这块土地上辛勤耕耘，期待能够结出丰硕的果实。

2. **两个课题**

近 3 年来，在校长谢卫民主持下，学校进行了“中职生创造力开发的实践与研究”和省级重点课题“中职生创新创业教育与训练的实践与研究”这两个课题的研究。“中职生创造力开发的实践与研究”已合格结题。“中职生创新创业教育与训练的实践与研究”课题也已结题并获市优秀课题成果一等奖，目前正处于深度研究之中，学校还着手准备申报国家级课题。这两个课题研究吸收了当前创业教育的先进理论成果，深入探讨了职业学校创业教育的相关问题，形成不少富有创见性的创业教育的理论成果，对学校开展创业教育具有积极的指导作用。

3. 两本教材

学校出版的校本教材

2005 年，伴随着“中职生创造力开发的实践与研究”课题的研究，学校编辑出版了《创造力开发》一书。该书观点鲜明，论据翔实，把有关的创新创业理论讲得深入浅出，被不少职业学校选作创新创业教育课程的教材。2006 年，为了培养学生的创业创新意识，学校开设了“创造力开发”的课程，并将其作为学生的必修课。在进行“中职生创新创业教育与训练的实践与研究”课题研究时，课题组在“立足中职生的基础，以理论为主线，以实践为抓手，力求深入浅出、通俗易懂”的思想指导下，着手编写《中职生创业指导》。课题组讨论确定编写框架，然后分头收集资料，经过 3 个多月的努力，终于于 2008 年 6 月完成约 15 万字的初稿，然后于 2008 年 9 月在本校二年级学生中进行试教。试教后，根据任课老师提出的建议，课题组又对初稿体系进行了适当调整，同时增加了大量创业案例。2010 年初，课题组将定稿后的《中职生创业指导》送交清华大学出版社出版，并于 2010 年 8 月正式出版发行。

深入的理论研究，使学校的创业创新教育得到强有力的理论支撑，明确了创业创新教育的方向。学校及时把这些研究成果运用于创业创新教育的实践，做到理论联系实践，不断尝试，不断实践，使理论结出硕果。

三、融汇交通，建立创业教育课程体系

无论是在教学内容方面，还是在教学方法方面，创业教育都与传统教育有着明显的区别。只有构建创业教育教学研究平台，才能源源不断地为创业教育的发展提供鲜活的教学内容与科学的教学方法。

1. **构建思路**

学校从学生的创业发展需求出发，打破传统的分科课程体系，构建新的、跨学科的课程体系。创业教育课程以创业发展阶段为逻辑顺序，运用教学项目为基本构架，整合语文、数学、政治、英语、职业道德和就业指导等文化基础课及有关专业课的内容，把外部环境因素纳入课程，构建“公共课程＋核心课程＋教学项目”的创业教育课程体系，开设了“台州经济专题”“创造力与创造思维”“金融危机背景下就业问题”“品牌专卖店管理”“中国外经贸热点问题透视”“市场营销学”“会计基础”等与创业密切相关的课程，并组织编写《台州人精神读本》《三门创业史》和《我是三门人》等特色创业教材。通过加强实践教学环节，学校重点探索了案例教学、项目教学、情景模拟教学等教学方法，以加快创业教育模式的改革。

2. **改革目标**

注重开发潜能，培养学生具有创新性的思维方式，提高其创造力、学习力、适应力和竞争力，从而在实践中获得新的知识、能力以及健康的身心。目标的设定应强调研究视角的多维度，估计创业角色的多面性，反映主体作为社会人、职业人、专业人、发展人的培养特点。具体来说，可以从4个维度对创业人才进行培养：首先，达到创业人才应具备的情感、知识、技能的基本要求；其次，形成终身学习的意识和自主学习的能力；第三，掌握创新、创业、创造的基本方法，初步具备创业者的意识和能力；最后，形成以创造性劳动为己任、服务社会的意识。

3. **建设内容**

中职创业教育要坚持以人为本，宣扬人的主体性和自由个性，针对“中职学生不再仅仅是求职者，而首先要成为工作岗位创造者”，以课程教学和课外实践活动为主要途径，帮助学生规划自己的职业生涯，尤其是学习阶段的奋斗目标；帮助学生选择人生，走向成才和成功的道路；帮助学生学会处理与他人、集体、社会的关系，使其升华和完善自身的人格，为在未来的职业劳动中，逐步适应社会，完成自身的社会化进程，形成自身的社会人格打下良好的基础。学校以上述内容为指导思想，构建了完整的课程体系，将创业创新教育贯穿在学科教学中。

四、多管齐发，开辟创业创新教育新天地

经过深入的理论研究，并具备明确的教育思路后，学校就扎扎实实地开

展了创业创新教育，并取得了显著成效。学校的创业创新教育以实践为主，既发挥教师特长，又贴近学生实际，内容丰富多彩，形式灵活多样，很好地为学生开启了创业之门。

1. **举办创业报告会**

为增强学生的创业意识，学校邀请历届优秀毕业生和社会上的成功人士来校作创业报告，用他们自己白手起家、艰苦创业的发展史来激发学生的创业热情，让学生看到创业的美好，理解创业的艰辛，增强创业的信心，帮助他们树立起职业理想，为他们日后扬起创业的风帆积蓄能量。

优秀毕业生报告会

自2005年以来，学校几乎每学期都要邀请毕业生和企业家来校做创业报告。2005年6月，学校在三门影剧院举办优秀毕业生创业事迹报告会。张文柳等三位校友生动形象地介绍了自己的求学历程和创业历程，展示了职校生的亮丽人生，并谆谆告诫学弟学妹们要珍惜大好时光，树立职业目标，学好知识，练好本领，为今后创业做好准备。他们精彩的报告搏得阵阵掌声。我省著名军旅歌手、优秀校友郑俊海近年来数次来校，除作创业报告外，还举办个人演唱会，与在校的学弟学妹们联谊，用自身的创业事迹感染他们。2008年校庆期间，学校邀请大批优秀校友来校做创业报告。沃森电器有限公司董事长徐友兵和获得中非总统亲自颁发骑士勋章的郭世敏等也在台上作了创业报告。他们坚忍不拔的创业意志和艰难曲折的创业历程深深地打动了台下的小学友们。学校除邀请优秀校友来校做创业报告外，还多方联系社会上的企业家来校做创业报告。连续3年，学校邀请县内著名企业家黎贤钛等人来校作创业报告。企业家们壮丽的创业人生，很好地激发了同学们的创业热情。

2. **营造创业氛围**

多年来，学校十分重视宣传历届优秀毕业生的创业事迹。除在校内积极利用校报、广播台和黑板报等舆论工具宣传他们的创业事迹外，还想方设法联系各种媒体来报道他们的创业事迹。几年下来，张文柳等十几名优秀毕业生均被省市县的有关媒体报道过。通过这样的宣传，扩大了他们的创业影响力，使他们的创业事迹在校内人尽皆知。不少同学在演讲、日记以及日常言谈中，不时提到一些优秀校友的姓名，纷纷表示要向他们学习。

学校在教学楼、综合楼的楼道墙壁上不贴名人字画，专门张贴优秀毕业生的创业典型事迹，用榜样的力量感染学生。在教学楼的底层楼道上，学校开辟了文化长廊，大力开展创业宣传教育，在教室外墙上布置了数十位本校优秀毕业生的画框，突出介绍了他们的创业事迹，还在墙上贴了有关创业的名言警句。在综合楼的教室墙上，学校布置了以技能操作为主题的优秀在校师生的画框。只要一走进教学楼和综合楼，浓浓的创业教育气氛就会向我们迎面扑来。学生在良好的创业环境中长期耳濡目染，创业素养自然得以提高。

3. 举办创业设计大赛

学校在创业教育中，注重增强学生的创业素养，开展丰富多彩的创业实践活动，让学生“在做中学”，以使学生掌握必要的创业技能。

开展创业设计大赛，组织学生撰写创业设计书，这是增强学生创业素养的重要措施之一。撰写创业设计书要求参赛学生结合自身创业实际，明确创业思路，以拥有的虚拟创业资金为前提，针对一项产品或服务，提出具体可行的创业模式，按照比赛要求和标准，设计出科学、实用的优秀创业计划书。班主任对本班创业团队撰写的创业计划书作指导审查。学校定期组织创业项目评审组，举行创业项目评审会，创业团队的同学与创业项目评委老师面对面地交流、答辩。评审组通过对创业设计项目进行审查和筛选，确定入选优秀创业项目，而后组建创业团队，实行模拟创业。

具体做法是：（1）各班自行组成创业团队（也可跨班组成创业团队），由各创业团队在市场调查的基础上撰写出“创业计划书”；（2）各创业团队撰写的“创业计划书”交校团委初选后，再推荐到校创业计划设计大赛评委会；（3）由大赛评委会对校团委推荐的创业计划书进行点评，点评后再由创业团队进行完善；（4）对完善后的创业计划书进行公开答辩，答辩通过的团队即为参加创业训练的团队，参加校“创业一条街”模拟创业，同时择优推选作品参加中职生创新创业大赛。

学校于 2009 年 1 月举行了第一届创业计划书设计大赛的答辩，答辩通过的项目有 11 个，这 11 个项目的生产经营范围涉及图书出租、网上购物、礼仪服务、杂粮小吃、蛋品加工等。这 11 支团队也成为首批参加创业训练的团队。学校每学期举办一次创业计划书设计大赛，已连续举办 4 次。通过创业设计活动，学生懂得了创业的一些做法、程序和法律法规，贮备了创业的相关知识，为以后的创业打下了坚实的基础。

4. **开辟“创业一条街”**

这是学校开展创业创新教育的精华所在。模仿真实的创业情景，让学生了解创业程序、知识，掌握创业的一些技能，奠定日后创业的基础。

2008 年，适逢金融危机风暴席卷各国，企业纷纷倒闭，全球经济复苏乏力，劳动力市场大幅萎缩。学校领导果断地作出一项决策，在校园里开辟一条创业街，给答辩获奖者提供场地和启动资金，要求创业团队走社会相应的创业程序。让学生现在就实打实地创业，提高他们的创业能力，帮助他们树立创业就业信心，以使他们毕业后有较强的职业竞争力。

学校放弃巨额租赁收入，特意在教学楼和宿舍楼附近腾出 18 间房子作为学生创业的店铺，每学期只象征性地收取每间店铺 100 元的租用费。同时，分别向各店面派出一名会计，对每月的账目进行打理。一方面，为会计专业的学生提供实践机会；另一方面，对各个创业项目进行有效监管，为后期评选优秀创业团队做好准备。

在学校的精心组织和创业老师的指导下，2009 年上学期，学校共有 50 余名学生、11 支创业团队参与到“创业一条街”中，开办了千棵树书屋、淘淘乐网上购物中心、班级礼仪服务公司、鹏诚蛋品加工厂、四季杂粮不倒翁食品店、鬼屋饰品店、知遇影视公司共 11 家店面，运营效果都不错。一个学期下来，经过评比，继续保留上学期优秀的创业团队，淘汰不够理想的创业团队，同时吸收新的创业团队。

学校还把创业成功的典型推向社会，由学校提供资金，让学生走出校园，在社会这个大舞台上施展才能。至目前，学校的“创业一条街”已经实行了两年，一共有 4 批共 50 个创业团队进行了创业实践演练。学校在创业一条街开展对学生的创业训练是一个复杂的过程，必须注意以下几点。

（1）前期准备要充分

学校方面的准备。要进行创业训练，学校要为学生准备训练场所，确定指导人员与管理人员，并制订相应的管理制度。①在校园内设立“创业一条街”作为学生进行创业训练的场所；②拨出专项资金作为创业训练基金，让学生以银行贷款方式贷款并用作创业的启动资金；③确定校团委为对学生进行创业训练的指导机构；④设立创业项目答辩委员会（创业计划设计大赛评委会）；⑤设立模拟职能管理机构（如工商、税务等）；⑥制订“三门职业中专学生创业训练管理办法”；⑦出台鼓励学生参与创业训练的政策。

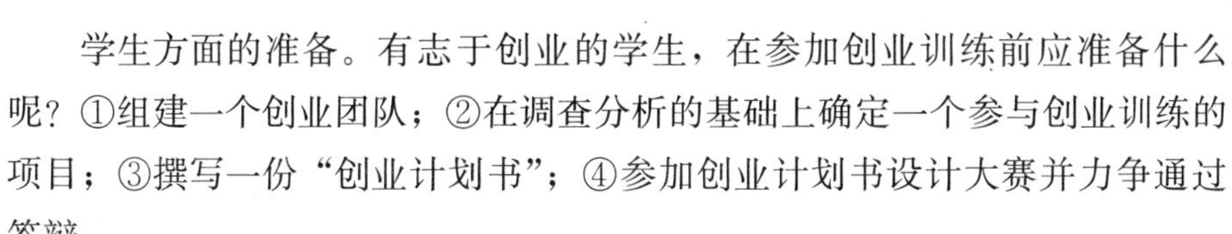

学生方面的准备。有志于创业的学生，在参加创业训练前应准备什么呢？①组建一个创业团队；②在调查分析的基础上确定一个参与创业训练的项目；③撰写一份“创业计划书”；④参加创业计划书设计大赛并力争通过答辩。

（2）实训过程要扎实

创业训练过程既是创业教育的过程，也是生产经营过程。创业训练的实践过程具体包括：①创业训练前的培训。一个创业者要开办公司，在开业前要到政府有关职能部门办理各种证照，以取得生产经营的法人资格，而中职生在这方面的知识几乎没有。因此，在各创业团队开始创业训练前，学校要对他们进行必要的培训，这既是创业教育的组成部分，也是学生进行创业训练前的必要准备。培训的内容应包括：特种项目生产经营许可证、营业执照、税务登记证的办理时间、要求和流程，开业前应做好的准备工作，开业后经营过程中应注意的事项，等等。②生产经营场所的租赁。创业者要开展生产经营活动，必定要有必要的生产经营场所。三门职业中专教育集团在校园内设立“创业一条街”。“创业一条街”上的所有生产经营场所按照市场规则供各创业团队根据创业需要租赁，学校当然也会给出优惠政策。③生产经营资金的筹措。创业需要启动资金，否则再好的创业计划也难以实现。作为中职生，他们创业的启动资金从何而来呢？首先是平时积累，如压岁钱、勤工俭学的收入等；其次是父母亲戚的资助；最后才是学校创业训练基金的贷款。④模拟办理证照。创业者要取得合法的生产经营资格，必须办理各种证照。由于办理各种证照所涉及的政府职能机构太多，作为学校是难以协调的。因此，学校设立模拟职能机构，各创业团队像社会创业者一样到有关模拟机构办理各种证照。⑤生产经营活动的开展。租房办照后，各创业团队就要实实在在地开张营业了。在开张前，各创业团队负责人要对团队的成员进行分工，若人员不够就要招聘，然后制订出切实可行的生产经营管理的规章制度，使生产经营活动有章可循。开张后，团队成员按照各自分工各司其职，做到诚信经营，文明经营，质量（服务）第一，按章纳税，努力开拓，使自己所经营的项目首先能立足，然后谋求发展。

在校园内进行创业训练，其效果如何？这有待于实践检验，但从整个训练过程来看，学生在这种训练中经历了创业团队的组建、创业环境的调查分析、创业资金的筹措、生产经营场地的租赁与布置、开业前各种证照的办理、优惠政策的争取等环节，它涵盖了真实创业的各个环节。从理论上说，这种训练是非常真实、有效的。

(3) 政策、智力支持有保障

学生的校园创业训练是一个教育工程，靠一两个人是不能完成的，因此需要有一群人来共同指导与管理他们。为此，三门职业中专教育集团对学生创业一条街加强了指导和管理。

①创业训练的指导。各创业团队经过一番角逐与准备后，像模像样地开业了，但开业后的各创业团队在生产经营过程中，如原材料的采购、货源的组织、业务的联系、产品（服务）质量的管理、纳税等都需要有人指导。为此，学校决定委任校团委为创业训练的总指导机构，各创业团队所在班级的班主任老师为该创业团队的指导老师，负责对各创业团队在生产经营过程中各项业务的指导。②创业训练的管理。社会上的创业者在生产经营过程中要接受政府职能部门的管理，以保证生产经营成果能符合社会发展的需要，能满足居民生活生产的需要。因此，参与创业训练的各创业团队也要接受模拟职能机构的管理，以保证诚信经营，保质保量地向客户（用户）提供产品或服务，并按章缴纳各种税费。③创业训练的鼓励政策。学生的校园创业训练是真实的创业过程，他们要面对竞争与亏损。该校考虑到这种创业训练的有效生产经营时间是有限的，因此制订了一系列的政策，以保护参加创业训练的学生的积极性，促进创业团队持续参与创业训练。这些政策包括对各种证照办理费用的优惠和免除、生产经营用房租费的优惠、创业训练基金贷款利率的优惠、各种税费的优惠和免除等。这些优惠与鼓励政策和政府鼓励大中专毕业生创业的优惠政策类似。学校出台这些政策，并让不同的创业团队享受不同的优惠政策，这也是创业教育的组成部分。这些训练可以使学生毕业后知道创业时可以争取国家政策性扶持或优惠。

5. 研发省非物质文化遗产

学校注重服务地方经济，在实施创业教育的同时，也利用师资优势积极为当地企业研发产品，探索“研发一种产品，创办一个专业，兴旺一方产业”的“产学研一体”的创新型办学道路，在模拟创业中研发了省非物质文化遗产——三门石窗。

三门石窗俗称石花窗、石漏窗，是三门湾传统砖木结构建筑中普遍使用的镂空雕花石窗。据考究，远在铁器时代，石窗就出现在人类生活中。简易镂凿的石窗在我国很多地方都有，但精心雕凿有着丰富人文内涵并在生活中被大量使用的石窗，则发源和成熟于三门。因此，三门石窗堪称“艺术石窗鼻祖”。目前，三门石窗已列入浙江省非物质文化遗产保护名录，并被浙江省文化厅推荐申报国家级非物质文化遗产。

将这一非物质文化遗产，运用现代的加工工艺和传统手工技术予以制作，使其成为石雕工艺品，是三门职业中专教育集团石窗开发的理念和创新之处。经过一年多的尝试，他们终于攻克了雕刻制作难关，成功地运用现代加工工艺技术结合传统石窗加工工艺进行了批量生产。

学校加工生产三门微型石窗工艺品意义非凡。就加工这一工艺本身来说，它一方面继承并发扬了三门民间传统工艺的瑰宝——三门石窗；另一方面，弥补了该县旅游产品的空缺，更重要的是向广大人民宣传了三门的历史文化，促进了三门旅游经济的发展；此外，从职业教育实践来说，这一工艺彰显了职业学校的办学特色，培养了学生创业创新的能力，增强了学生的动手能力，拓宽了办学渠道，创新了办学思路。

2011 年 5 月份，县旅游局将该校还在研发中的微型石窗作为三门旅游产品，参加台州市旅游局主办的台州市旅游产品评比，获得金奖。6 月，参加 2011 年全国职业院校学生技能作品展洽会，获优秀学生技能作品奖一等奖。三门微型石窗商标已获国家专利。目前，三门微型石窗已被县教育局、县人民政府作为指定礼品。

三门职业中专教育集团经过较为系统的创业教育，毕业生的创业意识逐步加强。据调查，毕业生中有创业意向的人占总数的 15%左右。创业教育成效显现，学校尝到了创业教育的甜头。创业教育是职业教育区别于普通教育的关键所在，是职业教育的灵魂。在创业教育的道路上，三门职业中专不断探索、不断实践，取得了丰硕成果。多年来，学校为经济建设和社会发展培养了 15320 名高素质的创业型、技能型人才。他们在职业舞台上大多成就了一番辉煌的事业，有的成为企业家、有的成为个体户、有的成为单位的领导、有的成为企业的技术骨干，其中资产逾亿的有 4 人，上千万的有 20 多人，上百万的也不在少数。励志照亮人生，创业改变命运，他们以创业实现了职校生的人生价值。其中，张文柳、徐友兵、翟法严、俞小明等 15 名往届毕业生现已是所在公司的董事长或厂长，正成长为相关行业的翘楚。

“给学生一个支点，让他们自己去创业。”这是三门职业中专教职员工的共识。三门职业中专教育集团必将在创业教育的道路上逾行愈远。

通过多年实施创业教育，学校找到了进行创业教育的途径，掌握了创业教育的方法，积累了一定的创业教育的经验，对创业教育也愈来愈深入，虽然在实践的过程中发现了一些问题，但也找到了解决问题的方法。

一、创业教育实践中遇到的问题

1. 工学矛盾较突出

虽然学校规定创业训练要在课余时间进行，但许多创业团队仍会占用正常学习时间，分析其原因有：（1）由于经营需要与正常学习时间产生冲突，如礼仪服务公司，它经营的范围是为企事业单位举办的各种大型活动做礼仪服务，这有可能要与正常学习时间冲突；（2）创业者创业热情高涨，以致利用学习时间来做生产经营活动，如鹏诚蛋品加工厂的创业团队有时就利用上课时间来加工蛋品；（3）由于创业项目适合校园内经营，经营者在消费者的要求下延长经营时间，如五谷杂粮小吃店生意十分红火，经营者不得不放弃一点正常学习时间用来经营。工学矛盾产生后，学校感到很为难，是允许学生占用学习时间呢？还是应该限制？

2. 创业训练意见不一

对学生进行创业训练是职业学校教育的创新之举，对此有人担忧有人喜。（1）学校老师。有的老师认为这种训练很好，将来学生毕业后进入社会，其生存能力会很强；有的老师特别是创业团队的指导老师则认为，创业是有风险的，若发生严重亏损，谁来承担。（2）学生家长。有的学生家长很支持，认为孩子在校学会了创业，这比学门技术帮别人打工强；有的学生家长则认为，学校老师只要把书教好即可，没必要做“花戏”。（3）学生。有的学生创业热情很高，甚至会占用正常的学习时间；有的学生则“虎头蛇尾”，不能持之以恒；还有的学生怕吃苦，只观看不参与。

3. 创业团队开业后的生产经营活动需加强指导

各个创业团队陆续开业后，学校发现经营者缺少纳税意识，不向有关模拟职能部门上报经营情况并缴纳税费，而且他们在生产经营过程中的礼貌用语、服务意识、质量意识有待提高。为此，校团委（创业训练的总指导）及时召开各创业团队负责人和指导老师会议，提出整改意见，促使创业团队文明经商、按章纳税，并在生产经营过程中不断提高产品（服务）的质量。

4. 教师的经济管理知识有待丰富

在模拟办理证照过程中，有的模拟职能部门的具体经办老师不知道如何办理证照，而指导老师也不知道如何指导，因此师生在模拟办理证照时非常混乱。开业后，创业团队指导老师对学生的指导也不是十分到位，如到月底了，有的指导老师不知道及时指导创业团队汇总本月生产经营情况，上报模拟管理的职能部门并缴纳相应的税费。这些都说明教师的经济管理知识有待丰富，经济管理意识有待提高。

二、发展中职创业教育的对策及建议

1. 推行完全学分制

推行完全学分制，把学生的创业模拟实践折算成学分，这种方法可以解决工学矛盾。

2. 营造良好的创业教育氛围

环境能改变人，榜样的力量是无穷的。在创业教育中，各级教育行政部门和学校要十分注重舆论宣传与环境布置，通过优化创业环境来感染学生，教育学生，使他们从中不断汲取创业的精神力量。

3. 开发创业教材，开设创业教育系列课程

教育行政部门和教研机构要及时调整中职教学大纲和计划，根据学生的学习进度，适时开发创业教育教材，安排《创业指导》这门课程，结合学校浓厚的创业氛围和学生的亲身经历，实施有效的创业教育。

4. 加强实践教学环节

各校每学期要举办创业创新大赛，举行创业计划书答辩大赛。学校可以通过创业一条街、创业模拟园来加强创业教育的实践环节。

5. 构建创业教育评价体系

建立并不断完善中职生创业教育研究的目标体系。(1) 理论研究目标。探索中职学校开展创业教育的实践模式，形成具有一定权威且适合中国实情的中职生创业教育的教材。(2) 师资培养目标。培养一支能开展创业教育的师资队伍，培养一批有创业意识、创业能力的学科带头人。(3) 学生培养目标。使中职毕业生集创新思维、创业能力于一身，从而实现中职毕业生就业有优势、创业有本领、升学有希望、终身发展有基础。(4) 学校发展目标。实现由“技能型”“打工者”人才培养模式向“开拓型”“创业者”人才培养模式的转变。

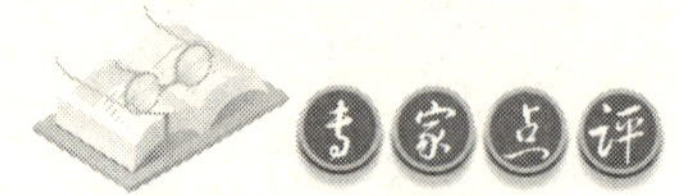

三门职业中专是一所国家级重点职业学校，有着鲜明的办学特色。其中最值得我们重视和学习的是三门职业中专教育集团关于学生创业创新教育的做法，他们构建了创业创新教育的系统工程，把“肯吃苦，敢冒险，善创业”的台州人精神引入创业教育，确定了以“教材奠基，氛围激才，大赛展才，一条街孵才”的教育机制，通过各种途径，全方位培养学生的创新思维、创业能力，让毕业生就业有优势、创业有本领、升学有希望、终身发展有基础，提升了学生培养目标，如由培养“技能型打工者”转变为培养“开拓型创业者”。

第一，“学校发展课题化”，以理论研究为先导，为创业创新教育指明航向。毕竟，创业是高层次的就业。学校开展创业教育不是盲目决策，而是通过“一份问卷”和“两个课题”，在广泛深入调查研究的基础上，有成果（出版了《创造力开发》《中职生创业指导》两本教材）、有准备地开展起来的。

第二，创业教育课程以创业发展阶段为逻辑顺序，运用教学项目为基本构架，整合语文、数学、政治、英语、职业道德和就业指导等文化基础课及有关专业课的内容，把外部环境因素纳入课程，构建“公共课程＋核心课程＋教学项目”的创业教育课程体系。

该课程的目标，注重开发潜能，培养学生具有创新性的思维方式，强调研究视角的多维度，估计创业角色的多面性，从4个维度反映主体作为社会人、职业人、专业人、发展人的培养特点。

第三，多管齐发，开辟创业创新教育新天地。除创业报告会、强化实践技能训练、举办创业设计大赛这样的传统形式外，该校有两个做法值得借鉴，一是特别善于营造创业氛围，如通过各种媒体宣传、在楼道墙壁上张贴优秀毕业生的创业典型事迹、优秀毕业生的画框、有关创业的名言警句等；二是开辟创业一条街，学校提供场地并启动资金，让学生“试水创业”，要求各创业团队严格走社会上相应的创业程序，涵盖了真实创业的各个环节。

（点评：张振笋）

培养学生就业能力，奠基学生人生之路

——天津市西青职业中等专业学校

名校／名校长简介

刘志强校长

刘志强，1958年出生，天津市西青职业中等专业学校校长，中学高级教师，多篇论文获市级以上奖励，曾获天津市优秀教师、天津市优秀教育工作者，天津市德育先进个人，西青区优秀党员等荣誉。他从教34年，以诚待人、以心融人，以情感人是其一直遵循的准则；“敬业，精业，务实，求真”是其秉承的精神和工作态度；重实效，抓实事，求实效是其一直坚持的工作原则。

天津市西青区职业中等专业学校，通过多年的探索形成了独具特色的办学理念和办学模式：以就业为导向，以服务求知识，以贡献求生存，以特色求发展，培养学生一技之长，为学生的未来发展打下基础。学校坚持以德育为先导，强化规范教育，培养学生高尚的职业道德；以教学为重心，加强对学生的技能培养，打造精干的专业师资队伍；以就业为突破口，提升学生素质，为区域经济服务。在此理念的引导下，该校实现了跨越式发展，从 2009 年至今，被评为天津市职业教育先进单位、天津市教育系统思想政治工作先进单位、天津市基础教育科研先进单位、天津市“十一五”科研课题研究先进单位、西青区德育先进单位等。该校 1 名教师在全国中职校教师说课比赛中获得一等奖，2 名教师被评为天津市基础教育科研先进个人，1 名教师被评为天津市教育技术工作先进个人，8 名教师被评为西青区教育系统学科带头人，13 名教师获得西青区中职校优秀课二等以上奖项，3 名教师被评为天津市中小学“265 工程”区级骨干教师，10 名学生在天津市技能大赛中获奖，并连续参加全国技能大赛作品展洽会，接受了包括新华网在内的多家媒体的采访和报道。

学生校内实习

教育不仅要使学生“成才”，更要使学生“成人”，这是该校秉承的办学理念。

一、加强党团建设，构建合谐校园

加强党团建设，发挥党组织的战斗堡垒作用和党员的先进模范作用，促进和谐校园建设。

和谐是学校又快又好发展的先决条件。和谐能够凝聚人心，可以形成力量，可以为学校的发展和学生的成才注入新的活力。因此，学校积极营造和谐的校园环境，发挥党团员的先锋模范作用，形成了一支团结、和谐、积极奋进的干部教师队伍。

二、积极适应经济社会发展需要，探索灵活、有特色的办学模式

职业教育只有主动适应经济和社会发展，才能有出路有生机。几年来，学校按照“以就业为导向，以能力为本位，以服务本市本区经济发展为培养目标”的办学思路，积极调整专业设置，及时变革课程体系，努力探索人才培养模式。

在专业设置上，学校通过调研论证对专业进行了整合调整，将原来的15个专业调整为10个，并加大专业的硬件投入。

无线电装接专业学生校内实习

在课程设置上，改变传统的以知识为本位的课程体系，实施以就业为导向，以提高学生职业技能和职业素质为本位的新的课程体系。学校还适当降低了文化课的教学难度、压缩了

文化课的教学内容，相应地增加了专业课、实习课的课时。同时，有重点有层次地加强对学生职业素养的培养，如重点加强对一年级职业意识、职业理想和职业道德教育；引导二年级学生重点找准差距，即所学专业知识同职业岗位要求之间的差距，明确努力方向，掌握求职就业的方法与技巧以及面试所需要准备等，对即将离校顶岗实习的学生，还要对其进行为期一周的岗前培训，使学生通过参观企业，倾听企业负责人、优秀毕业生的报告，尽快转变角色，实现上岗、就业软着陆。

按照以职业、就业为导向的原则，学校积极推行校企合作、工学结合、顶岗实习等人才培养模式，和包括摩托罗拉（天津）、三星通讯、津住线束、夏利汽车、大桥集团在内的 20 多家中外企业签订了“订单培养”协议，达成了学生实习、就业意向。学校还实行了工学交替、全日制与非全日制并存的弹性学制。总之，通过变通办学思路，尝试具有现代职教特色的办学模式，学校取得了长足的发展，赢得了良好的社会声誉。

三、打造一流的师资团队

师资是学校发展之本。建立和培养一支素质优良、业务精湛、结构合理、特色鲜明的教师队伍，是中职学校办出特色和水平的关键。近年来，学校以“师德高，业务精，有活力，勇创新”为师资队伍建设目标，加强对师资的培训与培养。

1. 加强对青年教师的培养

青年教师是学校可持续发展的源泉。学校根据青年教师的成长规律，确立了“一年掌握规范，三年基本胜任，五年能挑重担，十年力争骨干”的培养目标，把培养青年教师的工作作为一个关系到学校发展的首要任务来抓。

2. 扩大骨干教师队伍

骨干教师是学校可持续发展的保障。对重点建设专业，学校选派教师到国外或经济发达地区或高等院校参加培训，拓宽教师的知识面，强化他们的教育教学能力、专业实践能力和自我发展能力，使其成为具有现代教育理念、合理的知识结构、一定的教学科研能力的学科（专业）带头人，引领骨干教师的成长。

3. 开展学校内部培训

学校重视学校内部的学习培训。聘请校外的教育专家讲学，邀请本校领导及骨干教师讲座，组织全体教师开展做课、说课、基本功竞赛等业务练兵活动，鼓励教师辅导学生参加中职校技能大赛等竞赛活动，借此提升教师的理论水平、业务水平和实践能力。

4. **重视对教师科研能力的培养**

在抓好教师教学实践能力的同时，学校同样重视教师理论水平的提升，鼓励教师做好教学总结，积极撰写论文，参与课题研究。

5. **努力造就“双师型”教师队伍**

学校采取校内实训基地锻炼、校外实训基地顶岗实践等方式，强化教师的实践技能。

辛勤的耕耘，换得丰硕的成果，几年来学校多次被评为天津市职业教育先进单位、天津市基础教育科研先进单位、天津市“十一五”科研课题研究先进单位等。

在就业竞争日趋激烈的今天，“就业”被喻为人的第二次投胎，越来越多的国家把提高国民的就业能力放在国家政策关注点的首位。在我国，就业问题同样是全社会关注的重大问题，也必然成为每个中职生面临的重大人生课题。因此，加强对学生就业能力的培养，提升学生的就业竞争力已经成为中职学校迫切的现实需要和义不容辞的责任。

2006年，学校承担了天津市教育科学“十一五”规化课题“中职校学生就业能力培养的现状及对策研究”，旨在以就业为导向，探索培养中职生就业能力的有效途径，提升毕业生的就业质量。如今，“十一五”课题研究工作已圆满结束，但是，培养和提升学生的就业能力将成为学校教育工作的永恒主题。

一、中职生就业现状的调查与分析

近年来，学校对中职生的就业现状做了充分的市场调研，旨在为培养学生的就业能力引领方向。

（一）全国中职毕业生就业现状的调查与分析

据教育部调查统计显示：自2002年以来，中等职业学校毕业生的就业率均保持在90%以上，特别是从2005年起，就业率突破了95%。总体情况是：2005年就业率为95.35%，2006年为95.6%，2007年为96.10%，2008年为95.77%，2009年为95.99%。数据显示，中职校毕业生连续5年保持95%以上的高就业率，这是社会需求的反映，也是中等职业教育这些年来坚持改革创新、主动服务和适应社会需求的结果。但是，中职生高就业率背后隐藏的就业质量低的问题不容忽视，需要全社会共同关注。

1. 对口就业率不高

中等职业学校毕业生主要从事生产一线操作或技术工作，专业特长是中职生就业的最大优势。但从实际情况看，有调查资料显示：中职毕业生就业的专业对口比例只有20%—30%，有近60%的毕业生认为自己的工作“专业完全不对口”，认为“专业不对口，但有部分关联”的占10%—15%。

2. 劳动合同签订率低

有调查资料显示：中职毕业生劳动合同签订率不到15%，大多数中职毕业生目前均未与用人单位签订正式劳动合同，其中除了因处于试用期故未签订劳动合同的毕业生外，已是用人单位正式职工但仍未签订劳动合同的中职毕业生高达58.62%。

3. 就业稳定性差

目前的中职学生，学历层次还属于初级水平，年龄也偏小，对社会缺乏了解，就业的自我定位不够准确，往往是好高骛远，喜欢做“白领”，羡慕当“老板”，过分看重眼前利益。这种情况导致中职生就业缺乏稳定性，对首次就业单位的忠诚度较差，“跳槽”比较频繁。据资料显示，中职毕业生在刚就业的2年时间中换岗的约占40%。当中职毕业生被问到“您期望在目前工作单位的服务年限”时，有超过90%的中职毕业生回答最多一年。

（二）本校毕业生就业状况的调查与分析

2002年以来，学校每年有500多名毕业生走上就业之路，始终保持学生就业率100%。但是，有近40%的学生在就业不到半年时就脱岗或频繁换岗。2006年以来，学校对本校毕业生进行就业跟踪调研。调研结果显示，造成这种现状的原因主要有以下几点：

1. 盲目从众，缺乏正确的自我认知

在对2007级学生推荐工作时发生过这样一件事，某公司计划在学校招聘12名员工，但在招聘会现场却出现了该单位展位前报名者拥挤不堪，以致秩序混乱的场面。原来该企业地处本镇，离家较近，且在当地有一定知名度，还是外资企业，待遇较好，便格外关注。其他学生看到选择这家企业的人比较多，也跟风似地往这里挤，最后报名者竟达170多人。其实，招聘会上也不乏条件较好的企业，却少有人问津。这样的结果必然是众多的学生被淘汰，而且，在等待面试的过程中他们也失去了在其他企业

就业的好机会。

2. 缺少见识，思想保守

在2006年的推荐工作中，有一个单位是一家全国知名的大型企业在天津开设的分厂，条件、待遇都不错，发展前景也很好，但报名这家企业的学生却寥寥无几，原因只是他们对这个企业的名字比较陌生，于是就百般担心、畏首畏尾，宁可选择一些熟悉的待遇较低的当地企业。正是因为他们对市场形势缺乏了解，对新事物新观念知之甚少，不易接受，才会使自己错失了就业和发展的良好机遇。

3. 心理矛盾，这山望着那山高

部分中职毕业生在择业时，面对各种各样的选择会左右为难。例如，有的企业工作相对轻松，但收入不高；有的企业收入较高却比较辛苦。面对这些情况，很多学生总是举棋不定，形成“高不成低不就”“脚踩几只船”的恶性循环，从而造成就业受挫，难以找到自己满意的工作。这种既顾及工作性质、发展前景，又考虑地理位置、经济收入、福利条件的矛盾心理，往往导致中职生失去了太多的时间与机遇。

4. 自我否定，缺乏竞争和参与意识

不少中职生认为自己的知识、技能及综合素质不如大学生，觉得自己毫无优势、低人一等。这种普遍存在的自卑感有时会使他们对某些岗位望而却步，从而错失一些好机会，陷入不战自败的境地。中职生如果能树立自信，突出自己拥有一种或多种职业技能的优势，“先就业，再择业，再深造学习”，那么就能在人才市场上发挥作用，给自己找到一席之地。

5. 对个人定位过高

部分中职生在进行职业选择时，往往不能准确分析自己所具备的能力水平，不能正确了解目前的社会现状，这就导致他们过高地给自己作出定位。不少中职生一毕业就想找份待遇优厚的工作，存在眼高手低现象，这种心理成为制约中职生就业的瓶颈。

对学生薪金期望值的调查

工资水平	被问人数	认可人数	所占比例
800—1000元	60人	0人	0%
1000—1200元	60人	14人	23.3%
1200—1500元	60人	15人	25%
1500元以上	60人	31人	51.6%

以上数字表明，期望高薪的现象在目前中职生群体中，表现相当突出。但实际情况告诉我们，这种高薪待遇相对于作为普通操作工人的中职毕业生来讲，却不太切合实际。下面，是学校对部分企业用工薪资水平的调查。

用工单位薪资情况调查

用人单位	基本工资	工作时间	补充说明
天津日拓有限公司	600 元	每天 8 小时单休	超出时间按加班计算
天津一汽夏利有限公司	670 元	每天 8 小时单休	超出时间按加班计算
天津津住线束有限公司	690 元	每天 8 小时单休	超出时间按加班计算
天津津河电工有限公司	780 元	每天 8 小时单休	超出时间按加班计算
天津高丘六和有限公司	900 元	每天 8 小时单休	超出时间按加班计算

通过以上数字，我们可以看出用人单位的基本工资水平，多数维持在1000 元以下，与学生的期望值相差甚远，这也造成了学生的心理不平衡，造成了企业中学生的流失。学生有高薪待遇的愿望是正常的，但须知，高薪是与业绩挂钩的，而对于刚出校门没有社会经验的中职毕业生来说，又必须从最基层做起。所以，与其不切实际的设想，不如脚踏实地地在平凡的岗位上干出一番成绩来。

6. **个人综合素质偏低，欠缺良好修养**

现在的企业招聘员工时已不再把工作经验作为主要考虑因素，而更多地偏向于考虑学生的综合素质。但随着普通高中的扩招，中职生的生源素质逐年下降，相应的毕业生的综合素质普遍偏低，难以满足用人单位的需求。

7. **独立性、适应性差**

中职校一般学制为 3 年，第 3 年进入顶岗实习阶段。这些学生年龄偏小，缺乏独立生活的经历，适应能力差，心理素质还达不到其职业所要求的程度，一旦离开学校、老师和家庭，就不能面对企业的工作及生活，容易出现脱岗现象。

8. **缺乏职业意识**

不理解企业与员工之间的雇佣关系，不能明确自己的身份，对市场竞争的残酷性、激烈性缺乏心理上的准备，始终把自己界定在学生这个层面上。当自己的理想与就业现实出现差距时，就很难稳定自己的情绪，要么见异思迁，要么丧失信心。

9. **学校教育管理体制滞后**

只注重学生的文化知识学习和专业技能训练，忽视了对学生职业意识、吃苦耐劳精神等非技术性就业能力的培养。加之部分教师是从初中普高调入，其教育方法、内容还停留在普通教育的模式上，只注重对学生科学知识的讲授而没有针对中职生的毕业去向进行相关的就业能力培养，使学生在心理上、精神上缺乏就业所必须的能力和素质。

此外，有的学生还有一些如盲目攀比、惰性依赖、好高骛远等不良心态，这些问题的存在已经严重影响了中职毕业生的择业观，在某种程度上成为他们在就业道路上的“绊脚石”。因此，中职学生只有自身努力调整，并加以正确的引导，才能在就业的重要关头，始终保持积极向上的精神状态和健康的心理，为将来的发展及寻求更理想的职业奠定良好的基础。

（三）在校生就业心理与需求的调查与分析

2008 年 4 月，学校教科室针对在校学生的就业心理与需求进行了问卷调查。调查结果显示：

1. 对于“对自己的未来有何期望与打算”，选择“很茫然，也不抱任何希望，听从命运安排”的学生占 20.4%，选择“信心不强，自卑自怜，认为自己无希望”的学生占 53.1%，选择“无明确目的，混日子”的占 26.5%。

2. 对于“学校的专业人才培养目标是否明确，培养规格定位是否满意”的调查，满意的学生占 12.8%，较满意的占 10.7%，基本满意的占 53.7%，不满意的占 16.5%。

3. 对于“学校的专业课程设置是否能达到培养目标，是否联系实际，学时安排、开设时间是否合理”的调查，认为合理的学生占 15%，认为较合理的占 13.4%，认为基本合理的占 49%，认为不合理的占 22.6%。

4. 对于“学校的专业师资水平是否满足学生所需”的调查，7.4%的学生认为师资水平高，9.9%的学生认为师资水平较高，62.5%的学生认为师资水平一般，17.5%认为师资水平较差。

5. 对于“学校的专业实践（实验）设施和教师指导水平能否满足教学需要”的调查，认为学校专业实践教学水平高的学生占 5.1%，认为较高的占 8.2%，认为一般的占 70.4%。

6. 对于“学校的专业实验室基本条件如何”的调查，认为学校条件好的学生占 4.9%，认为条件较好的占 11.3%，认为条件一般的占 58%，认为条件较差的占 25.8%。

7. 对于加强校内外实训基地建设的问题，29.8%的学生认为符合自己的学习需要，13.6%的学生认为比较符合，35%的学生持一般态度，有 21.6%的学生对此持否定态度。

8. 对于“专业实施方案的调整、课程的改革和实习模块、实习时间的设置是否符合学习规律，是否适应社会、企业和个人的需求”的调查，认为符合的学生占17.3%，认为较符合的占19.3%，认为一般的占45.7%，认为不符合的占17.7%。

9. 对于就业定位问题，55.6%的学生希望到工作轻松、工资高、离家近的单位就业，不愿到生产第一线工作；33.8%的学生抱着一旦单位不合自己的胃口就“溜之大吉”的心态；11.6%的学生抱着一步到位的就业心态。

(四) 本地区企业人才需求的调查

要提高就业率及就业质量，必须掌握本地区人才市场的需求状况，为此，学校做了全方位的市场调研，并从中了解到：

1. 近几年，西青区突出发展电子信息、汽车零部件、生物医药、新能源新材料等四大主导产业，规划建设了汽车零部件、轻工产品、金属制品、精密机械制造、蓝星石化循环经济5个产业密集区。产业的发展，关键在人才。企业需要中高级管理人才和专业技术人才，也需要大批一线岗位人员——技能型人才，它的主要来源就是中职校毕业生。因此，密切关注地区主导产业这一风向标，是中职校自身发展和学生就业能力提高的重要工作环节。

2. 目前，企业迫切需要有道德、有知识、有技能、有正确的工作态度、有团队合作精神的员工。综合起来，企业对于员工的要求大致可分为以下8个方面。

(1) 要敬业爱岗，持之以恒。

(2) 要互相协作，团结友爱。

(3) 要遵守纪律，执行规范。

(4) 要吃苦耐劳，艰苦创业。

(5) 要坚守诚信，踏实肯干。

(6) 要谦虚好学，积极进取。

(7) 要保证质量，实现产量。

(8) 要积累经验，勇于创新。

通过对中职生就业现状、就业心理、就业形势和市场需求的调查，学校掌握了充分的第一手材料，这就使他们对学生就业能力培养的研究与实践工作做到了有的放矢。

二、中职生就业能力培养的思路

打铁还需自身硬。要培养和提升学生的就业能力，首先要树立为学生发展服务的宗旨，创设帮助学生成长的最优化环境。

（一）优化课程体系

以就业为导向的课程体系，就是把一个或几个相关职业群对从业者的素质要求，从众多知识、能力要求中筛选出来并按把它们教学规律组织起来作为教学内容加以实施的过程。课程是对育人目标、教学内容、教学活动方式的规划和设计，是教学计划、教学大纲和教材及其实施过程的落脚点。课程是专业培养目标的具体化，是对从事某一职业的从业者所必备的职业能力的层层分解、层层落实，是为学生构建的通向就业的桥梁。职教课程设置应强调以职业分析为依据来筛选、组织教学内容。课程体系的建立是中职校教学管理中最具基础性和先导性的工作。要满足学生的就业需求，就必须构建与市场经济相适应的办学模式。多年来，学校按照“以就业市场为导向，以提高学生就业能力为目标”的办学思路，不断优化课程体系。

1. 优化课程体系的原则

进行课程体系的优化整合，要充分考虑市场对人才培养提出的职业品质、专业技能等多元需求。对此，学校主要遵循了“三结合”的原则。

（1）超前性和基础性相结合的原则

课程设置既要高瞻远瞩，又要脚踏实地；既要把特色专业、特色课程，主干专业、主干课程建设成精品，又要加强对学生基础能力的训练，激发学生的潜在能力。

（2）实用性与人文性相结合的原则

课程体系的优化必须贯彻实用性原则，只有把课程设置与社会生产实践相结合，才能培养出适应社会需要的实用型的初、中级技术人才。学校还注意把人文性学科纳入课程体系，通过培养学生的人文精神，让学生的职业品质、职业能力有进一步的提高。

（3）针对性与通用性相结合的原则

针对性是指课程要紧扣专业培养目标，突出岗位特点；通用性指的是一些交叉学科、综合学科及其包含的通用技能技术。具备这两个特点的课程基本能够满足多种岗位或岗位转换所需的知识和能力。现代职业教育必须重视培养学生跨职位、跨岗位的通用职业技能、就业技能。

2. **优化课程体系的方法**

(1) 建立信息渠道

①收集国内外中职学校课程设置的新经验。

②通过学生在企业实习的信息反馈，了解学校现开课程的适用程度。

③通过地方行政部门和劳动部门提供的信息，掌握专业和课程设置的发展方向。

(2) 开展市场调查

①地方经济、科技、社会发展情况调查。

②劳动力市场发展与需求情况调查。

③学习者择业兴趣与意愿情况调查。

④社会经济发展政策、就业政策、职教发展规划等综合因素的制约和影响情况调查。

⑤在校学生文化基础课和专业基础课学习情况调查。

(3) 改革课程设置结构

学校对与已开设专业相关的职业进行分析，并以职业分析为依据对教学内容进行筛选、组织，以“必须”和“够用”为原则，确立以专业课、技能课为主的课程设置目标，合理调整文化课和专业课、理论课和实践课的课时比例，充分挖掘课程资源，建立课程资源共享机制。对每一专业的课程设置、教学内容，特别是对学生从事该职业的职业能力予以特别的强化，如在设置汽车运用与修理专业时，通过分析将本专业的课程进行重新整合，按照汽车修理各工种的工作过程对学生进行针对性地训练，有效地提高了学生的综合能力。

(4) 构建以能力培养为中心的课程模式

学校把各专业的理论基础和基本技能进行分解、整合，设立文化基础课、专业基础课、专业主干课、公共选修课等，从布局上彻底改变了以往以学科为中心的课程模式。同时，把各专业的校内基础实训和校外带薪实习、阶段性实习和中长期实习纳入课程计划。

(5) 改变考核方式，构建能力评价体系

改变用纸笔测验检验学生学业成绩的单一方式，把学生的德育实训情况和技能测试纳入学生的评价体系。

(6) 加大校企联系，拓宽技能训练场所

中职生走出校门的主要工作一般是企业一线的技术性劳动。因此，学校应该努力加强和企业的联系，在专业实习中尽量依托对口企业作为学生技能训练的基地，进一步发挥实训基地的优势。学校让学生走进相关的企业参观、实习，及早了解这个职业，了解将来可能从事的工作，为他们毕业后求职从业进行热身训练和能力强化。

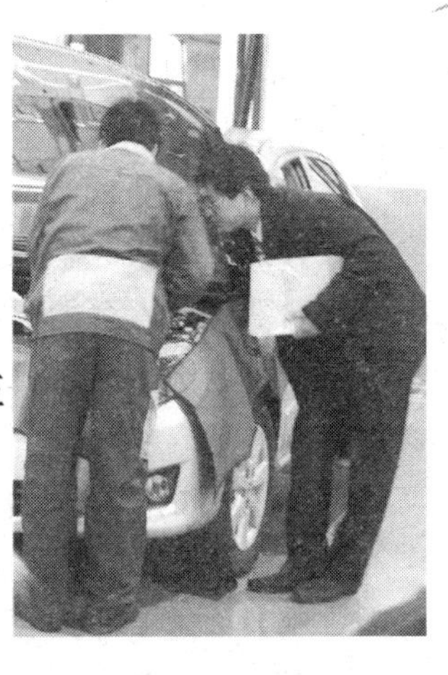

汽车专业学生
参加天津市技能大赛

（二）树立质量意识

1. 要有好的服务质量，必须要有好的师资队伍

温家宝总理在全国职教会上指出："提高职业教育质量的关键在教师。"教师是教学和培训工作成败的关键。因此，学校需要建设一支高素质的师资队伍。

多年来，该校一直要求教师增长学识、提高学历，目前学校老师具备本科学历的已达100%。根据国家有关职业教育必须加强"双师型"教师队伍建设的要求，该校拟定有针对性和个性化的"双师型"教师培训方案，鼓励教师进修第二学历，考取技能证书，向"双师型"教师转化；支持教师"走出去"，积极参加各级各类培训、到企业参加社会实践、到兄弟校学习取经，从而不断更新教育教学理念、优化知识结构、掌握市场脉搏，与时俱进，更好地为学生服务。同时，广泛开展师德师风教育，提高教师综合素质。

（1）学校要全面推行聘任制，建立健全管理制度和约束机制，认真制订师资队伍建设方案。

（2）积极开展教师培训，用多种方式提高教师教学水平和学历层次，培养一批高水平的学科带头人。对重点建设专业，要选派教师到国外或经济发达地区或高等院校接受培训，从而拓宽教师的知识面，强化他们的教育教学能力以及专业实践能力、自我发展能力。

（3）面向社会招聘骨干教师，吸引企事业单位工程技术人员和有特殊技能的技术人员到学校担任专、兼职教师，加强对教师工程技术和专业实践能力的培养，注重对"双师型"教师队伍的建设。鼓励教师结合专业建设，积极与企事业单位合作，开展产学研结合的实践活动；有计划地安排专业教师和实习指导教师到企业进行专业实习，以掌握最新的科学技术和工艺，并参加相关专业的技术职务资格的社会化考试或职业技能鉴定，获得相应的资格。2010年，学校教师先后两次参加了教育部职成司举办的专业教师技能水平展示活动，接受了多家媒体的采访，他们的参展照片被刊登在新华网上，并被30多家网站转载，收到了良好的社会效果，增强了学校的社会知名度和品牌效应。

（4）改革人事管理制度，激活教师管理机制，增强教师的事业心和责任感。虽然学校在社区成员技术培训方面还处于探索阶段，但只要本着服务社会、服务社区、服务学生的目的，定位正确、建设得力、机制灵活、特色鲜明，用全新理念、全新视野、全新思维方式来打造培训，他们就有可能找到新思路、新办法、新模式、新对策，他们的培训目标、服务目标和发展目标必将得到实现。

2. 要有好的服务质量，必须要有好的服务设施

以职业能力训练为重点的实验实训基地建设，是职业学校落实以就业为导向理念的物质基础。实验实训设施有两类：一类是验证性实验设施，以“必须”和“够用”为原则；另一类是训练性实训设施。职业学校的实验实训设施是针对职业教育的培养目标，根据以就业为导向的课程体系和内容，加强符合学生实际需要的训练性实训的设施建设，以解决“怎样干”的训练性实训设施为主。

学校在教学设备上舍得投资，建成了有 120 个工位的标准钳工房、车工实训车间，并配置刨床、铣床、普通车床、数控车床；为适应电动工具行业的需要，又建成了电工电子综合实验室、电工操作室；添置多媒体教学设备，实现培训手段现代化，从而确保培训的有效性。

2010 年，在区委区政府和教育局领导的大力关怀和支持下，学校领导通过不懈的努力，中央财政支持建设的实训基地项目建设终于得以启动。学校委托西青采购中心，以公开招标的形式，投入 200 万元添置了数控车床、数控铣床、品牌电脑、汽车发动机实验台等实验实训设备，建成数控车间、汽修车间、电工车间以及一个计算机网络实训和专业教学专用计算机房等实验实训场所。

就业能力，又称为可就业能力。国外学者海勒治和波拉德将其界定为一个人获得首次就业机会的能力、维持就业的能力、必要时获取新的就业机会的能力。这个概念强调就业能力有三个层级：第一，获得最初就业的能力；第二，维持就业的能力；第三，必要时获取新的就业机会的能力。在他们二人看来，社会个体能否获得或者提高就业能力取决于以下 4 种因素：拥有的知识、技能和人生态度；使用和开发以上素质的方式；向雇主展示这些素质

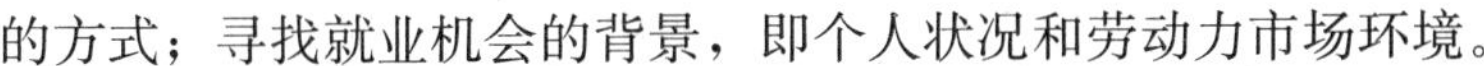

的方式；寻找就业机会的背景，即个人状况和劳动力市场环境。

综上所述，“就业能力”不是一种结果，而是一种终身学习和持续发展的过程。获得职业仅仅是第一步，保持工作并在工作中持续发展尤为重要。因此，学生就业能力的培养由始至终都是学校工作的根本。

一、加强对学生的思想教育

（一）培养学生的职业道德

1. 利用职业道德和职业生涯课程，加强职业道德教育

在市场竞争日趋严峻的形势下，职业学校如何不断提高中职生的就业竞争能力呢？学校负责人认为应当从以下三点上下工夫。

（1）把握“立足点”。《中华人民共和国职业教育法》第一条规定：“为了实施科教兴国战略，发展职业教育，提高劳动者素质，促进社会主义现代化建设，根据《教育法》和《劳动法》，制定本法。”从该法的立法精神可以看出，职业教育作为教育的重要组成部分，培养目标是为提高劳动者素质，为社会主义现代化建设培养合格的建设者和接班人。因此，在职业指导课中，学校要紧紧围绕不断提高中职生的综合职业素质这个中心，来增强中职生就业的竞争能力。

（2）找准“切入点”。自信是成功的关键，正如爱默生所言“自信是成功的第一秘诀”。因此，对中职生开展就业教育，首先要帮助中职生树立自信心。学校教师应当引导、鼓励学生积极面对用人单位的招聘，并通过社会实践活动组织学生到劳务市场竞争应聘，使学生在实践中感受竞争的压力，从而增强竞争意识，提高竞争实力。这是其中一个方面，从另一方面而言，要树立起中职生对自己的信心，就是让每个学生都找到适合自己发展的独特领域。因此，学校就必须正视学生中存在的智力差异、心理差异、人格差异等客观事实，真正贯彻实施因材施教的原则，使每一个学生都得到充分的发展。教师也要针对不同的对象，本着严格要求的原则，注意表扬和批评的有机结合，指导学生不断挖掘内在潜力，扬长避短，改变不良习惯，改进学习方法，不断提高学习兴趣，激发学习动机，鼓励学生发挥个人特长，拥有“自尊、自信、自强”的精神，帮助他们认清形势，增强竞争就业意识，不断提高竞争能力，以积极的心态迎接挑战。

（3）抓住“关键点”。学校要在职业指导课的教学中，加强对中职生的职业素质教育，即提高学生的思想政治素质、科学文化素质、职业道德素质、专业技能素质、身体素质、心理素质；培养他们在激烈的市场竞争中的积极的人生态度，不断进取的奋斗精神，正视挑战、永不言弃、勇于创新的求知精神，踏踏实实的工作作风、言行一致的行为习惯，敢于抗挫、善于自我调控的意志品格和善于协作的团队精神。教师要充分利用《职业道德与职业指导》教材中优秀人物的案例，不断对学生进行熏陶和激励，对他们潜移默化地施加影响，达到“润物细无声”的教育目的。学校通过教学活动，培养学生积极的人生观、世界观和价值观，引导学生阅读教材，培养他们独立捕捉观点和信息、提出问题、思考问题并解决问题的能力。

总之，职业指导课应以学生就业为中心，针对学生的就业实际，对学生的职业道德、就业能力、择业态度等进行就业前的准备。学校为适应市场经济条件下人才竞争的需要，通过职业指导课的教学活动把学生培养成具有视野开阔、学习主动、勇于实践、敢于挑战的“高素质、强技能、宽适应、复合型”的生产第一线的技术人才。只有这样，中职生才能在人才市场的竞争中立于不败之地。

2. **强化学生对职业规范的认知与体验**

利用各类就业教育讲座和主题班会课，强化学生对职业规范的认知与体验。

中职生虽然学习了一些专业理论知识，并接受了一定的专业技能训练，但面对就业压力，仍需要学校在角色转换、社会适应性等方面给予他们具体的指导。为此，学校积极实施“请进来”战略。

为了让学生了解社会及企业需求，学校请社区企业、用人单位的主管领导来学校，宣讲“社区和企业的规章制度”“社区和企业欢迎什么样的中职生”“中职生应该在哪些方面加强训练、提升自己”“中职生应具备怎样的职业能力”等内容，为学生将来走向工作岗位指明了方向。

为了提高学生的道德与法制意识，学校与区检察院、区分局结成法制共建单位，与武警702团、武警一支队结成警民共建单位，共同分析探讨当前青少年的教育问题。在统一认识的基础上，学校设计了以“加强法制教育，争做守法公民”为共建任务的“警民共建活动”，制订了“共建计划”，并聘请西青检察院的检察官任法制顾问，定期对学生进行法制教育，让学生通过学习认识到严格遵守道德规范及各项规章制度的重要性，并懂得运用法律手段维护自己的合法权益。

3. **让学生走向社区、企业，进行职业角色体验**

学生的生活离不开社区。因此，学校必须让学生走进社区，让他们用自己的眼睛、耳朵和双手去看、去听、去干，进而在社区实践活动中汲取知识，接受教育。为此，学校积极实施“走出去“战略。

学校教务处、招生办组织学生到津驻线束公司、双协公司等大型企业参观学习，以让学生通过实地考察，感受企业氛围，了解用人单位的各项管理制度，熟悉员工的角色规范。

学生进入企业

学校德育处以“如何应对就业面试”为主题，组织学生开展就业招聘模拟竞赛；组织部分贫困生到社区、企业、饭店等参加勤工俭学活动，让他们感受就业氛围，加深对用人单位的了解，为就业奠定基础。学校开创“青春辉映夕阳红”实践基地，定期组织学生到辛口镇敬老院和张家窝敬老院进行慰问服务，以此加强对学生服务意识的引导，使他们在服务他人和社会的过程中进一步体验自己的生命价值，在被需要和被肯定中坚定自己的道德信念，提高他们的社会责任感。检察院批捕科与学校 2006 级（11）班结对子，组织学生参观天津监狱，学生们通过参观监狱、观看记录片、与犯人交流，从而认识到当今社会纷繁复杂，存在各种各样的诱惑，而自己的人生观、价值观还没有确立，容易受引诱而误入歧途。因此，学生必须加强自我保持意识，做事要三思而后行，抵制各种不良诱惑，并影响身边的同学、朋友。

这种“请进来”“走出去”的战略，践行了“德业双修，学行并重”的宗旨，全面提升了学生的综合素质，受到了家长和学生的欢迎，取得了良好的社会效应。

（二）健全学生的就业心理

学生在择业过程中常会出现一些心理障碍，诸如焦虑、急躁、自卑、嫉妒、怯懦、恐惧等。因此，学校加强了对学生的就业心理辅导。

1. 将每年的 11 月份定为“心理健康教育月”，定期以讲座、板报、心理活动课、校园网等形式向学生传授心理健康知识。

2. 成立“心语屋”，开设“心语屋信箱”，由经过专门心理培训的教师以多种方式对学生进行心理咨询，特别是针对即将就业时心理准备不足或存在心理偏差的学生进行辅导，使他们能以健康和积极的心态面对就业。

3. 邀请驻区企业、用人单位的主管领导来校开办讲座，让学生了解企业需求，为自己将来就业正确定位。让学生从就业的竞争中懂得既要树立自信，又要踏实务实，要认清机会是给予有准备的人。竞争的法则是优胜劣汰，就业竞争的成功者不仅是具有较高的专业理论知识水平和较强的职业技能的人，而且是刻苦努力、勤奋学习、积极进取的人。因此，中职生不仅要不断提高自己的竞争能力，还要不断健全自己的就业心理。同时要正确认识社会和自己，先就业后择业，从低层做起，把握机会充分发挥自己既有专业知识，又有实用技术的特点。

二、提升学生的就业能力

1. 接轨社区和企业，适应市场人才需求

中职校的办学目标是为当地经济建设培养合格的初级和中级技术人才，当地社会经济的发展需要、社区和企业的用人需求是中职校办学的出发点、生长点与归宿。因此，学校必须更新思想观念，主动适应市场经济发展的客观要求，进行教育教学改革，使学校的一切办学行为与社区和企业接轨。唯有如此，才能充分发挥职业教育为当地经济发展服务的功能，体现职业教育的市场价值，才能使中职校获得生存与发展的强大的生命力，并在激烈的竞争中立于不败之地。

在实践中，学校积极组织人员对社区各行业的人力资源需求进行调研，组织专业教师加强对新技术、新工艺、新设备、新材料的学习，不断提高应对市场的教学能力；注重学生实际技能和动手操作能力的提高，要求学生在校期间通过计算机国家级等级考试和专业技能等级工考核；强化了初级、中级和复合型技术人才的培养工作，确保中职学生毕业时持学历文凭、技能等级双证（或三证——技术职务资格证）上岗，提高学生就业的综合能力，适应市场需要。

2. 增大专业课比例

中职校的课程设置要符合两个实际，即社会需求的实际和学生接受的实际。在新课改的大潮中，学校坚持“自力更生，整体规划，分步实施，重在实用”的原则，把握好学生的“最近发展区”，积极创造条件，开发和增设新专业，拓宽和改造老专业，使其形成各自的专业特色和优势。适度调整文化课、专业课和技能课、实训课的比例，在确保文化课的基础地位的同时，加强专业技能训练，满足学生的发展需求。

（1）强调能力本位

为了促进课程改革，体现“以全面实施素质教育为基础，以综合能力为本位”的教学指导思想，构建以“经济建设，科技进步，个性发展，服务社区”为目标的的课程体系，学校认真学习了国内外中职学校课程设置改革经验，分析了学校的办学实际和课程设置现状，依据教育部《关于制订中等职业学校教学计划的原则意见》等文件要求，修订了主干专业实施性教学计划，打破了“以学科为中心”的课程模式，设置了“以就业市场和社区需求为导向，以提升学生职业能力和可持续发展能力为目标，以技能训练为轴心”的课程结构，加快形成适应经济建设、社会进步和个人发展需要的课程体系，让教育“活”起来，让学生“动”起来。

①增强技能训练

第一学年，开展4项基本技能训练，包括钳工、无线电装接、汉字录入和网页制作，每学期每班实习4周（120学时）。每项技能训练结束后，实习指导教师根据每个学生训练的实际情况予以评价、打分。不合格者要择时补训，直到合格为止。4项基本技能的训练，可以让学生在学习文化知识、专业知识的同时，交叉学习基本的技能，了解初级技术工作的特点，为二年级时参加专业技能训练和校外带薪实习奠定基础。

第二学年，进行专业技能训练，包括电子商务、物流管理、汽车维修、计算机网络、普通车工、数控车工、维修电工、数控铣床、电焊等专业的实习培训（这些专业技能培训的师资与设备资源同样在对社区成员的技能培训中发挥着重要作用）。专业技能训练让各专业学生在完成本专业理论知识学习的同时，进行实际操作，以让他们充分了解本专业实践工作的基本特点，初步掌握专业技能，提高动手能力。同时，积极安排学生到企业带薪实习，感受工作氛围，了解职业要求，为学生毕业后求职就业进行热身训练和能力强化。在完成规定的实习实训后，学校会组织学生参加劳动局组织的技能鉴定，从而获得相应的技能等级证书。这样，学生毕业后就多了一个就业的机会。

第三学年，学生走出校门，走进企业，独立顶岗实习，以此检验前两年的学习培训成果，迈出职业生涯的第一步，也为今后的职业发展积累经验。对于初次就业失利的学生，学校集中组织学生再培训，保证学生成功再就业。

②参加技能大赛

在对学生进行专业化技能培训的同时，学校有计划、有步骤地组织各专业学生参加各级各类技能大赛，让优秀的学生找到展示和锻炼自己的舞台。多年来，学校汽车维修专业、财会专业、电工电子专业、计算机专业的学生，均在天津市中职校技能大赛中获得优良成绩。2007年，袁小华等4名同学分获汽车维修与电工电子技术专业技能大赛二、三等奖；2008年，王翱等3名同学获汽车维修技能大赛三等奖，张赛非同学获电工电子技术专业技能大赛二等奖，李建平老师荣获优秀辅导教师二等奖；2010年，王伏涛等同学获汽车维修技能大赛一、二等奖，马道贺同学获电子技术专业大赛三等奖。

实训教学、技能大赛与职业技能鉴定等，大大提高了学生的实际操作能力。此外，学校有计划地安排各班学生到校外进行为期4周的带薪实习，这种形式增强了实习的效果，更有利于学生毕业上岗时较快快地转换角色。有的学生还没出校门便成为了企业争抢的“红人”。

(2) 实行弹性学制

《中华人民共和国职业教育法》第二十三条规定：“职业学校、职业培训机构实施职业教育应当实行产教结合，为本地区经济建设服务，与企业密切联系，培养实用人才和熟练劳动者。”教育部制定的《面向21世纪教育振兴行动计划》，强调“职业教育和成人教育要走产教结合的道路，实行更加灵活的教学模式，努力办出特色，更好地为地区经济和社会发展服务”。

随着职业教育改革的深入发展，实行弹性学习制度，形成多样化的办学体制和多元化的格局，推动职业教育地快速发展，使之符合社会主义市场经济发展的要求，已显得非常必要。它可以增强学校的办学主动性，有利于办学的社会化与市场化，有利于建立学校与社区、企业相互联系的纽带。

①先进经验为“导师”

先进国家已有实行弹性学制的成功经验。例如，职业教育开展较成功的德国，每一类职业学校都不是一种学制，同一专业甚至有2年、3年、3年半等多种学制；新西兰的职业学校学制也是长短不一的，1年、2年、3年不等，教学安排有全日制、半日制；美、英、澳大利亚等国也是一样，职业学校学生学习时间的长短按实际情况和需要而定，一般没有年龄和时间的限制。灵活的学制为职业技术教育带来了很大活力，适应了社会发展的需要。上述国家实行弹性学制的成功经验为职校实行弹性学制提供了成功的范例。

②思想革新为“先行”

实行弹性学制，需要学校领导和教师切实转变教育思想，改变传统的人才培养观念，把职业教育的培养目标由“技艺型劳动者”变为“素质型劳动者”，着眼于受教育者在综合素质方面的和谐、可持续性发展。学校领导和教师要全面树立以学生为主体的观念，尊重学生的主体地位，坚持“以人为本”，改革学校的管理机制和教育模式。

③实际操作为“统帅”

弹性学制的特点顺应了社会发展潮流，解决了传统学制下校企互相封闭的问题，学校可根据企业要求培养层次不同的“订单式”人才，企业也可根据不同专业的要求，为学生提供上岗实习的机会。这样既可满足学校、企业、学生的需要，又可建立起校企合作“双赢”的格局，共同推进职业教育事业的发展。

学校根据社会需要开设数控、汽车运用与维修、电子商务、计算机、电工电子等专业。每个专业既可以办成全日制，也可以办成业余制；既可以办成3年制的，也可以办成2年制的（其中一年社会实践），还可以是1年半制的（其中一年社会实践）。学习优秀者可提前毕业（积够学分），也可进入高职补习班，参加春季高考。多年来，该校有数百名学生升入高职，满足了升学深造的要求。后进生可以推迟半年或1年毕业；经济困难者可以学习、打工分阶段进行，或提前就业或边工作边学习，期末回校参加考试，直至积够学分毕业为止。这样的灵活学制符合学生的发展需求，符合社区与企业的用人需求，也符合学校自身发展的需要。

建立校企双赢机制，实行校企联合办学，是中职校教育改革发展的必由之路。职业教育的主要特点在于它所培养的人才具有较强的技术应用能力和相应的职业素质。而技术应用能力和相应的职业素质的获得，取决于理论和实践的高度结合，这需要教学过程各环节的整体优化，其中实践性教学环节是最重要的。职业中学要完成实践性教学任务，使职业教育的质量特色真正实现，除了要有良好的校内基地外，还必须有数量足够、水平较高的校外实习基地，使学生有一定的时间在生产和服务的真实现场经受真刀真枪的磨练。显然，没有企业参与的办学，要达到这个目的是不可能的。

多年来，学校分别与天津电子信息职业技术学院、西青文化（旅游）局联手开办特色专业，广开学生就业、升学大门。各类专业的毕业生分别被津驻线束有限公司、津京玻壳股份有限公司、天津双协机械有限公司、西青宾馆、文化旅游局、中北镇工业园、三星高新、大寺开发区、塘沽开发区等大型企业及多家合资企业录用，录用率达100%。反馈信息表明，该校培养的毕业生具有较高的思想素质和业务能力，许多学生毕业后很快成为用人单位的技术和管理工作骨干，得到社会的广泛赞誉。

总之，培养中职生的就业能力，使他们在校时能学有所得，离校后能顺利就业，就业后能持续发展，是中职学校的责任，更是中职学校不懈追求的目标。衷心希望通过中职校的教育教学实践，发掘学生的个性潜能优势，促进学生良好职业素质的养成，帮助他们形成具有适应劳动力市场变化和需求的就业能力，从而为他们的就业打下坚实的基础。

学校作为天津市职业教育先进单位，其办学理念及办学模式明确并有自己的特色。学校秉承“以就业为导向，以服务求知识，以贡献求生存，以特色求发展，培养学生一技之长，为学生未来自主发展打下基础”的办学理念，坚持“德业双修，学行并重”的宗旨，“以德育为先导，以技能培养为重心，以就业为突破口”，全面提高学生培养质量，保证了学生较高的就业率，为区域经济发展做出了贡献。

学校较有特色的作法，一是突出党组织战斗堡垒的作用和党员的先进模范作用，建设和谐校园；二是适应经济社会发展需要，实施灵活、有特色的办学模式，如双赢的校企联合办学机制，确保学生、企业和学校三赢的工学交替，全日制与非全日制并存的弹性学制等；三是结构优、素质高、教学水平一流，实践能力过硬、研究能力极强的教师团队建设。如学校对学生就业能力培养的全部活动都建立在广泛深入的调研基础上（天津市教育科学“十一五”规化课题——《中职校学生就业能力培养的现状及对策研究》），问题与对策明确细致，改进措施有针对性，因而实效显著。这一点是很与众不同的。

从案例描述中可以看到，学校的就业指导工作虽然起步较晚，但很好地把握了“立足点”（培养目标是为提高劳动者素质，变职业教育“技艺型劳动者”的培养目标为“素质型劳动者”），找准了“切入点”（首先帮助中职生树立自信心），抓住了“关键点”（在职业指导课的教学中，加强对中职生的职业素质教育），有全面、系统的设计，能够做到按年级分层次有重点地实施。

（点评：张振笋）

创新就业模式，提高学生就业质量

——福建建材工业学校

名校／名校长简介

钱可铭校长

钱可铭，1954年出生，福州市人，高级讲师，1982年1月毕业于福建师范大学政治教育专业，现为福建建材工业学校书记兼校长。

钱可铭校长长期从事教育教学工作，先后发表了几十篇教育教学论文，主编或参编出版物二十几本，在业界推广、应用，深受好评。自担任福建建材工业学校校长以来，钱校长不断探索职业教育改革的理论与方法。他始终坚持“以服务为宗旨，以就业为导向，以技能为本位”的办学理念，着力提高学生的职业技能和综合素质，坚持不懈地把学校办成优势突出、特色鲜明并能起示范作用的中等职业学校，促进职业教育又好又快地发展，被福建省人民政府授予“特级教师”的荣誉称号。在他领导下，学校荣获第十届省级文明学校、福建省教育系统先进集体、省模范职工之家、全国中职学校德育工作先进单位、全国学校艺术教育工作先进单位等十多项荣誉称号，并入围首批“国家中等职业教育改革发展示范学校”。学校的办学成就得到了社会的认可，《人民日报》《中国教育报》《福建日报》《海峡教育报》、福建电视台、福建教育电视台、福州电视台等媒体单位多次对学校的办学理念、办学特色、办学成果、办学经验给予肯定和报道。

核心管理思想

钱可铭校长到福建建材工业学校任职之前，主要从事普教工作，中职教育对他来说是新的课题也是新的挑战。到中职学校任职后，他坚持上课，积极了解教学情况，重视学习兄弟学校的经验，不断进行调查研究，抽出时间学习职业教育理论，撰写了《关于中等职业学校实行学分制的思考》《校园文化和企业文化的融合》《办有特色的中职学校探讨》《论中职德育课教学方法的优化》《刍议中职学校课程改革与教师素质的提高》《普职招生规模大体相当的依据与实现途径》《把握三个关键点，提高职业教育办学能力》等多篇论文，发表在《职教经纬》《职业与成人教育》《教育学术月刊》《福建教育学院学报》《中国轻工教育》和《中国职业技术教育》等刊物上。通过学习，他深刻地体会到，中职教育与普通教育的根本区别在于，中职教育不是以升学为主目的，而是以市场和就业的需求为导向。因此，他摆脱原有普中办学思想的桎梏，而把注意力放在就业指导和推荐工作上，提出“以服务为宗旨，以就业为导向，以技能为本位”的办学理念，探索与行业企业合作办学模式，着力提高学生的职业技能和综合素质，积极为毕业生就业提供优质服务。

一是优化就业指导，帮助学生树立正确的就业观。钱可铭校长将就业指导课作为学生职业教育的重要组成部分，并纳入日常教学。因此，学校在新生刚入学时就与其签订“推荐就业协议”，并在新生入学素质教育结束后，给予学生在教师指导下进行二次选择专业的机会。在新生入学的素质教育阶段，学校开设职业生涯规划讲

顶岗实习安全教育大会

座、中职生就业观讲座，聘请用人单位、企业专家到校做专题讲座，并每年特邀2至3名创业型毕业生回校传授经验。同时，就业指导教育做到“三进”“三有”，即进教材、进课程、进课堂，有就业指导教师、有教学计划、有教案。

二是提高学生综合素质，增加就业筹码。学校对学生实行多种技能证制度，树立“以竞赛促学习，以考证促就业”的理念。学校每年都举办职业技能竞赛，涉及测量放线、工程预算、建筑CAD、钳工、Flash动画制作、摄影、演讲等20多项。鼓励学生积极参加校内外各级各类职业技能大赛以及各种职业资格鉴定，并规定获奖者的相应的课程可适当加分甚至免考，激励措施促进了学校课程考试与职业资格鉴定的衔接。

三是创办企业课堂。如工民建专业利用学校的工程项目——实训大楼开建之机，将授课地点由教室转移到现场。模具、数控专业的部分课程将授课地点由教室转移到福州富得巴精密机械有限公司的校外实训基地，创办了“企业”课堂，为学生以后的就业打下了坚实的基础。

四是实行跟踪反馈制，提供星级就业服务。学校聘请企业专家和福建省建筑人才服务中心专家组成就业指导委员会，就业服务工作推广“1234”管理模式。“1”是指“一个宗旨”，即全心全意为毕业生服务为宗旨；“2”是指“两个希望”，即希望学生的抱怨为零，希望企业满意度为一百；“3”是指“三个控制”，即把就业指导服务的专业对口率、遗漏率和不满意率均控制在合理的限度；“4”是指“四个必须”，即必须每季电话回访一次，必须将学生的意见全部记录下来并处理，必须将处理的结果全部核实并上报到学校相关部门，必须认真接听每一个来访电话，接待每一个学生。通过广泛联系用人单位，收集人才和劳动力市场需求信息，对长期合作的用人单位实行重点跟踪，组织专场招聘会和大型供需见面会等形式，构建相对稳定的就业网络，积极向学生提供“星级”就业指导服务，并鼓励低年级学生参与这些活动，提前感受就业氛围，提高就业意识，而且这种服务延伸到了学生离校后。学校实行就业跟踪服务，建立了毕业生就业去向信息数据库。对刚毕业的学生，学校每个季度都要对他们电话跟踪回访一次，了解其就业情况，对工作有困难的学生、再择业的学生提供二次就业信息。学校根据回访情况将学生的意见、去向全部记录下来，并提出解决方案，形成季度报表——“就业情况跟踪回访简报”。除此之外，还定期对学生进行回访，开通就业求助QQ、就业求助专线电话、求助信箱等，了解学生对学校就业指导工作的需求和意见，想方设法满足学生的愿望。

通过就业服务，学生明确了学习的目的性，树立了正确的择业观。近3年来，学校毕业生就业率均达98%以上。通过用人单位的反馈，历届毕业生都因诚信、敬业、综合素质高、实践能力强，受到用人单位的好评。

实践应用

钱可铭校长刚调入福建建材工业学校工作时，学校的办学条件比较差，校园占地面积仅45亩，在校生仅1600人左右，教室紧张、宿舍破旧、活动场所小。而且，当时正值中职教育疲软时期，生源数量下降，生源质量滑坡。2002年学校仅招收了250多名学生，部分教师无课可上，很多教职工对学校的前景都不看好，有些教师甚至想托关系调离学校。为了尽快熟悉、适应、做好学校的工作，整整两个月的暑假，钱可铭校长几乎没有休息过，天天到校，找各层次人员谈话，并亲自参加暑期的招生工作，对中职学校招生的困难有了一定的了解。他还先后走访了龙岩技校、龙岩工业学校、福建工业学校、福建工程学校、福建建材技校及上海等发达地区的中等职业学校，通过调查研究，钱可铭校长认为，制约学校发展的主要瓶颈：一是投入不足，设施不足，设备陈旧且明显落后于生产服务业实际，办学条件较差；二是现在的校名受行业局限性较大，加之近几年建材行业不景气，使学校的生源及生源质量受到影响，与附近已改校名的几所学校相比学校劣势较大；三是学校的办学模式、课程设置、教学内容、教学方法等不能适应劳动力市场变化的需要，教师对生产服务第一线的经营管理、劳动组织、技术工艺了解不够，专业技能和实践教学能力还不够强。针对这种现状，他一直思考着如何把学校做大做强。

学校要发展，首先要做大。当时与学校相邻的技校，办学规模小，人员少，发展潜力有限，特别是其主管部门建制转为企业，使学校成为和企业剥离的单位。得到这个消息后，钱可铭校长主动与学校领导接触，做工作，并积极组织人员搞调研，定方案，几经曲折，使两校成功合并。同时，按先租后征的计划，学校与劳光村村委会签订了租地21亩的协议。两校的合并和征地使校园的面积达到近百亩，基本解决了学生学习、运动、吃饭、住宿等问题。在扩大校园面积的同时，学校积极加大对基础设施的投入：先对学生宿舍楼进行内外整修，对教学楼、办公楼进行外装修。并根据教职工的建议，对教学楼进行加固，修建了5间教室，新建了一栋学生公寓楼和一栋实训楼。在经费十分有限的情况下，学校不断加大对教学设备的投入。学校完成校园局域网建设并接入电信宽带网，新建10多间多媒体教室，新购高配置电脑300多台，并购买大量实训设备，基本满足了现有教学的需要。

学校要发展，关键要做强。学校要做强，一支高素质的教职工队伍是必备的条件。因此，改变教职工的观念以适应现阶段的职业教育、增强教职工的凝聚力也是很重要的。钱可铭校长很重视针对教职工的思想政治工作，采取丰富多彩的学习形式，加强教职工的理论学习和业务学习，引导教职工正确认识职业教育中出现的新矛盾、新问题，正确认识和把握个人与社会、眼前利益和长远利益、个人命运与学校命运的关系，使教职工树立崇高的事业心和高度的责任感，主动关心学校的改革与发展，热爱学校，把学校真正当成自己的“家”。同时，加大人事和分配制度的改革力度。调整内部科室，采用择优聘任和竞争上岗相结合的办法，对所有中层干部进行调整、聘用，促进了学校管理工作的规范化。又在充分调研的基础上，出台了各类津贴方案，改善学校的激励机制。制订了一系列动态管理制度及工作规范，严格抓好各个教学环节，使教学机制良性运转。如建立了公开课制度；开展各种形式的教学、教研活动，鼓励教师参加各种学术会议；成立以校领导、教务科长、教研室主任以及外聘高级讲师组成的教学督导组，规范教学检查制度；对教师教学水平实行学生评价、同行评价及教学督导组评价相结合的公平评价制度，并设立教师教学优质奖，把教师教学水平的评价结果与年度考核、评先评优和评聘专业技术职称挂钩，促进教学水平的全面提高。

在全校教职工的共同努力下，学校的办学条件得到了较大的改善，每年的招生人数也逐年递增，办学规模不断扩大。但是，这时新的矛盾又出来了，学生毕业后，虽然说工作岗位较多，但很多学生却找不到理想的工作，这里面固然有社会的原因，如社会对职业教育的认可度还不高等，但也有职业教育自身的问题。钱可铭校长深刻体会到中职教育与普通教育的根本区别在于，中职教育不是以升学作为主要目的，而是以市场和就业的需求为导向。就业指导不是简单的推荐，它既是学校社会功能实现的最后一个环节，又是学校工作计划的第一个环节。所以，如何解决学生的就业问题就摆上了学校的议事日程。经过多年的实践，钱可铭校长认为，要解决这个难题就要做到以下几点。

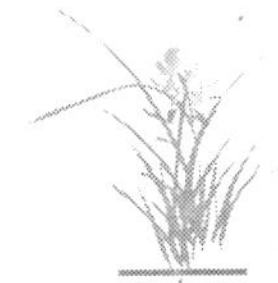

一、就业目标要明确

明确的培养目标，体现着办学方向，统率着学校全部教育活动并制约着全部管理活动。钱可铭校长认为，中等职业学校的培养目标就是在九年义务教育的基础上培养适应经济社会发展需要的高素质劳动者和技能型人才。根据这一培养目标，中等职业学校在办学方向、培养模式和办学机制上应以服务为宗旨、以就业为导向，加大课程改革的力度，要变学生适应学校为学校适应学生、变学生适应教师为教师适应学生。同时，必须坚持以生为本的理念，根据学生的个性特点和各方面条件为其量身打造课程体系及教学内容，从而达到“让每一位学生都能找到适合自己发展的教育，从入学到毕业都能有所收获、有所进步，人人发展、个个成功”，努力创办社会、家长、学生满意的职业学校。为了达到这个目标，必须要解决好以下三个问题。

1. 教师应更新教育教学观念

虽然高中扩招后，职业学校生源素质有所下降，但“尺有所短，寸有所长”，学生经过老师们的精心培养，依然可以成才。对于职业学校而言，学生毕业时能否顺利就业、胜任工作和是否有良好的职业道德，教师显得尤为重要。要发挥教师的保证作用，就必须重视教师的业务培养和师德教育，让教师尽快适应职业教育改革和发展的需要，建设一支师德高尚、业务精湛、孕育创新精神和创新能力的高素质的教师队伍。从业务培养方面来说，中等职业学校要加大引进和培养教师的力度，高度重视专业教师的继续教育，大力实施“双师型”教师培训工程，提升“双师型”教师比例。

2. 要根据社会经济发展的形势进行相应地教育教学改革

首先，强调专业建设必须充分考虑经济社会发展的需要。针对海峡西岸经济区建设人才紧缺领域和学校的办学优势，学校着力建设工民建等省级重点专业，形成以全国建设行业技能型紧缺人才培养培训基地为依托，以重点专业为龙头的四大特色专业群，并积极探索并推行校企合作、工学结合、顶岗实习的人才培养模式。其次，着力改革课程结构，构建体现中职教育办学特点、注重岗位核心技能训练的课程体系，并组织编写校本教材，努力营造现实岗位环境和业务流程，保证对学生实践能力的培养。再次，倡导“以教师为主导，以学生为主体”的“双主”教学方式，构建以学生为主体的课堂教学模式，实现教学方法多元化。同时，对学生的考核评定办法进行改革，从不同角度考核学生对知识和技能的掌握情况，力求科学地反映学生的学习情况和能力水平，使考核成绩更真实地反映学生学习的全貌，充分调动了教与学双方面的积极性。

3. 要在学校中营造浓厚的企业文化氛围

中等职业教育的人才培养目标是为企业提供生产、建设、管理、服务第一线的高素质劳动者和技能型人才。而了解一定的企业文化知识，提前接受企业文化的熏陶，可以提高学生的职业素养。这是因为从先进企业的文化理念中吸收有价值的元素，丰富、拓展校园文化建设的内容，并通过包含有一定企业文化内涵的校园文化来引导和规范学生的思想和行为，可以使学生逐步了解、习惯和自觉遵守相关职业的规定，有利于学生毕业后快速地适应现代企业的管理理念、管理方法，接受企业文化、形成合作精神，发挥创新能力，并成为现代企业文化的倡导者和建设者。因此，在学校中营造浓厚的企业文化氛围是十分重要的。那么，如何才能营造浓厚的企业文化氛围呢？第一，将企业文化融入学生的学习生活中。学校可通过不同途径大力宣传企业文化，让学生在潜移默化中接受企业文化。如在校内宣传栏、实习实训基地等地方张贴体现和反映企业文化的宣传标语，举行“模拟招聘会”“已毕业学生就业案例分析会”等活动，让学生在日常生活中就能受到浓厚的企业文化的熏陶。第二，将企业文化融入思想政治教育之中。例如，学校可以根据企业对员工的要求，加强对学生日常行为的管理，严格执行按时熄灯、按时就寝，不迟到、不早退的规定，要求学生的发型、衣着和举止得体，增强学生对学校纪律的认同感，使他们自觉养成严谨的学习生活习惯。第三，将企业文化渗入课堂教学。例如，校内实训基地最大化地模仿现实车间，如张贴各种规章制度，实行严格的打卡制度，学生上岗必须穿工作服、戴工作卡，不许大声讲话、不许擅自离岗，坚决杜绝非规范性操作，等等。总之，学校给学生创造各种环境，使学生不断受到模拟企业生产第一线环境的感染、熏陶，养成良好的严谨的职业习惯。

学生在企业

二、就业模式要新颖

新颖的就业模式可以降低毕业生就业的盲目性，为毕业生就业确定明确的目标，提高毕业生的社会实践能力、适应社会能力和就业能力，加大人才培养与市场接轨的伐，为就业指导服务工作提供新的思路，有利于用人单位招聘到更为合适的员工，有利于减少用人单位的招聘时间和培训资金，有利于维护社会稳定促进经济发展与构建和谐社会。

1. **“预就业”模式**

毕业生“预就业”模式就是通过毕业生在用人单位实习，增加毕业生对社会和用人单位的认识，了解用人单位的需求，同时促进学校的专业设置与人才培养计划的合理调整，使之与社会用人单位对人才的需求趋于一致。

目前，学校已设立了许多学生预就业的基地，如福建建筑人才服务中心、福州福大自动化科技有限公司、中国移动通信集团福建有限公司客户服务中心、福建省景远建设工程有限公司、福建宏飞混凝土有限公司、福建闽东本田发电机组有限公司、福建省工业设备安装有限公司、福建省地质测绘院、福建戴姆勒汽车工业有限公司等大中型企业。尤其是福建建筑人才服务中心是福建省唯一的一个建筑建材类人才服务中心，他们将福建建材工业学校定点为全省建筑业培训实习基地，并设立奖助学金，每年拨款 3 万元资助品学兼优的学生，现已成为学校建筑类毕业生就业的大平台。因学校学生能吃苦耐劳，在实习期间表现优秀，学生毕业后，这些企业常年与学校保持良好的人才供求关系，很愿意接受学生就业。同时，因为预就业提高了学生对企业的认识和了解，缩短了就业的磨合期，留在实习单位工作的学生，表现都比较优秀，很多都晋升为企业中层管理干部及生产骨干，所以企业尤其喜欢到学校招聘学生，从而形成了良性循环。

2. **“订单式”模式**

“订单式”模式是中等职业教育教学改革发展中形成的人才培养特色模式，是指中等职业学校与用人单位和学生在校期间签订“用人订单”，在人才培养过程中校企通过多种方式渗透、合作与资源共享，实现预定的人才培养目标，使学生毕业后直接到用人单位就业的一种产学结合的人才培养模式。“订单式”学生培养模式以用人单位的需要为出发点，具有极强的针对性，有利于实现学生零距离上岗，同时也挖掘了企业资源的潜在效益，解决了“双师型”教师紧缺等一系列问题，更重要的是较好地提高了学生的学习积极性，激发了学生自主学习的热情，实现了学校、企业、学生三位一体的“三赢”。

学校自2005年开始积极探索“订单式”模式，面向福建省征求合作单位，协商所需人才培养方案，然后根据用人单位的人才需求调整教学安排。遇到合适的企业，即在应届毕业生（或二年级学生）中招开双选会，根据双向选择的原则，在双方自愿的原则下签订委托培养协议。“订单式”人才培养模式，以用人单位需求为导向，由校企双方根据所需人才的要求，共同设计培养方案。在培养过程中，学生在校学习的所有教育成本，由校方负责；校外实训部分根据用人单位要求安排，原则上由用人单位承担主要工作，所需的培养费用由校企双方协商分摊。合作各方本着诚信原则，履行人才培养与用人协议。学校应根据人才培养的方案与计划实施教育，保证人才培养的规格。学生毕业后，用人单位依据用人协议，接收毕业生到其单位就业，签订为期一年以上（含一年）的就业协议。学生按照协议规定为签约企业服务一年以上（含一年）。违约者应承担相应的责任。到目前为止，学校先后与福州世纪金源大饭店、福耀玻璃工业集团股份有限公司、东南（福建）汽车工业有限公司、福建省汽车用品及服务行业协会、好日子装饰等大中型企业达成了长期订单式用人协议。一些比较好的企业还在学校设立冠名班，如福州世纪金源大饭店在学校设立“世纪金源班”，每年还为该班学生提供奖助学金，奖励品学兼优的学生，资助家庭困难的学生，从而使学生对该企业产生了一种信任感，100%的学生毕业后都愿意到该企业就业，而且表现突出，深受该企业的赞赏。

3. **自主创业模式**

所谓自主创业模式，就是鼓励毕业生利用自己所学过的知识、技术、获取到的信息、有限的资金以及其他因素自己创办小实体，解决就业问题。虽然目前学生自主创业的人数并不是很多，但这应该是中职教育的一个方向。中职学校现在都十分重视就业教育，成效也比较显著，但大部分中职校受观念的制约，并没有开展创业教育。而实际上开展创业教育是发展职业教育的重要举措，但这一举措的实施确实存在较大的困难：不是每个人都适合创业，也不是每个专业的人都能创业，并且创业是一个过程，目前也没有一个统一的模式。学校这几年十分重视对学生进行创业教育，多次举办创业讲座，邀请往届优秀创业学生回母校传经送宝，讲授自己的创业历程，让应届毕业生了解自主创业并不是高不可攀的。只要有创业信念，抓住创业机会，有不怕困难、勇往直前的精神，就会收获创业的果实。学校同时向学生提供创业基金，如学生中考成绩达到当地总分的60%、70%、80%，在第三年顶岗实习时，分别给予创业基金500元、1000元、2000元资助；在校期间学生参加省级技能竞赛获得一等奖、二等奖、三等奖者，在第三年顶岗实习时，分别给予创业基金2000元、1000元、500元资助；参加国家级技能竞赛获一等奖、二等奖、三等奖者，在第三年顶岗实习时，分别给予创业基金5000元、3000元、2000元资助。这些措施的实施，极大地提高了学生创业的积极性。例如，2005级汽车维修专业的翁振统同学，在校期间对所学专业具有浓厚的兴趣，刻苦钻研汽车维修方面的知识，为以后就业打下了系统扎实的基础。顶岗实习期间，该同学先后在福州仙谷水厂公司、福州仓山建新供销社等单位顶岗实习。经过丰富的经验积累和社会阅历的沉淀后，羽翼渐丰的翁振统萌生了独自飞翔的梦想。毕业后，他召集了一批志同道合的朋友，在福州市创办了顺祥汽车维修店，主要经营全车线路、底盘、发动机、三清、四轮、保养、空调加氨等项目。

上述三种就业模式的创新，极大地提高了学生的就业质量。但是，就目前来看，大部分学生的就业形式还是以推荐就业为主。为了做好推荐就业，学校专门成立了“福建建材工业学校就业指导中心”，中心有5名工作人员，他们的主要职责：一是负责联系省内各企业的招聘事宜，采集企业各方信息（生产、生活环境，工资报酬，是否遵守劳动合同法等），对企业进行筛选，做到心中有数，并建立用人单位信息数据库，为学生寻求技术含量高的就业岗位，以确保学生的利益不受伤害；二是每年5、6月份在校内举行大型校园供需见面会，每年参会企业均达到100多家，同时学校还会根据企业和学生的需求开设专场招聘会，以满足学生与企业的需求；三是给每位毕业生至少提供3次就业岗位，以供学生选择，提高学生就业率，使近几年学校毕业生就业率均达到98%以上。

供需见面会

三、就业指导要贴切

古人云："凡事预则立，不预则废。"因此，及早为毕业生做好就业指导，就显得十分重要。就业指导可以帮助毕业生充分了解自己的个性特点，例如个人的爱好、性格、知识、能力等，从而使自己对自己有全面、理性的认识；帮助毕业生了解社会不同职业的岗位要求，如职业的分类、岗位的内容、岗位的知识和能力要求等；帮助毕业生根据自身的个性特点选择适合自身的职业，也就是通常学校强调的实现人职匹配，从而完成毕业生的择业任务。为了做好就业指导工作，学校采取了以下几个措施。

1. 优化学生就业指导课程

将就业指导课作为学生职业教育的重要组成部分，纳入日常教学，这已成为该校解决学生就业问题的一个法宝。如何把就业指导工作落到实处，帮助学生走出就业困境呢？第一，学校将就业指导课程全程化，其内容涵盖了就业形势概述、职业生涯规划理论、素质培养、人际关系、社会实践、就业政策、求职技巧和就业的法律问题等与就业相关的各个方面。第二，学校根据不同年级在校生对就业指导的要求，精心安排课程内容，帮助学生认清就业形势、转变就业观念、熟悉国家就业政策、掌握求职技巧。为避免空泛的理论说教，学校的就业指导教材把理论教学与实践教学结合起来进行编排，结合专业，组织学生开展以就业为主题的社会实践活动，以提升学生各方面的能力。学校通过开展"模拟招聘""模拟自荐"等形式多样的活动，向学生们展示了择业决策、面试程序、面试礼仪、面试技巧，训练学生的择业技能。第三，在课程的建构上，学校从学生实际出发，以学生为本，合理地对学生的综合素质和潜在能力进行开发、构建与拓展，使其潜在的求职能力得以挖掘，现实的求职技能得以提高。

2. 引导学生形成合理的择业满意度

随着市场经济不断向前发展，一些不良的社会风气也冲击着校园。在离校就业阶段，学生中出现片面宣扬物质利益、个人待遇等声音，给学校的就业指导工作带来一定的困难和影响。针对这些思想，学校致力于培养学生积极向上的健康人格，通过渗透各种正确的政治思想和价值观念，帮助学生形成合理的择业观。与此同时，学校还加强对学生就业创业本领的培训，通过邀请专业机构为学生提供职业倾向测评、职业生涯设计、创业咨询等活动，引导学生树立"灵活就业，先就业、后择业"和"创业带动就业"等观念，倡导他们到基层、到社会最需要的地方去就业、创业。学校总结了历年来毕业生在求职过程中出现的种种问题，针对学生就业前的心态、选择企业时的茫然、角色转换时的措手不及、毕业生个人档案如何处置等问题，由就业科负责人利用晚自习时间深入各班级进行指导与解说，与同学们互动，取得了较好的效果。绝大部分同学基本明白怎样选择适合自己的企业，走出校园后该怎么做，如何保护自身的合法权益，以及怎样在求职过程中不走弯路，等等。学校还印发了“就业问卷调查表”，掌握学生对就业知识的了解情况。能够正确的心理引导和校园就业文化的建设，能够使学生能保持良好的就业心态。

3. **创造条件让学生多方位接触企业**

为了让学生对自己就业的岗位有理性的认识，学校积极与企业沟通，组织学生到企业参观，让他们直接感受就业环境与企业文化。并且，该校经常在往届毕业生中，寻找不同的行业中事业有成的优秀毕业生回母校，请他们给即将走出校门的学生作就业讲座。让他们用自己的亲身经历告诉学弟学妹如何把握机遇，正确看待自己，从基层踏踏实实做起。这些，近在眼前的榜样，能够鼓励即将步入社会的学生们挺起胸膛，坚强而勇敢地面对社会。

优秀毕业生陈少平回校讲座

四、就业服务要贴心

将学生送到企业顶岗实习，顶岗实习结束后学生正式就业，这并不意味着学校的就业指导工作已经结束，实际上后期的跟踪服务更为重要，它体现了学校对学生的关爱。

1. **设立就业服务网站**

为了方便给学生提供丰富的就业信息，学校专门设立了就业服务网站。学校的就业服务网站极大地方便了参加顶岗实习及已毕业学生了解就业信息及相关就业政策，并且成为老师与学生的一个互动平台。学校几乎每天都发布最新的招聘信息，方便学生在网上求职；每天在线回复同学们提出的各种疑问，如询问工作、招生、档案、户口等之类的问题。学生不论在何地何时，只要打开网页，就能及时了解到相关的政策法规、就业指导、招聘信息、通知公告，也可下载所需表格，及时解决学生的实际问题。例如，有的同学不满意现有的工作，就会上学校的“就业服务”网寻找招聘信息，如果还不满意，就可在“人才登记”上登记自己的求职意向，将自己的意向交给学校的就业指导中心去完成。2010年有40多位学生在上面登记自己的求职意向，根据学生的意愿，就业指导中心100%都跟他们取得电话联系，尽量推荐他们满意的岗位。0701班会计专业的林嘉明，较长时间都没有找到适合自己专业的工作，因为大多数的企业招会计或出纳时多要求为女性，所以林嘉明同学非常郁闷，抱着试试看的态度，就在学校就业服务网“人才登记”上登记了自己的求职意向。就业指导中心的工作人员一直留意这方面的用工信息，很快得知长乐二轻工程有限公司急需招聘一名男性出纳员，就业指导中心的工作人员在第一时间联系到林嘉明同学，通过面试，林嘉明顺利被公司录用。

2. **建立电话回访制度**

学校就业指导中心专门设置一名工作人员，全年对我们的顶岗实习生进行电话跟踪，每个季度对每个学生电话跟踪回访一次，了解其就业、薪资待遇、专业对口等情况，同时对有困难的学生、再择业的学生再提供就业信息，并真实记录，形成书面“就业情况跟踪回访简报”，上报学校相关部门。在电话回访中，就业指导中心做到了为顶岗实习生排忧解难。例如，0715班的郑锦宾同学告诉就业指导中心工作人员，他不适应福耀玻璃上夜班的工作，希望从事本专业的工作。过后，就业指导中心工作人员得知罗零勘测技术有限公司需要测量员，马上通知他，同去的还有0712班的王强和倪际乐同学。经过9个月的野外测量学习，郑锦宾同学又被多维勘测技术有限公司聘去独立工作，并带新学员，薪资翻了两番，他的家人非常高兴。又如2010年，就业指导中心工作人员在电话回访中了解到0703班会计专业的许莉、叶小丹、陈琴、宋欣等同学经熟人介绍到福州某软件公司上班，从交谈中感觉这家软件公司有问题。于是，该校工作人员将宋欣等同学请到学校进行深入了解，得知这是一家非法从事证券咨询活动的公司，向投资者推荐股票，收取费用，多次被工商局查处。掌握情况后，学校马上通知这些学生回到学校，给她们开会，讲明利害关系，要求她们马上离开该公司，学校给她们推荐工作，并根据她们的工作意向，在很短的时间内推荐合适的就业岗位。其中，陈琴、许莉被推荐到福建省宝丰印刷包装有限公司，从事仓管、出纳的工作；叶小丹被推荐到华夏汽车城做文员；宋欣同学被推荐到省教育厅工作。

3. 定期走访学生顶岗实习的企业

除了每季度一次的电话回访，每年9—10月份学校还会专门组织相关工作人员走访顶岗实习学生相对集中的企业。看望学生，了解他们的工作、生活等情况，与企业一起帮他们解决遇到的实际困难。例如，2010年9月18日学校相关工作人员在福州住电装有限公司看望学生时，晚上公司食堂发生食物中毒事件，学生立即告诉了老师，老师在第一时间联系公司人事主管，汇报中毒情况，公司很重视，马上将呕吐、腹泻的学生送进了医院治疗。又如学校工作人员在走访福耀玻璃工业集团股份有限公司期间，得知0715班的陈章宇在工作中左手臂被玻璃割伤，左手神经受损，其医疗费4000多元尚未报销及工伤休息期间的工资尚未得到落实。老师积极和福耀玻璃工业集团股份有限公司相关管理人员进行协商，公司领导得知这一情况后，十分重视，立即要求相关部门按照正式员工的待遇给予报销。

总之，学生在就业过程中，各种各样的事情都会发生，但就业指导中心的工作人员都能积极主动地去面对，始终把学生的利益放在第一。工作在这个岗位上的老师，都有一份爱心、一份责任心，还有一份耐心对待每位学生。所以学校的学生中有一句口头禅：要工作请找就业指导中心！有困难请找就业指导中心！

通过实施“以服务为宗旨，以就业为导向，以技能为本位”的办学理念，学校在整个办学过程中始终坚持创新就业模式，给学生指明就业目标，并在就业过程中给予学生贴切的就业指导、贴心的就业服务，积极为毕业生就业提供优质服务。学校通过强化就业服务，为学生就业创造了良好环境，为学校赢得了良好的口碑，也推动了学校内涵建设，促进了学校良性发展。学校2007年被省直工委、团工委、妇工委评为省直机关“为建设海峡西岸经济区建功立业”活动先进集体，2008年被确认为“工业与民用建筑专业”海峡西岸经济区技能型人才培养基地，2009年被福建省劳动厅批准为“2009—2012年产业技工培养基地建设项目”学校，2010年学校成功跻身于首批国家中等职业教育改革发展示范校行列。

这几年，学校虽然取得了较大的发展，毕业生就业状况也得到了极大的改善，但在优化学生就业过程中仍然还有一些问题值得进一步探讨。

一、如何实行全员参与就业是目前就业工作中遇到的一个难题

众所周知，中等职业学校毕业生就业目前普遍存在以下几个问题：一是对口就业率不高；二是学生就业稳定性差，“跳槽”现象频繁，特别是对自己定位不准，对首次就业单位忠诚度比较差，导致企业在用人上信任度降低；三是胜任度低，熟练技工人数太少，不能独当一面，影响了薪资收入，给家长增添了顾虑；四是薪资差距大，中职毕业生月薪在1000—1500元的占60%，1500元以上比率不高。面对这种情况，如何动员全体教师参与对学生的就业指导，就显得十分重要。但是有相当部分老师认为就业指导是就业指导中心的事情，不是他们的事。但从上面所述的问题来看，学生的就业情况既有学生思想的问题，又有学生心理方面的问题，更有学生职业技能的问题。如果认为对学生的就业指导只是就业指导中心的工作而不把它当做学校的重点工作的话，那教师对就业指导工作的内涵理解就会不全面，就会导致就业指导工作的功能不能完全发挥，因此，学校必须依靠全体教师共同的努力，让教师及学生间形成良好的就业循环状态。

二、如何多接令学生满意的“订单”是目前就业工作中的一个难点

实行“订单式”人才培养模式，要求打通产学合作的途径，实现校企互利双赢。而要实现从“学校教育模式”到“企业教育模式”的转变还是比较困难的，因为校企联动的要求很高。从学生进校起，学校就应将其就业作为项目进行组织规划，包括校企共同研究人才需求走势、定位学生修习方向、规定合理的专业设置、实施系统的职业规划和就业策略、对用人单位跟踪调查和积极反馈等。从产学合作的三个阶段即一般性的参与合作、协助性的介入合作、互动性的产学合作来看，目前大多数中等职业学校仍停留在浅层次上的第一阶段，至多进入第二阶段，仅有少数学校能与企业进行深层次合作。事实充分证明，建立中等职业学校与企业间的长期战略伙伴关系是一个亟待解决的问题。因为采用“订单式”模式，存在着如何得到“订单”，又如何得到更多、更好“订单”的问题，要解决这一问题必须寻找到一种校企互动的长效机制。显然，如果校企的关系仅是松散型，甚至只是“两张皮”，那么“订单”的命运就可想而知了。而不容忽视的现状是，目前相当多的中等职业学校与企业的联动流于理论上的说教、形式上的“做秀”，具实质意义的深度参与、渗透并不多见。

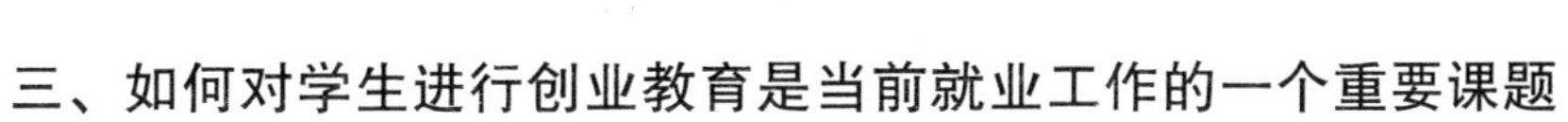

三、如何对学生进行创业教育是当前就业工作的一个重要课题

中职学校现在都已十分重视就业教育，成效也比较显著，但大部分中职校受旧有观念的制约，都没有开展创业教育。实际上，开展创业教育是发展职业教育的重要举措，特别是现阶段，中国将迎来第四次自主创业潮，所以中职学校必须跟上时代的潮流，开展创业教育。但目前中职教育开展创业教育确实存在较大的困难：一是创业教育的内容包含哪些？是不是每个人都适合创业、是不是学每个专业的学生都能创业；二是如何加强创业教育师资队伍建设，也就是谁来教以及如何教的问题，目前都没有一个统一的模式。

在钱可铭校长的带领下，福建建材工业学校坚持“以服务为宗旨，以就业为导向，以技能为本位”的办学理念，高度重视职业指导工作，形成了“三进”“三有”“1234”管理模式等职业指导工作特色，成效显著。

职业学校开展职业指导活动，应以尊重学生的个性发展为前提，注重培养学生的批判性思维、主动竞争意识和创业意识；应以人的发展为主旨，注重培养学生选择和规划自己职业生涯的能力，从而最大限度地发挥自己的潜能。福建建材工业学校职业指导工作的成功实践，源于其“以人为本”的教育思想，体现如下：

1. 尊重学生

学生是学习与发展的主体。教育要促进学生的发展，就必须从学生的实际出发。福建建材工业学校尊重学生的主体性，不是寻找适合教育的学生，而是探索适合学生的教育，提出了“要变学生适应学校为学校适应学生，变学生适应教师为教师适应学生”的理念。学校根据学生的个性特点和各方面条件量身打造课程体系及教学内容，从而达到“让每一位学生都能找到适合自己发展的教育，从入学到毕业都能有所收获、有所进步，人人发展、个个成功”。

2. 服务学生

教育即服务，学生即顾客，质量即生命。在职业指导工作中，福建建材工业学校形成了人性化的“1234”管理模式，向学生提供就业指导“星级”服务，通过印发“就业问卷调查表”、建立和完善就业服务网站，开展职业咨询等服务工作，践行“要工作请找就业指导中心！有困难请找就业指导中心！”的服务理念。

3. **发展学生**

职业教育不单纯是传授知识的途径，还重视对学生现实生活能力的培养，更加关心学生未来的职业发展。教育的直接任务是促进人的发展。福建建材工业学校不仅重视学生的就业安置问题，更是把目光放到了学生职业生涯的可持续发展上，通过开设职业生涯规划讲座、聘请企业专家到校指导、邀请优秀校友回校分享，尤其是提供创业教育课程支持，提供创业基金，积极鼓励学生自主创业。

（点评：张振筝）

以服务为宗旨，构建就业网络

——河北省邯郸理工学校

名校／名校长简介

袁爱清校长

邯郸理工学校(原邯郸物资中专学校)是物资系统创办的一所行业中等职业学校，有着与其他学校不同的特点，经历了由关门办学到开门办学，由企业学校向社会学校，由行业拨款到自收自支的巨大变化。在20多年的发展历程中，无论是在困难中的奋力搏击，还是在机遇前的乘势而上，他们都有坚定的信念和精神支撑。共同的事业、共同的责任和共同的利益，把学校教职工紧紧团结在一起，从而聚合出了团结拼搏、敬业奉献、创业自强的精神，这成为学校发展的不竭动力。可以说，正是这种理工精神，推动了学校由小到大、由弱到强。从2001年至今，学校先后被评为省级重点技工学校、省级重点中专学校、国家级重点技工学校、国家级重点中等职业学校、国家级高级技工学校。年在校生增加近4倍，全日制在校生由2001年的1610人增加到2011年的5300人。通过多年的不懈努力，目前该校已发展为邯郸市唯一一所同时具有国家级重点中等职业学校、国家级重点技工学校和国家级高级技工学校资格的中高级技能人才培养基地。

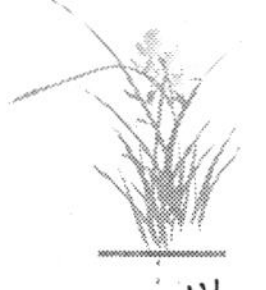

一、紧抓教学管理，提高教育教学质量

在教学管理上，学校认真落实《河北省中等职业学校教学管理规定》和教育部新大纲要求，教育教学质量有了显著提高。

1. 机构健全，制度完善。学校成立教学督导委员会、教学改革委员会和教学质量评估委员会，依据ISO9000质量管理标准，制订并实施了《质量手册》《程序文件》《作业指导书》《质量记录》四级质量体系文件等，对整个教学服务流程提出了具体要求，为教学质量监控提供了组织和制度保障。

2. 工作规范，监测全面。学校制订了教学过程控制程序、服务过程监测程序、服务效果检测程序等质量监控的配套制度和规范，对教学质量进行全面、有效监控，保证了各项教学任务的圆满完成。同时，不断改进完善教学质量监控措施，保证各项管理、考核制度与时俱进、行之有效，促进了学校教风、学风的形成和教学质量的提高。

3. 按照贴近市场、贴近企业、贴近就业岗位的“三贴近”原则，在充分调查、论证、研讨的基础上，滚动修订教学计划，调整课程设置，确定教学内容，改革教学方法和考核方法，扎实有效地推进素质教育的进程，使毕业生的各项素质得到了用人单位的认可。

二、紧抓学生管理，提高学生的综合素质

在学生管理上，学校始终把学生的思想教育工作放在突出位置，常抓不懈，收到了显著成效，学生的综合素质有了明显提高。

1. 认真贯彻《中共中央国务院关于进一步加强和改进未成人思想道德建设的若干意见》和《中等职业学校德育大纲》，建立党政工团齐抓共管的学生处、团委、班主任、政治课教师和学生干部参与的德育工作网络，制订有关制度和工作目标，划分职责范围，提出具体要求，从组织和制度上保证了

学生思想政治教育工作的正常开展。

2. 根据《中等职业学校德育大纲》要求，制订了《学生思想政治教育实施细则》，明确了不同时期德育的内容和形式，把职业道德教育和日常行为习惯养成教育作为重点，列入学生管理的各个环节之中，收到了较好成效。

3. 认真落实《教育部关于中等职业学校德育课课程设置与教学安排的意见》，让德育课紧密联系学生生活实际，渗透学生成长每个环节。

学校运动会

4. 制订了以塑造学校形象为载体，以提高学生全面素质为核心，以班级班风竞赛为内容的校园活动规划，积极开展第二课堂活动，丰富学生业余文化生活，培养学生树立正确的世界观、人生观和价值观。

5. 加强校园文化建设，美化校园环境，在公共场所、教室、宿舍、走廊等部位张挂“诚实、勤奋”的校训，有文化内涵、感染力强的宣传标语，名言警句、校风、校纪，使学生受到潜移默化的影响和教育，自觉养成了良好的学习、生活习惯。近几年，学生的操行评定成绩优良率始终在95%以上。

元旦联欢会

三、进行体制创新和制度创新，推动学校各项工作顺利开展

在内部管理上，学校坚持“市场化办学，企业化管理”的方针，以体制创新和制度创新为重点，以人事制度改革为突破口，以分配制度改革为动力，以目标责任制改革为支撑点，建立了激励、竞争机制，充分调动了教职工的工作积极性，推动了学校各项工作的顺利开展。

1. 制定了章程，实行校长负责制，分级管理、层层落实；依据ISO9000质量管理标准，结合学校实际，编写了“质量手册”，明确了学校质量方针和9项质量目标；编写并实施了25个“程序文件”、87个“作业指导书”和

253个“质量记录”，明确了学校组织机构及管理职责，对教育服务、质量评估和持续改进的整个过程做到了有效监控。

2. 在原有的基础上，根据新的形势和情况变化，对一些制度进行了调整、充实和完善。完善了“中层干部聘任制度”，实行竞聘上岗，末位淘汰；完善了“职称聘任制度”，职称聘任与教学评估挂钩，聘任后根据评估结果实行“低职高聘，高职低聘”；深入推进分配制度改革，将档案工资的70%作为基本工资，将档案工资的30%和学校投入部分作为效益工资，对于中层干部、班主任、教师分别根据考核结果实行多劳多得、优劳优酬；对教育教学、招生就业和后勤服务等部门实行目标管理，奖优罚劣；不断完善“教师综合评估办法”“班主任选拔聘任实施办法”“班主任量化考核实施细则”等一系列方案和办法，使学校管理进入了科学、规范化轨道，从制度上保证了学校的建设和发展。

一、说就业，先说说学校发展历程

（一）说创立，贴着行业办学，类型单一

学校1984年创立时只占地8亩，校舍50间，教职工23人。当时物资系统形势大好，学校经费全部由行业投入，学校根本不用考虑教学经费和工资保障问题，所以办学形式也比较单一，只是承担单一的物资系统职工培训任务，专业也只有“市场营销和财务会计”两个。

随着国家改革开放步伐的加快，物资系统的形势每况愈下，再无力向学校拨付办学经费，就连教师工资都难以保障。为了生存下去，学校主动走向市场，尝试新的办学方式。于1991年开办技工班，当年招生54人，1993年又开设普通中专班，在校生达到了260多人，此时学校有了起色。这虽然只是一次迫不得已的选择，却使我们深刻认识到，物竞天择，适者生存。在市场经济的大潮中，我们别无选择，只有紧跟市场，适应社会，才能闯出一片新天地。但由于受行业思想的影响，再加上师资的因素，学校在专业建设上只增设了“公关文秘”专业，也没有多大的发展，仍是贴着行业办学，形式单一。

(二)说生存，行业断奶，围绕市场办学，喜忧参半

1993年与行业彻底“断奶”后，为了生存下去，学校紧跟市场，把学校作为一个市场主体去运营，跟着市场设专业，跟着市场变专业。

从1994年开始，学校充分利用国家对中专毕业生计划“分配”的机遇，积极扩大招生规模，1995年全日制在校生突破1000人。1997年，中专学校计算机专业刚刚兴起，学校便筹资建机房，引进和培训师资，开设计算机应用专业；1997年邯郸阳光集团扩店需要员工，学校便与其联合招生，开始了首次“订单培养”，并根据企业需求，结合学校师资状况，将原有的市场营销专业改为百货营销专业，财务会计专业改为会计电算化专业；1998年与山东威海一家服装集团联合招生，学校又购置设备、聘请教师，开设服装设计与制作专业；随着超市、物业的兴起和寻呼、宾馆业的强势发展；1999年学校又开始了大范围的“定向招生”（订单培养），和石家庄天客隆超市联合招收“计算机应用”专业学生（主要是收银员），和石家庄一家物业公司联合招收“物业管理”专业学生，和省八一寻呼台联合招收“寻呼”专业学生，和邯郸国际大厦等宾馆联合招收“礼仪礼宾”专业学生。大范围的“定向招生”，使得学校生源出现了久违的“爆满”，在校生突破了1500人。随着在校生人数的增多，学校将完善学校硬件设施提上日程，运用市场机制，多方筹资搞建设，虽然1996—2000年该校每年4—8月份的工资要到9月份学生入学收费后才能补发，但基建投入还是一年年加大。1996年，学校教职工集资200万元建起一栋6层教学楼；1998年集资100余万元建起学生食堂；1999—2000年集资80余万元，建立了3个微机室。

在1999—2000年大范围的“定向招生”时期，许多行业、企业在市场的大潮中“朝起夕落”，学生入学时行业、企业的发展势如破竹，而学生学制未满时企业就已黯然失色，甚至“销声匿迹”，造成学生毕业后“无业可就”；有的企业虽然发展比较平稳，招生时承诺负责接收毕业生，可往往是未等学校完成教学计划，企业便提前分批要人，使学校陷入进退两难的困境，最后的结果也总是作为弱势群体的学校服从企业要求。这样一来，学生认为自己没有学到该学的知识，学校便要背负家长和学生的指责。当初定向带来的“爆满”，使得学校用了近3年的时间，往返于企业和学生之间，解决遗留问题。

围绕市场办学，跟着市场设专业、变专业，在很大程度上解决了学校“断奶”后的生存问题。但围绕市场设的和变的一些专业，只能说是在特定

情况下维持生存的短线专业，无法适应社会发展趋势的需求，更别说形成特色从而支撑学校的长足发展。因此，站在这个角度看，这个阶段的专业建设中隐含着失败的成份，最终，能够吸引学生的只剩下了会计电算化、市场营销、文秘和新开设的计算机及应用、电工电子专业。

（三）说发展，自收自支，围绕特色办学，成效显著

“普高热”曾使学校一度陷入困境。2001 年，学校及时调整思路，确定了“抓好教学促就业，抓好就业促招生”的办学思路，计划用 10 年时间，打造“以工为主，文商为补，长短结合”的专业体系，进一步增强经营和服务意识，提升人才质量，打造一流的职业教育基地。

新的理念催生了新的变化。10 年来，学校狠抓硬件建设、专业建设、教育教学、内部机制改革，成效显著。

在硬件建设上，2001—2004 年经济状况好转后该校累计自筹资金 400 余万元建立了与各专业相配套的实验、实训室，条件得到较大改善。但由于学校底子薄，硬件改善速度与在校生数量逐年增加的矛盾一时无法得到根本解决，硬件缺乏的矛盾日益突出。学生住在平房里，冬季用煤炉取暖，每到采暖期，值班人员夜里就不敢睡觉，担心学生发生意外。他们想为学生盖一栋像样的宿舍楼，可因为是自收自支单位，还背负着 400 万的债务，四处求援，处处碰壁，别说建楼，就连建几间平房对他们来说也是大难题。在这种情况下，2003 年 12 月，校领导带头，工资刚能正常发放的教职工也表示再出钱，建一栋女生宿舍楼。恰在此时，在省、市有关部门的大力支持下，学校顺利争取到 250 万元中央预算内投资中等职业教育专项资金。抓住这次机遇，学校在利用拨款建设实训楼的同时，设想集资征地 10 亩，再融资新建一栋男生宿舍楼和一栋女生宿舍楼，彻底改善办学条件。方案提交全体教职工代表大会后，大家倍受鼓舞，纷纷表示，就是从现在起一年内不发工资，也要把地征下来，扩大规模。因此，短短 3 天内就集够了 200 万元征地款。与此同时，学校与一家投资公司签定投资协议，公司出资建设，学校每年按比例支付公司的收益。用这

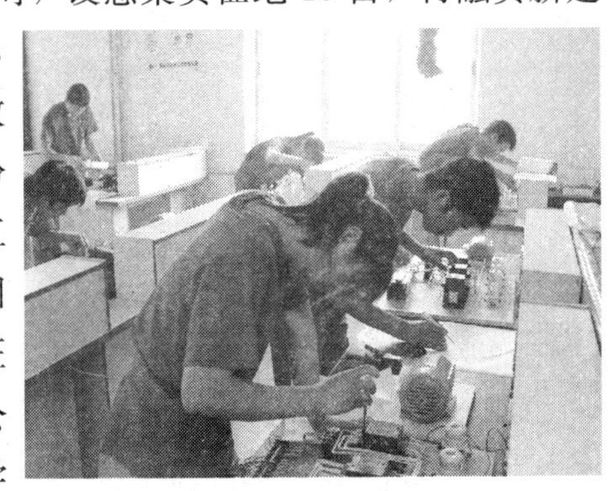

电工实践

种办法，学校以250万元的拨款资金，拉动形成了1000多万元的建设投入。2005年初，两幢学生宿舍楼建成，5月初学生实训楼投入使用。自此，学校占地面积10亩，建筑面积10000余平方米，从而使学校的硬件设施有了一个质的飞跃。2009年，学校再次借国家拨付200万元专项资金的契机，通过融资、集资等方式自筹配套资金300余万元，加大基础设施和教学设施建设力度，使学校的办学条件得到了进一步改善。现在学校不但有教学楼、宿舍楼，而且有计算机中心、电工电子、PLC、数控、机加工和电气焊等实习、实验车间（室），实习工位充足，为专业建设打下了坚实的基础。

专业建设上，学校一方面拓宽一些专业，如将计算机专业拓展为计算机及应用、广告设计与动画制作、计算机网络技术；另一方面建设一些专业，如电子技术应用、机电一体化和数控技术应用专业。同时，还继续保留一些专业，如财经类的会计电算化、市场营销，形成了“以工为主，文商为补，长短结合”的专业体系。现开设的专业有计算机及应用、广告设计与动画制作、计算机网络技术、电子技术应用、数控技术与应用、机械加工技术、农业机械化、农村经济管理、会计电算化、电子商务、工程造价、印刷、餐饮与旅游管理等。市级示范专业有计算机及应用、机械加工技术、电子技术应用、会计电算化；省级示范专业有计算机及应用和电子技术应用。

机加工车间

在教学上，学校以就业为导向，以提升人才培养质量为目标，围绕“岗位能力”开展专业教学。在课程设置上实行“两加强一弱化”：加强实作实操，加强就业指导，弱化理论性强的课程；在教学内容上分公共课、专业课、实践课三个模块；在教学模式上实行“理实一体化”教学模式，一是使课堂车间化、车间课堂化，二是变“被动接受”为“主动实践”，三是与职业资格证书接轨，实训开出率100%，职业资格证中级通过率达98%，从而使专业教学更有效，学生的实践动手机会更多，动手能力更接近企业的需要，使毕业生与工作岗位真正实现零对接。

在管理上，学校坚持“以德治校，诚信办学，突出特色，和谐发展”的宗旨，建立了一套完整的质量管理体系，以社团活动为主线，营造了一个和谐文明的校园。

在就业上，学校1996年成立就业处，2001年更名为“就业服务处”，坚持以服务为宗旨，建立了“全员参与，全程指导，全方位开拓”的工作机制，立足邯郸，面向经济发达地区，建立了一个紧密的就业网络，和邯郸钢铁集团、邯郸美的制冷设备有限公司、纵横钢铁集团、北京中芯国际、北京东方光电有限公司等50多家知名企业签订了长期用人合同。近年来，学校毕业生就业率在98%以上，满意率在90%以上。

在办学形式上，学校在坚持办好“中专和中、高级技工”教育的同时，充分利用各种教育资源，积极与高校联办3+2普通高职和成人本、专科教育，面向企业开展职业培训，形成了多层次、多形式的办学格局。

在内部机制改革上，随着学校不断发展，他们越来越强烈地意识到，要真正把学校做大做强，不仅要靠精神出动力，而且要靠机制出活力。他们大胆地向旧的管理模式开刀，着力建设一套实用有效的激励机制。在用人机制上，学校实行中层干部聘任制、一般教工聘用制。中层干部通过公开竞争、校长聘任上岗；干事采取因需设岗、职责公示、个人申请、主任聘用上岗。在分配制度上，学校从2001年就实行了把档案工资的70%作为基本工资，学校投入一部分资金和档案工资的30%作为效益工资，根据量化结果实行多劳多得、优劳优得的措施。在职能部门管理上，全面推行目标管理，以指标量化工作，以工作衡量收入。改革对干部职工的权利、义务和利益进行了科学调整，实现了中层干部向有职、有权、有责的转变，增强了领导者的责任感，也使教职工的危机意识、忧患意识和竞争意识也进一步得到强化。

三、说就业，说说几件印象深刻的事

（一）官司打到了法庭上

说来话长，10年前，学校为某著名服装企业培养了一批学生。在学生还不到实习时间时，企业急需用人，必须让这批学生进厂工作，说是提前实习，学校无奈，只好同意。不料学生进厂后不久，就有好多家长找到学校，说工作时间长达十三四个小时，孩子受不了；住宿条件差，晚上无法睡觉，不能外出，有些学生翻墙逃跑等问题。学校找企业交涉，企业不认账，反而指责学生工作不踏实、生是非。这件事不知怎么让新闻部门知道了，他们就学生反映的问题还专门拍了专题片到学校交涉，学校只有救火。最后，学校与学生达成协议学生愿走的走，愿留的留。问题从此就开始了，家长不但要求退还学费，还要求赔偿青春损失费，坐到校长室不走，严重影响了学校的工作。学校为了稳定，只有做出让步，这件事才得以解决。那时，校企之间不是合作，而是学校要服从企业。

（二）把学生困在了厂门口

前几年，学校为石家庄某企业定向培养了一批学生，前两批就业都很顺利，不料第三批学生抵达厂门口时事情发生了变化。原来是企业人事主管易人，新任人事主管既不说不接收学生，也不说不执行合同，只是说缓缓。这一缓就是几个月，期间学生骂、家长闹，学校想尽了办法，最后企业还是没有接收学生。当时，学校是弱者，又打不起官司，无奈之下只好把学生安排到另一个企业。实际上安排的企业比原来的企业要好，可是学生和家长根本不买账，当时学校就不打算再搞订单培养了。

（三）工学交替硬伤明显

1. 工学交替的原因

2010 年 1 月 18 日，学校组织约 500 名二年级学生赴上海某外资企业进行工学交替。专业为计算机、电子技术应用等，时间为 3 个月，有一名校级领导带队，3 名管理老师。这次活动是邯郸市工学交替人数最多的一次，市教育部门也给予了关注，《邯郸日报》对此还进行了报道。

组织这项活动的初衷，一是为完成任务：该校是邯郸市中职教育工学交替和校企合作试点学校，通过这项活动总结一些经验和教训；二是收第三年的学费：事前已和合作单位与学生讲明，由学校直接从学生工资收入中分 3 次扣除第三年学费，还特别强调，每名学生的工资总数要让学生自己明白，把事做阳光，学校绝不多扣学生一分钱；三是锻炼学生：工学交替可以使他们对职业和岗位有初步的认识。

2. 工学交替的问题

（1）一周的岗位学习后，10％的学生不辞而别。

（2）学生集体和学校谈条件，不能扣第三年学费，不然就集体走人，学校答应了。

（3）安全风险大，学生不辞而别，使学校找不到，导致家长找学校要人。

（4）成本高，4 名老师的工资、车船交通费用等，平均到每名学生身上人均 158 元。

(5) 流失率高，不辞而别的学生再回到学校上学的就很少了，这一部分人占参加工学交替学生的10%。优秀的学生逾期不返校，个别的返校了，给学校请长假应付一下，其实是又回到了工学交替合作单位。

(6) 学生返校后，管理难度加大，抽烟、喝酒人数明显增加，打架纠纷事件也比原来增加一倍，主要是钱惹的祸，学生手里有了钱，走路都不一样了，对老师和同学的态度发生了变化。

3. **工学交替的好处**

(1) 使学生更多地了解了企业，过去不论是老师还是学生，对企业了解得很少，通过这次活动，领导、老师以及学生对企业的认识加深了；

(2) 对多数学生而言，了解并体验到的职业认识，对将来就业起到了心理准备的作用；

(3) 使学校管理者增加了开门办学的思想，打破了传统学科教学那一套，长远看来对新课程改革有好处。

4. **工学交替的条件**

通过以上的分析，有人可能认为工学交替的问题比好处多，不可搞，其实不然。

只要学校具备以下条件还是可以搞好工学交替的。

(1) 有学生思念的老师。

(2) 有先进的教学设备。

(3) 有值得学生回学校的理由。

这些条件看起来虽很简单，但能真正做到的学校未必多。

(四) 紧跟市场设专业带来的教训

BP机，现代人大都还有点记忆。在前几年，如果谁腰里要有个BP机是很风光的。学校也紧跟市场需求，及时和石家庄一家公司签订了就业协议开设寻呼专业，当时就业费每人要两千，报名时人山人海，不料学生还没有毕业，寻呼行业已经日落西山。可是学生的安置费入学时已交至中介机构，当时学校为给学生要回安置费真是非常艰难。

通过以上几件事，学校学到了很多的经验。这些经历看似失败，感觉痛苦，但是它从另一面对学校长远的发展起到了非常关键的作用，也使学校领导学到了很多东西。

1. 增强了学校对依法办学、依法办事的认识。在此后的就业或其他协议的签订中，学校领导者都十分认真地审定每一个文字，学会了在任何事情上都留“留后路”。

2. 在专业建设上的思路更加明确。学校逐步形成了以核心专业为主导的专业体系，围绕市场设专业，根据企业技术发展调课程，使学生和企业之间做到最大限度的对接。同时也学会了和企业打交道，和用人单位成了朋友，再也没有发生以上的类似事情。

3. 在之前的那段时间里，这些方法确实是对学校的生存起到了很大的作用，解决了资金困难的大问题，尽管出现了一些问题，但事后思量很值得。

4. 坚定了要真正把劲用在教学上的决心。职教同仁都知道这个道理：教学水平上去了，企业会自然找上门来的，这样就能变被动的校企合作为主动的校企合作，变仅仅输出人才为输出人才和技术。

好处还有很多很多，总而言之，这几件事（当然不仅仅是这几件事，还有很多）使他们思考和调整，并明确了方向。

（五）学校和学生是同一个目的，但认识相差甚远

1. 说对口

专业对口就业，无可非议。关键是学生只有到工作单位后，才能明白自己的具体岗位，而且几十个学生到同一个单位时，不可能岗位相同。所以，机电专业的学生不想进工厂，财会专业的学生不愿进商场。去年，学校一个班学生到石家庄就业，第二天学生就全部回来了。问为什么，两个字：太累。学生说的“累”，是在操作数控机床过程中要把汽车轮毂拿起来，卡好，加工好，再放好。这一拿一放，就是学生说的“累”。安排到邯钢的机电加工专业的学生说“太脏”，所谓的“脏”就是工作过程中有油。

2. 说稳定

学校考核就业的一项重要指标就是稳定率，为了提高就业稳定率也做了好多工作。如学生在校时的就业教育；学生在离校时将每个就业单位编成小组，各设一名组长，定期向学校汇报情况，还给组长报销生活费，等等。就这样，也会有一些学生短短几天就回到学校。你问学生：“为什么回来？”学生说：“没意思。”或者说：“不为啥，他回来我就跟着回来了。”还有的说：“想家。”很简单的几个字，令你哭笑不得。在学生的思想中，工资待遇排第二位，有意思排第一位。现在学生中有一种现象特别怪，明明是不想学习，还说是在学校啥也学不了；明明是啥也不会，还要求找个轻松点儿、工资高点儿、不要加班、有玩儿的时间住的地方，这种要求，谁能满足？

3. **说企业**

无论什么时候抓教学都是学校的中心工作，这种观点由来已久，且被人们认可。但是，在学生就业的那段时间，有时就真感觉抓教学无用。原因如下：

（1）企业选人先确定身高，特别是一些好的就业单位，条件更高。这样就把相当一部分学生挡在了面试门外，助长了一些高个儿学生的优越感，也直接导致了他们的不学习，同时也挫伤了一些矮个儿学生的学习积极性。

（2）工作时间长。一般企业的工作时间是 10 到 12 个小时，特殊时段到 14 个小时。我们都是为人父为人母的人，如果我们的孩子这样干活，我们会做出什么样的选择。学生自己也受不了，刚出校门就当头一棒，受不了了，只有跑。

（3）岗位技术含量低。低技术含量的岗位，使学生和社会认为，不用上职校，同样也能工作，有时职校生的工资反而比不上不上职校的员工。

4. **说家长**

谁都盼望自己的孩子有个好工作，待遇高、上班离家近、危险小、环境好点。现在不到外地工作的学生逐年增加，已占就业总人数的 1/4，其中一半以上是因为家长不愿意孩子到外地工作造成的。

造成这些问题的原因不说，说说学校的做法。学校不仅开了一门就业指导课，而且要求所有任课教师都要有意识地结合课程对学生进行就业引导和教育，把就业教育贯穿于学生的整个在校学习期间；把专业课和素质教育放到同等重要的地位来抓；从入学时就对学生认真讲解就业现状，并结合学生自身条件，帮助学生选专业，还安排学生到用人单位去，让他们对自己的工作岗位和环境有一定的认知。

说到底，学校教学的落脚点还是要回到真真正正对学生的技能培养上，教育学生做人上。如果把学生比做一个圆，学校要给他们的其实一半是技能，另一半是如何做人。

一、不易过分夸大农民工在城市中的作用

自古以来，农民种地，工人做工。现在，农民不种地了，工人不做工了。抓城市建设、城镇化、新农村建设的关键是要抓农业现代化、产业化，使农民不出家门就能变成“工人”，逐步少提或淡化“农民工”这种提法，

强调职业和职业精神。

我们曾有过当上全国劳模的掏粪工人、城建工人、矿山工人等，他们不都是工人岗吗？现在一提这样的岗位，有些人就摇头，认为那是“农民工”干的活。大家可以看到，我们的城乡差别没缩小多少，职业人之间的差别反而大了。想想一个城市里的人如果全都是博士会是什么样子？

二、不要过分夸大学校的社会功能

招生难对于行业办的学校来说是非常准确的描述。他们手里没资源，生源学校归教育部门管，他们的一道命令，生源学校的大门你就进不去。有的县做得更绝，在他们的电视台上打广告都不可以，理由是：自己县的职教中心还招不满呢。

稍稍留意一下中职学校广告上的内容，不难发现，相当一部分学校把“保证安置工作”“工资达到多少”之类的话说得非常满。想一想，一个小小的中职学校，能保证什么呢？当然我们不反对学校把学生就业工作当大事来抓，可是学生就业真该全部由学校承担下来吗？什么时候学校的工作重心真正转移到抓教学上来，教学质量就提高了，也就能把学生的就业工作做好了。

三、应加大实施准入制度的力度

政府部门把组织劳务输出当成一个民心工程来做，现在又提出来“劳务经济”这个词，以此来增加农民的收入，这是好事。为了使这项工作长期化，许多村、乡、县都成立了工作站或联系人，专门负责此项工作。为了完成上边下达的任务数，“买人头”的事情出现了，他们把初中的流失生也作为目标，有的还把手伸到放假回家的中职生身上。特别是去年至今，他们挖走中职生的情况更为严重，导致职业学校虽然天天在抓教育教学管理，但学生的流失率不降反升。今年学校一个班集中在一个县一次流失 10 名学生，原因是该县劳务输出力度大。现如今，用工紧缺，这是事实。有些好一点的企业已经放下身段到学校来要人，标准也有所降低，但是需求的还是大量的低技术含量工人。

透过这种现象学校想说的是：

没有职业资格证书的不能从事职业劳动，也就是说严格执行劳务准入制度。

学校管培训技术，劳动部门管工作，企业管用人，三方互相合作，互相渗透，成为一个链条。这样，所有想从事职业劳动的人，不就都到了学校了吗？然后，学校会根据个人的需求进行长期的或短期的教育和培训，形成一个企业向劳动部门要人，劳动部门向学校要人的链条。只有学校安心、专心、一心抓教学，教学效率才能提高，教学质量才能上去，工人的素质也才能上去，也就为社会经济的发展提供了人力保证。

四、要静下心来正视一些问题

1. 学校本身存在的一些问题

一个地区，在实行助学金和相应的免学费政策后，学校数量竟然增加了近一半，且多数是民办学校，不值得我们思考吗？明明学生少了，招生指标不减，去哪招那么多学生呀，这又是值得我们思考的事。我们搞职教的人面对职教的春天确实需要静一静，静一静的内含——实事求是。

2. 管理者不要轻易提口号，学校不要轻易讲承诺

中国地域大，地区差异、经济发展、风俗文化都不尽相同，许多事情不可能框在一种模式里。其实，管理者要做的是把学校建设好，包括师资，真正把教学放在中心位置，把学校办好。而不是夏季抓招生、秋季抓学生、春季抓就业，只把教学做补充。

不可否认，目前，中国职业教育得到了领导们前所未有的重视，职业教育有了前所未有的发展，也取得了前所未有的成就，职教人也有了前所未有的自豪，所有这些都将毫无疑问地继续下去。

3. 作为校长要做到的

（1）关心全体教职工的生活，使他们无后顾之忧。

（2）学校一定要有充足的生源。

（3）不能等、不能靠、不能要，要迈开双腿，哪有生源就往哪儿跑；要看住学生不出事；要伸双手一手抓技能，一手抓德育，两手都要硬。

4. 学校的几个第一

在邯郸，学校是第一个成立就业处的学校，第一个搞校企合作的学校，第一个搞订单培养的学校，第一个搞工学交替（一次 500 人）的学校，等等。现在他们已经在三个专业中搞教学改革，实行“小岗村式”的模式，课程、评价、教师、报酬都发生了根本性变化，并于 2011 年 9 月在所有专业推广，方法采取建筑行业“招标”法。

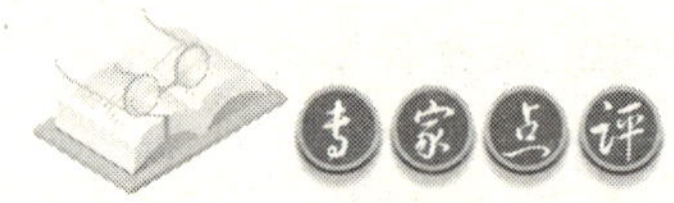

邯郸理工学校校长袁爱清以丰富的案例、生动的语言向我们呈现了学校20多年的办学历程，期间的酸甜苦辣，让人感觉意味深长。

袁校长的文章一直在引领我们反思这样一个问题：教育是做什么的？

在职业教育大发展的背景下，让我们静下心来，回到原点，想清楚教育是什么，什么是好的职业教育这样的根本性问题，职业教育才有正确的方向，投入才有真正的回报。

邯郸理工学校的办学案例具有典型性。

在邯郸，邯郸理工学校创下了若干个第一：第一个成立就业处，第一个搞校企合作，第一个搞"订单"培养，第一个搞工学交替（一次500人）。但它同时也遭遇了如因需开设的短线专业问题、因订单培养引发的官司、工学交替中的种种问题……学校在折腾中成长，也在折腾中反思。

邯郸理工学校折腾后的反思是："要真正把劲用在教学上"，"教学水平上去了，企业会自然找上门来的"，"让全体教职工有饭吃，而且要吃好"，"学校一定要有学生，没学生就不是学校"，"要一手抓技能，一手抓德育，两手都要硬"，"中国这么大，地区差异、经济发展、风俗文化都不尽相同，不可能框在一种模式里"。

这些朴实无华的感悟，足以让匆匆赶路的我们驻足反思。

毕竟，我们已经出发得太久了，已经忘记了为什么而出发。

所以说，职业教育面临着一个"再出发"的问题，让我们重新认识职业教育，思考职业教育，理解职业教育的使命。

（点评：张振笋）

以就业为导向，让更多的孩子成才

——辽宁省铁岭市外事学校

名校／名校长简介

铁岭市外事学校是铁岭市政协常委李华于1994年投资创办的辽宁省唯一的一所民办国家级重点中等职业学校。

学校以旅游专业为特色，开设有11个热门专业，与30余所中外高等院校合作办学，与100余家知名企业建立了校企合作关系，是享誉全国的民办名牌学校。

办学17年来，学校秉承“让更多的孩子就业成才”的办学宗旨，建立了科学的管理制度，推行了“学分制”和“弹性教学”，实行了“双证”就业制。

学校坚持以就业为导向，多年来为旅游业培养了8000余名毕业生，这些毕业生全部在大中城市就业或创业。他们每年为家乡回流8000余万元，为促进家乡经济发展做出了突出贡献。

学校的办学理念、毕业生100%就业等经验以及校长李华创业事迹的个人专访——创业历程曾在中央电视台第2频道的《劳动就业》栏目中播出，在全国引起了良好的反响，将铁岭市民办教育展示给全国观众。

学校的办学业绩受到了各级政府的表彰，先后获全国民办教育百强学校、民办全国社会服务工作先进集体、辽宁省职业教育先进集体、辽宁省优秀民办学校、辽宁省“五四”红旗团委、辽宁省“十大杰出青年创业团队”、辽宁省青年志愿者服务集体、辽宁省档案管理AA级单位等荣誉称号。

李华校长在十年校庆上与学生代表合影

由于成绩骄人，校长李华也先后获中国职业教育百名杰出校长、全国民办教育十大杰出人物、中国优秀民办教育家、首届“黄炎培职业教育杰出校长”等荣誉称号。2006年9月，校长李华被中央统战部授予“全国建设小康社会做贡献先进个人”，受到全国政协主席贾庆林、国务院副总理回良玉等国家领导人的接见。

办学 17 年来，学校始终秉承“让更多的孩子就业成才”的办学宗旨，坚持“以理治校，以礼塑人”的办学理念，突破了传统的办学模式，坚持以就业为导向，以技能培养为核心，以诚信教育为原则，以就业成才为目的，制订了“办学有特色，教学有特点，学生有特长”的管理目标，构建了“学校与企业协作”“专业与就业挂钩”的适应市场经济发展需求的办学模式。

学校建立了以理治校的科学的管理制度与程序，形成了学校内部包括招生就业、学生管理、教学组织、专业建设等内部健全的管理机构。

学校借鉴了现代企业的管理模式，确定了自己的办学方向，即以市场需求为导向，以职业技能为核心，强化学生的能力培养；通过以礼塑人对学生进行外在形象和内在素质的系统训练与培养；强化了学生的道德的教育与培养。

学生入学时，按照学校要求，首先了解的是校风；必唱的是校歌；必诵的是校训；必掌握的是“学生行为指南”，一切行为均按企业的岗位要求进行训练。让三无（无吸烟现象，无怪异服装，无浓妆艳抹）、三轻（走路轻，说话轻，取放东西轻）、三无声（自习无声，走廊无声，就餐无声）、三主动（主动问好，主动让路，主动照顾别人）成为学生的行为习惯。同时，学校有计划地开展了以爱国主义为核心的思想教育：每周一的双语升旗仪式；每月的校会；寓教于乐的校园文化活动；有益的社会实践活动；“就业创业教育”“爱家乡·为家乡争光”“在党旗下宣誓”等系列教育课；规范的班级量化考核管理；礼仪礼节训练；定期树立先进的典型；表彰先进的学生等活动。这些活动可以增强学生的思想信仰和诚信的品德，树立学生正确的道德观与价值观，为学生树立正确的职业道德打下了坚实的基础。

学校实施了“订单式”培养，根据专业的不同，与用人单位签订了培养协议，学生入学后与学校签订实习就业协议，保证了学生所学专业与就业挂钩，实现学生与岗位的无缝结合。学校在承诺100%就业的同时，为了使学生毕业后在就业市场中具有竞争力，建立并实行了“双证”就业制和定岗就业制，制订并实施了《学生专业技能考核评价方案》，突出了对各专业学生操作能力的培养与考核，要求学生在取得学历证书的同时，必须通过学校的考试、考核，取得相应的英语口语、计算机、客服、餐服、导游等职业技能等级证书，否则免费再修，直到合格获证后，才能顶岗实习与就业。

为确保学生100%就业，学校积极进行了课程改革，开展适应岗位需求的校本教材研究，先后编写了《铁岭地方导游》《酒水调制》《应用文写作》《就业指导》等6种校本教材，突出了专业课教学，执行了以实训操作为主的就业指导教学计划，对学生的职业能力进行了强化培养和训练。2003年，学校全面推行了学分制考核，在以品德考核为首位，完成专业学习任务的前提下，督促学生全员训练合格达标；学生的综合学分考核成绩与实习就业挂钩，并实行优生优岗就业原则。

基于用人单位急需人员上岗及学生迫切就业的要求，学校于2004年实施了“弹性学制”，对于品学兼优的学生，可将原在校二年的学习时间缩减至一年半，提前一学期参加实习就业。依据学校制订的《弹性学制实施办法》，对于量化考核学分成绩优异者或参加社会实践活动表现突出者，可实行弹性学制，让他们提前进入岗位实习就业，这样就缩短了学生在校的学习时间，也促进了优生优岗制度的形成。

为提高学生的综合素质，学校积极为学生营造良好的校园文化氛围，组织各类社团、举办各类比赛，召开每学期一届的校园文化艺术节、专业技能节等活动。这些活动已成为了学校独特的校园风景线，突出了专业特色，强化了对学生的专业技能训练。学校还组织学生义务参加社会上的大型会议及活动，承担导游解说、礼仪服务工作，引导学生热心为社会服务，传播礼仪文明，以此锤炼学生成为文明的使者、礼仪的典范。

学校设立了入学奖学金、学期奖学金、证书奖学金、社会实践奖学金、毕业生成才奖学金和弹性学制奖学金，以鼓励更多的学生就业成才。同时，为让更多的贫困家庭的孩子获得学习技能、接受教育的机会，学校从1998年开始，实施了教育扶贫政策，出资90万元，设立了与政府“寒窗基金”

同样的“温暖工程”，专门为单亲、下岗职工、农村贫困子女提供无息助学贷款，每学期有12.5%的学生得到资助。学校的“温暖工程”现已资助了500余名贫困学生完成了学业，并顺利就业，从而带动了500个家庭摆脱了贫困。

在办学过程中，学校注重就业指导教师的队伍建设，选聘道德品质好、事业心强、有一定组织能力和专业特长的教师带领学生实习并指导学生就业；组织毕业生以就业基地城市为区域，建立了校友会联谊活动制；在搞好市场调研的基础上，引导学生创业。学校建立并实行了校领导“就业基地定期巡访制”“对毕业生家庭定期家长巡访制”“毕业生就业跟踪考查制”，经常了解就业基地及有关企业的情况，及时调整校内的教育教学计划，使学校适应企业不断发展变化的需要，对在家访中获悉的困难学生给予帮助，共同分享学生取得的成绩。

对于在就业中因做出贡献提薪提职的学生，学校在校内和有关媒体上广为进行宣传，以激励在校生努力学习。

学校先进的办学理念和科学的创新体制形成了自己的品牌，建立了遍及全国的就业网络，获得了广泛的社会信誉，实现了学校的特色发展。

一、坚持长远发展的办学之路

20世纪90年代初，铁岭的经济环境和教育环境不是很好。那个时候，重点高中、普通高中、职业中专都非常少，如果学生考不上这些学校，就只能在家待业，农民的子女就更没有出路。时任铁岭电视台节目主持人的李华，头上有荣誉的光环，面前有鲜花和掌声，对于她辞职办学，人们很不理解。

那时，“外场”很多的李华，经常到各地参加各种会议和活动，深感到铁岭人，尤其是外事服务人员的文明礼貌素质与其他地方的相比差距很大。于是，她想能否创立一个这方面的培训班，使铁岭的年轻人通过培训，变得既聪明又美丽文雅，显示文明礼仪的风彩，特别是可以在一定程度上提高公众人员的素质。

为了这个美丽的梦想，李华于1994年提出要自己创办外事服务学校。对于她的这一想法，一些同事向她投来冷言冷语，更有很多人不理解，传来流言蜚语，但这些都动摇不了她。认准了目标，打定了主意，李华义无反顾地投身到职业教育当中。她就是凭着这样一种超人的胆识和超前的观念放弃了电视节目主持人这份令人羡慕的工作，筹资 30 万元办起了铁岭第一所全日制民办中等职业学校。

第一年，人们对职业学校的态度还处于观望和不信任的状态。好在出任校长的李华曾在电视台工作过，有一定的社会知名度，出于对“公众人物”的信任——出事能找到她，跑不了，一些家长才把初中毕业在家闲着的孩子送来了。

这年学校报名的学生达 100 多人，如果将这 100 多人全收下，当年就能收回办学的成本，但李华没有这样做。她从专业的设置出发，经过面试考核挑选，只留下 30 人。面对这 30 名学生和家长，李华校长承诺：保证 100%就业或升学，否则，全部退还学费。其实，她心中很清楚，这样所收的学费，还不够房租、课酬、水电费、上缴等费用支出，自己的卖房钱投进去不算，借亲友的钱也没法还。面对如此大的压力，她仍然这样说：“实际上那些钱，已经来到了我的面前，但是被我推掉了，在入学时把好关，才是真正地对学生负责，所以宁可把流进来的钱推出去。从长远考虑，必须做品牌、做形象，哪怕只有一个学生，也要把他培养成为合格的人才。这样才能保证就业率。”李华是这样说的，也是这样做的，这个原则，她和她的学校一直坚持到现在。

李华和她的同事们，对自己的学生有清醒的认识：“他们形象好、聪明，但学习习惯、学习基础较差。技能是他们的谋生之本，仅有技能还不够，教他们诚信、善良、做人同样重要。”以理治校、以礼塑人的办学理念在这种认识中逐步形成。看着那些许多农村来的学生进校时不怎么懂规矩的孩子，经过两年的学习、浸染，变得知书达理、有一技之长，作为学校的校长和老师们从内心里感到欣慰和满足。”

二、开拓市场的艰辛之路

为了使毕业生能有更好的开始，也为了学校的长远发展，1995 年李华校长尝试着到北京联系就业基地。

当时北京的外来打工者还不是很多，用人单位的观念在很大程度上还固守着计划经济时代的传统。李华走了十多家对口单位，得到的答案是：铁岭外事学校？不知道这个学校。大专、中专毕业生我们有的是，都是人事、劳动部门分的，按计划接收，用不着向社会招。没有单位认这个辽北的民办职校。

北京之行，让李华走了“麦城”。5天的时间一个基地也没有落实，李华的心焦灼到了极点，泪水不由得流了下来，不得不返回铁岭。当时，她都产生了退缩的想法。

可是当她回到铁岭，回到自己的家——学校时，学生就把她围起来，拉着她的手，搂着她的脖子，雀跃着：“校长回来了，校长回来了，我们可以去北京了！校长给我们找到好地方了！”一下子，李华被学生的温暖拥着，泪水再次涌上来。学生们问：“校长哭了，你是不是想我们了？”面对着一张张绽放的笑脸，作为校长的李华也笑了，声音却哽咽了。不能放弃，这些孩子们的命运在我的肩上，一定要让他们到大城市就业，绝不能放弃！

流过眼泪，想退却的李华又重新上路了，求同学、找朋友、发信件，四方求援，八方寻门路。李华校长的诚信感动了周围的人，第二年的春天，经一个朋友的同学帮着联系，北京首府饭店从学校选走了20多名学生。李华回忆说：“当时通过劳动部门办招工还办不进去，必须得是当地户口才行，所以，饭店是以“借用”的名义把学生送进去的。”

就是这批学生，就是这“半遮半掩”的机会，给学校开辟了新的就业基地，带来了意想不到的转机。凭借良好的素质和表现，20多个学生在北京首府饭店站稳脚跟的同时，也将学校的声誉传扬了出去。不到半年，就开始有用人单位和学校联系要人了。

三、创新铸名校

2002年的春天生机盎然，孕育着希望。学校在探索前行中不断发展，由办学初的一个专业、3名教师和不到百名学生，发展到如今11个专业、84名教师、24个教学班、1300名学生。学校从无到有、由小到大、由弱到强，经历了风风雨雨，留下了一串串坚实的足迹。为了满足更多学子的求学与就业，学校又自主筹资建起了占地3.3万平方米、建筑面积1.4万平方米的符合国家标准的现代化花园式新校园。

针对市场经济发展的需求，学校对所设的专业与课程不断进行新的定位，由原来的“旅游服务与管理”一个专业，增设到饭店服务与管理、外语（英、日语）、导游、计算机应用与维修、民航服务、海关报关、学前教育、播音与主持人、珠宝鉴定与加工、电信传媒等11个热门专业。

在学校发展的同时，李华校长认真研究了国内外先进职业教育的办学模式与经验，针对学校实际，将原来的治校策略“以理治校，以礼塑人”确立为办学理念，同时秉承“让更多的孩子就业成才”这一办学宗旨，构建了适应市场经济发展需要的办学模式，制订了《学校各项工作管理规定》《学生综合学分管理办法》《关于奖励学生成才的规定》等一整套科学化、规范化的管理制度。学校确定了严格量化、公平、民主的管理目标，对师生进行科学的、准军事化的管理，还聘请了精干的高层管理人员、班主任、专业课教师、就业指导教师，建立了与学生家长联系制度，以扎实有效地开展德育工作。

学校以醒人的校训、校歌、每周的双语升旗、主题班会、学雷锋活动、传统节日经典诵读、毕业生“爱心接力旗传递”、校园文化艺术节、专业技能节、向灾区献爱心、社会实践活动、规范的班级管理、心理健康指导、各类先进典型表彰、优秀毕业生报告、校报、校园电视台、电源广播站、校园网络的宣传、就业明星陈列室、职业模拟室、业余党校等多种形式为载体对学生进行思想、政治、法律、心理健康及就业的教育。

学生入学后都要接受一周的形象教育。统一着装进行军训，学校歌、诵校训、学礼仪，文明规范的举止遍及校园。

学校除了注重对学生外在形象的塑造外，更注重对学生内在素质的培养。坚持以礼塑人，提高学生的综合素质。各专业开设《职业道德》《就业指导》课，结合校内的教育教学、校园文化活动，培养学生形成良好的思想信仰与诚信品质，树立良好的职业道德观和正确的人生观、价值观、就业观。

四、让更多的孩子就业成才

母爱是伟大的，母爱是神圣的，外事学校的校长、老师们视学生如自己的孩子。

来自内蒙古通辽市胜利农场的张强，在学校的资助下，2002 年以优异的成绩毕业，被学校分配到北京新世纪酒店餐饮部，做了一名普通的中餐服务员。他兢兢业业、踏实工作，之后又先后到珠海国际会展中心、深圳金伯湾酒店工作，由于出色的表现，获得了升职与加薪。现在，他不仅偿还了学校的贷款，还每月给家里汇款帮助父亲治好了腿伤，同时还给家里翻盖了新房。他的家成了当地远近闻名的富裕家庭，张强也荣获了家乡新时代创业“优秀青年”称号，成了家乡青年创业致富的学习典型。

在辽河边长大的暴伟，家庭贫困无力支付读书的费用，校长李华以“温暖工程”的名义为她提供了助学贷款，使她顺利完成了学业，并到美丽的三亚工作。在那里，她努力钻研业务，以一流的服务水平赢得了用人单位的赞赏，2002年，被三亚环球大酒店聘任为销售经理。多一个岗位，多一项技能，就多一份竞争力，校长经常这样鼓励她，因此，她一直坚持学习，不断充实自己。而今又升任为海南康辉旅行社会展部经理，不算奖金，仅年薪就已超过十万元，不仅供弟弟、妹妹上学，还一次就给家里汇去半年的奖金7万元，建起了村里最漂亮的新房。同时，她也组建了自己幸福的小家庭。至今，她已将家乡的25名亲人带到海南一起创业，改变了和她的家庭一样贫穷的亲人的命运。

身高一米六七的农村女孩李红，母亲体弱多病，家里只靠父亲一人种地，还欠着大笔的外债，李红的姐姐无奈早早地嫁人了。当李红提出要上学时，父亲说："过两年嫁个有钱人家就算了。"坚决不同意她上学。李华校长、老师在农村走访时，见到此情况，便启动了助学贷款。2004年，北京钓鱼台国宾馆来校选学生时，在学校的努力推荐下，李红被选中了，学校为李红支付了全部费用办理了城镇户口，解决了她进京长期签约的问题，实现了李红从农村到北京的夙愿。如今的李红已具备了大专学历，并被评为北京钓鱼台国宾馆的优秀员工。

时间虽然远去，但毕业生的名字在校长的心目中却如数家珍，甚至他们的家庭、爱好、性格特点都能一一说出来。学生毕业后事业上遇到了难题，个个都会去找校长。多数毕业生在南方工作，下班都很晚，因此在晚上给校长打电话是常事，生活上、工作上有什么成绩和困难也都爱跟校长说说，而且一聊就是个把小时。

李华校长与在深圳
鹏运旅行社工作的学生合影

2007年6月，铁岭市电视台长镜头《天南地北铁岭人》栏目播出了学校2001届毕业生田达的故事。当时，23岁的田达两年前就已是深圳一家五星级酒店的餐饮部总监。节目播出后，李华校长和田达通了电话。在电话中，田达说自己目前在事业上遇到了难题，校长便细心地为他分析了利弊，慢慢地开导，近一个小时的通话不仅安慰了田达，同时也为他指明了方向、提出了解决难题的办法。

在学校一楼的一间展室里，贴着校长在深圳走访时与毕业生一起的合照。照片上写着"校长是我们的妈妈"。生活中的确如此，即便毕业生就业成才后依然把她当成妈妈！对校长来说，每个学生都是她的心头肉，而对每一个学生来说，校长是他们的老师、妈妈，更是朋友。

学生腾飞从小一直和奶奶一起生活，校长了解到这一情况后，将学校的一个开原市政府事业编制名额给了腾飞，还给她报了大专自考班，并对她说："不管在工作和生活上遇到什么困难，都要来找我，就拿我当你妈妈吧。"

学生腾飞

和校长一样，学校的每一位老师也都将学生视如己出。高萍老师是海南三亚实习就业基地的指导教师。从 2003 年开始，她每年只有半个月假期，回家乡铁岭看看女儿和外孙，其余时间都要和学生们度过，帮她们处理实习就业和生活上遇到的难题，每月还要向学校报告一次就业基地毕业生的就业工作情况，工作中她还整理并撰写出了"2003—2009 年毕业生入职后升职情况简介"。悉心指导毕业生上岗就业，解决学生就业的各种问题，已成了高萍老师每月的例事。

计算机专业的毕业生姜雅楠，2004 年 6 月于海南三亚万豪酒店就业。但她因缺乏自信心，工作中总是越怕越出错，经常受到主管、经理的批评。郁闷的她心理压力过大，想要辞去这项工作。带队的高老师知道后，耐心地劝说开导她，鼓励她要树立信心、吸取教训、大胆工作，她才打消了辞去工作的念头。同时，高老师又同酒店人力资源部协商，调整了她的岗位，让她做了酒店的礼仪小姐，参加酒店迎接重要领导的迎宾活动和酒店举办的"卡拉 OK 大奖赛"颁奖礼仪小姐。在众人面前姜雅楠展示了自己良好的形象和优美的礼仪举止，受到了酒店领导的好评。她受到鼓舞，工作也更有了热情。工作中，高老师发现雅楠不适合做西餐厅服务员，而适合做西厨房厨师的工作，所以又同酒店领导多次协商，将她调到了西厨房的饼房做厨师工作。到了西饼房工作后，雅楠因精湛的技术，不到半年就升任西饼房领班，不到一年就升任了国际品牌五星级酒店的饼房副经理。

落实学生的就业工作，维护学校和学生的合法权益，是职业学校校长和教师应尽的责任和义务，也使学校提出的"让更多的孩子就业成才"的办学宗旨在校园里、在社会上熠熠闪光！

五、放飞希望，成绩斐然

如今，铁岭外事学校的毕业生已遍布天南海北，甚至香港、澳门，有600多人已成为各大企业的部门负责人，年薪20多万元的屡见不鲜，已有500多人成立自己的公司。开原市松山乡的刘景权1995年的毕业生，现已成为海南三亚旅游运输公司、建筑公司、旅行社、双龙海鲜城酒店等5家公司的老板，资产近亿元，还帮助家乡百余人在他的公司就业；西丰县部家店的侯琳是2005年的毕业生，他在学校老师的指导下，先后考取了报关、报检证，被大连一著名物流公司聘任为业务经理。

2000年就业入职的毕业生杨雷，在珠海国际会议中心工作两年中，利用业余时间学习电脑技术，不到一年时间就被深圳中鼎科技有限公司珠海分公司"挖去"任业务主管，之后又被提升为分公司的经理及该公司防伪税控机东北总代理、区域总监。

家住铁岭山村的小女孩魏丹，2002年就业于澳门歧关车路有限公司，从事长途观光巴士的导游及乘务工作。熟练、标准的英语口语，甜美的微笑，热情的服务，受到了中外游客的好评，她也多次被公司评为"五星级乘务员"。在学校的推荐下，她又到珠海昌安国际假日酒店（五星级）任大堂副理。后来经过澳门学习，又被澳门永利酒店聘为前厅主管。如今，魏丹工作在珠海星城国际酒店集团，担任前厅部经理。

1981年出生在开原市东部山区马家寨乡金寨村的孙伟，自小就有一个梦想——走出大山，到繁华的大都市去工作、生活。

孙伟回母校做报告

高中毕业的孙伟，听说符合自己心愿又可以实现梦想的学校——铁岭外事学校在招生，他毅然领着双胞胎的堂弟孙健、孙明选择了这所学校。在这里，在老师的指导下，他们刻苦学习专业知识。每当同学们休息时，他们躲在实训室里练习摆台、练习铺床，一遍不行，两遍，两遍不行三遍，直到合格为止。他们就是这样强化训练充实了自己的专业技能，展开了理想的翅膀。2001年6月，国际连锁集团假日酒店所管理的深圳威尼斯酒店到学校招聘员工，孙伟哥儿仨以良好的形象、扎实的功底被录用了。在学校就业指导教师的带领下，孙伟和他的同学们开始了全新的就业生活。他们在威尼斯酒店接受了上岗前半年近乎残酷的“魔鬼训练”。为了背熟酒店日常英语，孙伟深夜在被窝里打手电看书，背诵英文，一个单词反复抄写几十遍是家常便饭。严格的训练使得个别学生退缩怠工，可孙伟在指导老师的鼓励下，以加倍的努力弥补了自己英语的不足。也正是通过这种紧张的训练，孙伟用自己的毅力坚持着，练就了出色的酒店服务技能，培养了勤奋、诚恳的工作态度。培训结束后，孙伟以优异的成绩、扎实的技能、敬业的态度，正式入职深圳威尼斯酒店礼宾部，同时通过国家公共英语四级考试。第二年，他顺利地成为礼宾部主管，他的堂弟孙健成为宴会部领班，孙明成为中餐部员工。孙伟哥儿仨传奇的成功事例触动了家乡人，在他们的影响下，孙氏家族兄弟姊妹先后有 7 人来外事学校就读，又先后在广州、深圳、三亚等地的国际品牌酒店就业。正是这样的一所学校，彻底改变了一个人的命运，甚至改写了一个家族乃至后代的历史。孙氏家族兄弟姊妹就业成才的事例，在孙伟的家乡掀起了一股走出大山、学习技能、到都市去实现梦想的读书热潮。

在别人羡慕的眼光中，孙伟没有迷恋自己眼前的成功，而是有了新的思考，在与校长的一次电话交谈中，他得知国际大品牌云集的海南酒店业比深圳更有前景，便毅然辞去了深圳的酒店管理职务，来到海南寻找更大的发展。在海南，孙伟在就业指导教师的推荐下，成功地被皇冠假日酒店聘为礼宾部的礼宾司。在这里，孙伟的业务技能与人际关键交往技能更为成熟，同时也结识了很多大客户。其中有一位美国的客商，每次到海南都要住在皇冠假日酒店，并指定孙伟为他服务。孙伟也每次在他到达中国之前，准确地安排好他行程中的各项服务工作，所以深得这位外商的信任。后来，这位美国客商竟出资 500 万元委托孙伟为他在海南购买豪宅。这种对酒店工作人员的信任，可以说是千金难买。孙伟的出色工作得到了酒店高层管理的认可，他们为孙伟申领了海南地区“金钥匙”（“金钥匙”是一种专门化的饭店综合服务，又是一个国际化的民间专业服务组织，也是现代服务业的国际最高组织。此外，还是对具有国际金钥匙组织会员资格的饭店礼宾职员的特殊称谓。全国获得金钥匙称谓者仅有百余名，孙伟就是其中一个），同时派他到广西南宁学习受训。

2001 届毕业生张富强、刘岩，现在深圳东部华侨城茵特拉根酒店（五星级）工作，分别任值班经理、礼宾部经理，并于 2009 年双双荣获“金钥匙”。

有人说这是奇迹，小山村里竟然飞出这么多金凤凰，我们的校长这样说，“我们为自己能改变这么多学生的命运而骄傲，我们的目标就是放飞更多的‘金凤凰’。”

2007 年 8 月，由铁岭市政府和香港华南城集团联合主办的“故乡的呼唤——深圳铁岭人相聚华南城”不忘家乡回报家乡联谊活动在深圳举行。李华校长带领参加联谊活动的师生代表，与在深圳工作的学子喜逢相聚，联谊会上，乡音、乡情、师生情融汇在一起。

当年，一批批从铁岭黑土地上走出去的孩子、一届届英姿勃发的外事学子，来到深圳，来到南方各地，靠辛勤去打拼，用汗水去创造。今天，已有 1000 余人，创出了各自的一番天地。

现任深圳海景酒店餐饮部总监的田达，获得“深圳市百万职工技能大赛”餐饮类冠军、亚太地区酒店英语演讲比赛第一名等多项荣誉。他以 21 岁的年龄打破了海景酒店原来任职部门总监最低年龄 28 岁的记录。

1998 届毕业生刘刚，曾任深圳市博园酒店市场销售部总监，2006 年获得了深圳市旅游协会颁发的“酒店职业经理人”资格。

1997 届旅游专业毕业生汪洋，曾任深圳市浩强家俱有限公司副总经理。如今，已在香港工作、生活的她，创办了“妈宝购”网站，很快成为知名度高、信誉度好、影响力强的童装品牌网站。

2003 届计算机专业毕业生王红玉，在校长和全校师生的资助下，2005 年在校学习期间，创作出版了 11 万字的长篇小说《爱在天堂》。《中国教育报》2005 年 7 月 26 日以《校长资助学生出书》为题进行报道，《光明日报》2005 年 7 月 7 日以《铁岭女中专生出版 11 万字小说》为题进行报道。

2000 届播音与主持专业毕业生李扬，毕业后被学校推荐到铁岭电视台工作，之后考入海南电视台，现任海南电视台节目主持人、《快乐体育》栏目制片人，于 2010 年被评为“海南广电十大优秀主持人”。

2000 届导游专业毕业生代美惠，现任北京华侨城欢乐谷旅游有限公司培训部主任，每年为企业培训大学本科生近 500 人。

1995 届毕业生陈荣帮，经过自己的不断努力，完成了本科学历，结合自己的工作经历创办了沈阳名航职业学校。目前已有近 800 名毕业生在社会就业，成为沈阳市皇姑区“优秀民办学校”。

在学校校长和就业指导教师的组织下，以就业基地城市为区域形成的校友会把这些就业的孩子联系在一起，他们克服困难、互相勉励，共同走出了自己创业的道路。

一份份校友联谊的通知，随着电波，在北京、上海、广州、深圳、海南快速地传递着，传到了用人单位和南方学子的身边。深圳中润公司区域总监杨雷从西安赶来；亚太电效公司的王宝军从珠海赶来；身家百万的沙柳、郝丹丹从广州赶来。就业成才的外事学子从四面八方相聚深圳，他们围着校长，拉着老师，畅叙着家乡的过去、今天和未来。

联谊会上，学子们尽展风采，热血沸腾，共同发出了铁岭人的誓言："为了家乡这片热土的繁荣与发展，为了实现祖辈人梦中的画卷，我们外事学子，以拳拳赤子之心，集奋斗之精神，凭创业之经验，用智慧和汗水，为建设祖国，建设家乡，团结奋斗，勇往直前。"

17 年来的，学校始终坚持"以理治校，以礼塑人"的办学理念，以就业为导向，形成了系统的办学指导思想，创建了科学的办学模式，收获了自己的成就和辉煌。在学校发展的进程中，如何弘扬办学理念，如何创新学校的管理，如何把握学校的培养目标，是学校认真思考与探索的重要问题。

职业学校现已成为社会关注的热点，面临着机遇和挑战，学校领导和教师必须具有战胜多种困难的能力和策略，坚持"以理治校，以礼塑人"的办学理念，坚持培养应用型人才的办学方向，把对学生综合能力的培养作为学校工作的主线。

为此，学校管理者要树立强烈的职业教育理念，以现代职业教育思想、现代企业管理思想来经营学校，形成自己的办学特色。与此同时，教师队伍素质也要有根本性的转变。专业教师是职业教育办学之根本，加强对专业教师的培训，建立具有一定数量的专业化的教师队伍，才能给职业教育注入活力，才能真正使学生学到专业知识、掌握专业技能。实施规范科学的管理，建立学校、企业、就业一条龙制度，是实现以校为企业、以专业为岗位、以学生为员工进行专业技能培养与训练并使学生顺利就业的保证。

学校继续完善并实行"学校领导就业基地巡访制""就业指导教师工作汇报制""毕业生就业跟踪服务制""就业基地开发经营制""企业用人单位联谊制""毕业生校友会联谊制""毕业生创业汇报制"等管理制度。

做好毕业生的思想教育工作，执行"先培训，后就业""先培训，后上岗"的规定。学校协助用人单位开展对毕业生上岗前的职业培训，与企业、用人单位对毕业生进行法律教育，职业道德教育、职业意识教育、劳动纪律教育，使学生学会用法律维护自己的权益，爱岗敬业，成为一名合格优秀的员工。

学校要改正就业指导工作的粗放式管理，继续严格完善就业服务管理规章制度，依据《就业指导教师工作管理规定》积极采取各项有效措施，广泛进行对人才市场的调研，帮助学生正确择业，推荐或协助毕业生就业，做好毕业生自主创业的扶助指导工作。建立专门的职业指导办公室，配备专职教师，负责统筹、协调学校各处室学生职业指导与就业服务工作。在全校范围内，形成全方位、全部门的职业指导工作网络，并将这项工作引入课堂，落实到教学和各项工作中。学校加强职业意识、职业理想和职业道德教育的同时，还加强对《职业道德与职业指导》课程的教学，并将内容全面渗透在每一学科的教学之中，使学生对就业与岗位内涵的变化有明确的认识和准备，正确面对求职的现实和自己内心期望值的差别。

在职业指导工作中，学校应注意扭转一个误区，即不能只管校内教学、培养、训练，而不重视学生的毕业出路。为此，学校要做好市场调研，加强市场预测，密切与企业的合作，建立稳定、有序、灵活的毕业生就业渠道和网络，实现“订单培养”，实现学生毕业、就业的零等待。

要重视就业指导教师的工作，不可随意调换就业指导教师，因为就业指导教师长期负责与社会、企业进行联系，经验丰富，业务熟练，在推动校企合作中起到了关键的作用。他们不断总结经验，一手抓学生的就业工作，一手抓“订单培养”的市场开发，并广泛向用人单位宣传学校的办学理念与特色，使学校了解了企业的需要，也使企业对学校有了更深的认识，巩固加深了校企之间建立起来的合作关系，从而不断拓宽学生的就业渠道。

学校要本着对学生负责、对用人单位负责、对社会负责的态度，根据企业用人单位的需求信息对学生推荐进行推敲和研究，一方面了解用人单位的性质、资质、信誉度、发展前景，并实地进行考察；另一方面实事求是地明确用人单位对毕业生的承诺，包括待遇和保障等。经过深思熟虑，方能签订具有法律效应的“订单培养”协议。

在寻求国家政策支持的同时，继续巩固加强现有的品牌骨干专业，适时调整、增设市场急需的新专业，加强与企业的协作、及时把握人才市场的动向，坚持“订单式”培养，实施弹性学制，保证人才培养的实用性。

融入产业需求，建立学校、企业共同的教育机构。在学生的入学考试中，学校按照企业的标准要求，由行业专家参与面试、考核，既能保证企业对生源的基本要求，也能保证生源的质量；在学生就业保障上，学校要与企业建立合同关系，由企业委托学校培养学生，合格后由企业吸收学生上岗；在学生学习过程中，学校要求学生按企业的岗位标准去做，把学习当成实习。实行这样“三位一体”的办学模式，学校才能培养出高质量的毕业生。

职业教育是一种需要投入很大的教育形式，资金的问题严重地制约了学校的发展。由于学生的增多，实训设备的不足而影响了学生岗前的训练。因此，学校加大资金投入，全面改善了教学设施，更新实训设备，以适应学生上岗就业前专业技能训练的需要。

检验一所学校是否走向了市场，最重要的一条就是看毕业生的就业率和社会的需求程度，这是一所学校的生命线，民办职业学校尤其是这样。因此，在教育过程上，职业教育不能简单套用学历教育的模式，把考试成绩作为教学成果。要突出评价标准的能力特点，变学历评价为能力评价，变终结性评价为发展性评价，全面进行课程体系评价方式、评价手段的改革，使学校真正走出传统的学科教学模式，实行工学结合的人才培养模式，建立以技能考核为核心，融合技能、文化、职业道德为一体的评价方式，进行准确的人才培养定位。学校要按照国家职业标准及岗位要求，落实国家职业标准方式，检验学生的岗位能力，积极推行学历证书与职业资格证书并举的“双证书”制度，组织学生参加职业技能鉴定，开展技能竞赛活动，增强毕业生就业竞争上岗的能力。

学校也应像企业一样，要有自己的品牌。这个品牌是办学质量的象征，代表了学生的素质，也反映了学校教育教学的质量。品牌是学校文化的综合体现，也折射出市场对学校的认可程度和学校对市场的准确把握程度。学校有了自己的品牌，更利于在竞争中保证人才培养的实用性，大力拓宽毕业生的就业领域。

历经十余年的艰苦创业，铁岭市外事学校在持续发展过程中不断充实、完善自己的办学理念：变管理学校为经营学校；变学校主观设置专业为按行业需求设置专业；变单纯学科教学为专业学科综合教学；变单纯学历评价为综合能力评价；变单一学历教育为“双证书制”教育。这 5 个转变是对“以理治校，以礼塑人”办学理念的升华，也是该校在探索中的一次突破，更是该校在新的起点实现腾飞的一个转折。

学校的发展正在起步，还有许多问题在等待着他们去研究。铁岭市外事学校的教职员工将努力实践，继续为开创学校的特色发展做出新的探索。

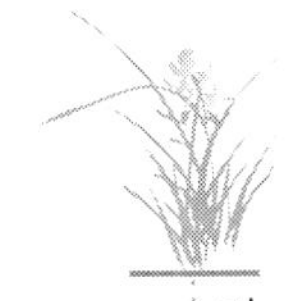

专家点评

笔者曾在一个全国性会议上聆听了李华校长的精彩演讲，并在现场分享了我的感受与体会，我说："铁岭外事学校的创业历程就是最生动的就业创业的教科书，李华校长本身就是最优秀的职业指导教师。"

"春江水暖鸭先知。"作为一所地处偏远城市、没有财政拨款的民办中等职业学校，铁岭外事学校孕育于市场、成长于市场，坚持以市场需求为导向办学，自筹经费、自负盈亏、自主办学、自我发展，经历了艰难的创业历程，实现了快速发展。较之其他学校，铁岭外事学校的市场竞争、教育服务意识更强。

没有李华校长创业团队"创业，创新，创品牌"的办学精神，铁岭外事学校走不到今天，所以这种精神是学校办学传统、风格特色的高度浓缩，是学校核心竞争力之所在，是给予铁岭外事学校学子最宝贵的财富。

"问渠哪得清如许，为有源头活水来。"学习于斯，成长于斯，耳濡目染、潜移默化，学生们带着铁岭外事学校的创业精神融入社会、服务社会，实现个人价值。所以说，铁岭外事学校的创业历程就是最生动的就业创业的教科书。

教育是生命影响生命的崇高事业，李华校长怀揣着对教育和家乡的热爱，积极投身民办教育事业，"跨越千山万水，访遍千家万户，历经千辛万苦"，以其真诚、执著感动了政府、企业和家长，更是影响和改变了学生。笔者从案例中的诸多学生的身上都看到了李华校长的影子，这是教育的魅力更是李校长的价值所在。

一所学校，只有以文化立校，才能促进学校的可持续发展。一个要饭型的校长是培养不出创业型学生来的，让职业发展的人教授职业发展，让创业者教授创业之道，这是笔者从李华校长的办学案例中得到的启示。

（点评：张振笋）

加深校企合作，拓宽学生就业渠道

——广东省珠海市理工职业技术学校

名校／名校长简介

詹红红校长

詹红红，中共党员，中学高级教师，珠海市理工职业技术学校校长、党总支书记，先后兼任中国西部教广东省职业教育学会图书馆信息指导委员会主任、教学工作指导委员会副主任，珠海市珠算协会副会长、珠海市职业与成人教育协会副会长、珠海市职业与成人教育协会职业院校工作指导委员会主任。詹红红校长先后主持和参与了国家级、省级、市级科研项目 11 个，有 20 多篇论文获奖或在国家级刊物上发表。她先后获得第二届中国职业教育杰出校长、南粤优秀校长、珠海市先进教育工作者等荣誉称号以及广东省教育科学管理吴汉良二等奖。

詹校长倡导科学管理与人文管理相结合、走德技立校与依法治校相结合的路子，重视教育教学改革实践。在她的倡导下，学校各部门开展了一系列教学改革，探索了“情境化教学”“模块化教学”

“项目化教学”等多种创新模式，建立了以品德教育、法制教育、心理健康教育为主题的德育体系，有针对性地开展了以爱国主义、集体主义、社会主义为核心的思想教育，有效地促进了学生综合素质的提高。

珠海市理工职业技术学校是一所国家级重点职业学校，也是国家技能型紧缺人才培养培训基地、中央财政支持项目学校、广东省职业教育实训基地、珠海市第五职业技能鉴定所和首批“国家中等职业教育改革发展示范校”建设学校。在20多年的办学中，学校教师秉承“敢为天下先”的特区精神，以服务珠港澳区域经济为宗旨，以为特区培养技能型紧缺人才为己任，大胆探索、锐意进取，形成了鲜明的办学特色。学校先后被评为“广东省职业教育先进单位”“广东省现代教育技术学校”“广东省心理健康教育示范校”“广东省青少年科学教育特色学校”“珠海市先进集体”“珠海市文明单位”等。

学校现有汽车运用与维修、电气运行与控制、动画设计、计算机网络技术、现代物流等5大专业群16个专业方向，其中汽车运用与维修、电气运行与控制、动画设计、计算机网络技术4个专业是广东省重点建设专业。学校拥有汽车技术实训中心、电气技术实训中心、计算机网络实训中心、计算机美术设计实训中心、物流实训中心等50多个实训室，设备总值达2500多万元。

珠海市理工职业技术学校以"一切为了学生高质量就业"为工作方针，以学生就业和职业发展为核心，以增强学生的就业竞争能力为重点，推动学生学业、就业和职业的全面发展。"学校推荐，自主择业，双向选择"和"顶岗实习与就业一体化"是学校学生实习与就业的基本原则。在督促学生通过招聘选择就业岗位的同时，学校还根据学生的家庭条件和专业特点，鼓励学生自立自强、自主创业，用优异的工作业绩，报恩家庭，报效学校，实现人生价值。詹红红校长亲自任"学生实习就业领导小组"组长，全面部署学生的实习就业工作。在珠海市理工职业技术学校任校长的8年里，她带领师生员工同心同德、艰苦奋斗，取得了令人瞩目的成绩，学生实习及就业率逐年提高。近4年来，学生实习及就业率一直稳定在99.21%以上，学生高质量就业成为了学校的一张重要名片。

经过多年的探索，学校的就业教育形成了以"课堂教学为主，社会实践为辅"的教学模式，就业教育贯穿了学生的整个学习过程。近年来，学校又注重强化学生实习与就业工作全员参与的意识，进一步树立了就业第一的观念，使就业指导成为教师教学过程的重要环节，保证学生所学技能知识与企业需求相吻合，增强学生的就业竞争力，提高学生就业的数量和质量。

一、学生实习与就业工作机制

为了贯彻落实《国务院关于大力发展职业教育的决定》文件精神，学校于2006年秋季开始推行校企合作、学生到企业顶岗实习的培养模式。为保障学生顶岗实习工作的顺利开展，维护实习学生的合法权益，学校分别成立了校长和分管副校长挂帅的领导小组和工作小组，制订了《学生实习管理办法》《实习指导教师职责》《实习安全突发事件应急预案》等一系列管理制度，规范了对学生实习的要求和对实习指导教师的要求。实习学生每两周提交一份“实习信息反馈表”，专职实习指导老师须每天下企业走访，并做好工作记录，实训处每周或每两周召开一次实习指导工作例会，每学期初和学期末都安排计划会议、总结会议和新指导教师的培训会议，分管副校长和实训处主任要定期走访企业。

学校在学生顶岗实习前，要先与实习企业签订实习协议，明确双方责任和义务，共同制订各项实习管理制度，指定企业的专门实习管理人员，做到学校实习指导老师和企业实习管理人员共同管理学生。每学期由企业对实习生进行考核评定，学校根据企业的考核评定给予实习生相应的学分。为了应对突发事件，学校建立了“学生顶岗实习突发事件应急预案”及“校企快速通报机制”，一旦实习生发生意外，可以马上启动相对等级的应急预案。

学校领导走访企业

由于学校和企业密切合作、沟通及时、管理到位，近年来，学生在顶岗实习期间从未发生过严重的突发性事件和逃岗现象，学生们普遍树立了正确的择业观、就业观和人生观，他们的职业素养也得到了很大提高，为未来成长打下了良好基础。

（一）实习与就业管理制度化、规范化

自 2006 年开展学生顶岗实习以来，珠海市理工职业技术学校先后制订了“学生实习管理制度”“学生实习安全规定”“学生实习反馈表”“实习指导教师职责”和“突发事件处理预案”等多个相关文件，使学生实习与就业管理工作制度化、规范化。

根据制度要求，学生每两周要向实习指导教师提交一份学生实习情况反馈表；实习指导教师每两周要向实训处提交一份教师指导实习情况反馈表；实训处每两周要召开一次实习工作会议，要向学校提交实习情况统计表；主管实习工作的校领导每四周，要向全体教师汇报学生实习与就业情况；在学校网站上公布企业来校招聘信息及各班学生实习情况；每位脱产实习指导教师指导学生不超过 100 人，实习指导教师的工作量按全校教师平均工作量计

算，并给予相应交通费和通讯费补助。

（二）就业教育全程化

为了帮助学生尽早树立职业意识和学会职业生涯规划，学校构建了全程化的就业指导体系，学校从学生入学开始一直到毕业全程贯穿就业指导，主要分为 4 大阶段 10 个步骤。

第一阶段：学校通过介绍专业、分析近两年的就业形势，引导新生确认所报的专业就是市场上热门的专业，也是自己喜爱的。同时，从新生入学起就增强学生的学习紧迫感，帮助他们树立自己的人生目标和努力方向，并对专业的发展趋势和岗位要求有基本的概念。

第二阶段：以提高学生的专业理论水平和实践操作能力为主，在教学中强调安全操作规程，要求学生参加各种本专业的证书考试，争取多拿一些专业资格证书，为就业作好充分的准备。

第三阶段：在学生上岗前，学校相对集中地对学生进行培训，邀请人力资源管理专家和优秀毕业生来学校对学生培训。每周安排 2 节就业指导课，并将其作为必修课列入教学计划，指导课内容包括就业政策、应聘流程、求职技巧和建立正确的择业观念等就业前的准备工作。

第四阶段：在实习过程中，实习生遇到实际问题，实习指导教师现场指导。通过实习，学生要努力寻找自身价值与社会需求的结合点，以便成功融入社会，顺利实现就业。

全程化就业教育时间表

阶段	步骤	时间	责任人	内容
一	1	招生阶段	招生宣传队	引导初中生报读专业
	2	入学教育	学生处、班主任	开始建立职业道德
二	3	一、二年级	理论、实训教学老师	职业技能和安全教育
三	4	二年级第二学期	就业指导老师	职业生涯规划、就业教育
	5		邀请劳动局企业人力资源管理专家	就业岗位与应聘技巧
	6			
	7		实训处主任	学校实习管理规章制度和安全教育
	8		实习指导老师	介绍上一年级实习情况和注意事项
	9		邀请优秀毕业生	从学生角度谈实习就业
			企业代表	企业到学校宣讲企业文化
四	10	三年级	实习指导教师	实习与就业现场指导

（三）进一步拓展实习就业市场

近几年来，学校坚持走访企业，与用人单位建立长期友好合作关系；充分发挥专业委员会和校外实习基地的作用；积极推荐学生就业以及引导其自主就业；进一步加强与行业协会和劳动部门的联系，拓宽信息收集的渠道，促进就业市场的建设。随着学生实习与就业工作体系的不断完善，学校学生的实习、就业率均达到99％以上。

（四）学生跟踪调查常态化

学校每年都对往届学生进行学生就业情况调查和学生质量跟踪调查，每年调查企业几百家，并走访部分学生所在单位的领导，召集学生进行座谈，发放调查问卷。通过访谈情况和数据调查，学校对学生的就业情况和用人单位对学生的质量反馈情况进行分析和总结。同时，积极听取用人单位对学校人才培养工作的意见和建议，并把对学生跟踪调查的报告和各种信息反馈给各初中学校。通过调查，学校可以了解企业对学生职业技能及素质的最新要求，了解学生在工作岗位上的能力水平及在工作中存在的不足。针对调查中反应出来的问题，学校各专业部及时对专业培养方案进行调整和改进，有效提高了学生的综合素质和就业竞争力。

学校在主要采用自我评价为第一方评价、学生成绩为第二方评价的基础上，非常重视第三方评价，为市场评价。如通过对学生跟踪调查，反馈教学需要改进之处，并经过分析、讨论、研究，修订教学计划和教学大纲。

二、依靠行业，定期调研，构建适应人才市场需求的培养模式

学校主动适应经济社会发展需要，以就业为导向，面向市场办学，努力发挥为地方经济建设服务的作用。学校专门组织人员定期进行市场调研，及时了解社会各单位或部门对人才需求的情况，加大专业建设、课程体系、教学内容、教学手段等方面的改革力度，不断提高人才培养质量，使学校的培养目标适应并满足人才市场需求，增强办学活力。

学校十分重视社会调研，建立了系统的社会调研制度，成立了以专业部为主导的市场调研小组，每年定期深入社会及相关行业、企业进行专业建设调研、学生跟踪调研、人才需求调研及技术需求调研，以便准确了解社会对学生职业能力和素质的要求，进而及时调整课程结构促进专业建设、提高人才培养质量。学校在每两年的课程设置和调整时，首先都要进行社会调研，

了解市场对人才的需求和职业岗位对技能的要求，并对此进行可行性研究。然后，召开专业指导委员会，广泛听取专家的意见，决定是否设置或调整专业。例如，在开设汽车整形与涂装这一专业方向时，先后调研过27家企业。在增设物流专业时，对珠海超市和物流市场进行过调研，结果表明，物流行业的发展迫切需求高素质的专业人才来提高企业的竞争力，但目前人才市场所能提供的都是经过短期培训的人员，极少有受过系统、综合、专业教育的人才。因此，学校在开办该专业的过程中，和企业、行业紧密合作，注重对学生知识综合运用能力和创新性实践能力的培养，逐步形成了“源于市场，服务社会”的办学特色，学生也深受用人单位欢迎。目前，该专业已成为珠海市重点建设专业。

学校组建了专业指导委员会，各专业部都聘请该行业的专家担任专业指导委员会的顾问，每年都召开专业指导委员会成员座谈会，收集专业人才需求信息和技术发展信息，倾听他们对人才培养的建议和设想，请他们对本专业建设的基本条件、专业教学状况、专业教学效果等进行评估，并从教学计划、课程开发、教学大纲、毕业设计等环节听取他们的建议，共同制订并完善人才培养方案。如在汽车专业部召开的专业指导委员会座谈会上，专家们对汽车专业一些课程的设置提出了意见，认为应该强化培养学生阅读汽车维修手册的能力。为此，该专业在课程中增加了“查阅汽车维修手册”的课程。学校每两年举办一次技能大赛，都要邀请企业和行业的专家来观摩和指导，并请他们给学生评定成绩。这些改革有效地促进了学校的专业建设，提高了学生的综合能力。近年来，学校学生在一系列专业大赛中取得了令人瞩目的好成绩，学校在行内的知名度也获得了提升。

三、理论与实践结合，开拓创新人才培养模式

学校在广泛开展市场需求调研的基础上，将育人为本与职业本位相结合，以培养技术应用能力强、具有高尚的职业道德和高素质的应用型创新人才为核心，强调理论知识、专业能力和综合素质的协调统一。

（一）以工学结合为切入点，探索人才培养新模式

工学结合是在新形势下职业学校推行与生产劳动和社会实践相结合的学习模式，能有效地将理论知识学习、实践能力培养、综合素质提高紧密结合起来，其目标是通过校企之间的“互动与双赢”，充分利用双方资源，实现高素质技能型人才的培养。多年来，学校始终坚持“以就业为导向，注重技

能培养”的办学理念，积极推行工学结合模式，改革人才培养模式，通过以专业教学改革为平台，优化教学内容；以技术应用能力为主线，融合课程体系；以人才培养目标为依据，完善实践教学体系；以职业资格需求为标准，以职业素质教育为核心，构建学生综合素质教育的新体系。

校内实训基地

按照基础教育理论，教学应以应用为目的，以必需、够用为度，以讲清概念、强化应用为教学重点。因此，学校语文课结合专业要求以应用文和语言表达能力为培养目标，对数学课添加专业计算内容，将英语课转向专业英语教学。专业课教学以加强针对性和实用性，把握生产一线的技术、工艺、设备、材料的应用情况为核心，重构课程体系，建构以应用为特征的项目化教学、模块化课程教学内容，确保教学内容与课程体系改革符合企业生产力发展的实际水平和最新岗位资格要求。以工作目标引领的项目化、模块化教学模式是培养学生职业能力的重要手段，它将理论知识学习、实践能力培养、综合素质提高三者紧密结合起来，有利于提高学生综合素质和培养创新精神，最终达到掌握岗位技能的目标，实现技能与企业岗位要求的“零距离”接轨。

随着经济的不断发展，社会日益呈现出对各类技能人才多层次、多元化的需求，单一培养模式已不适应社会的发展了。通过调研、实践，学校形成了5种人才培养的教学模式。

1. **“中高职三二分段”培养模式**

“中高职三二分段”培养模式是指学生完成3年的中职学习后，直接进入专业对口的高级职业学院学习，使自己的职业能力进而达到大学专科水平。

2. **“3+1”高级工班培养模式**

“3+1”高级工班培养模式是指学生在完成了3年的中职学习后，进入高级工班学习，经过1年的学习达到高级工要求。

3. **“2+1”常规培养模式**

“2+1”是指按教育部的要求，学生在学校学习2年后，通过应聘上岗的方式，到企业相关岗位进行一年的顶岗实习。

4. “1+1+1”跨地区培养模式

“1+1+1”跨地区培养模式是学校贯彻落实广东省省委、省政府关于“双转移”文件精神，加强珠三角地区与粤东西两翼地区学校间的合作，开展的一种合作办学模式，是指学生一年在粤东西两翼学校学习基础课，一年在珠海市理工职业技术学校学习专业课，一年到企业进行顶岗实习。

5. “2+0.5+0.5”订单培养模式

“2+0.5+0.5”订单培养模式是指学生在学校学习两年通用课后，通过应聘、考试的方法，进入企业冠名班进行定向培养，学习企业专项技术技能半年，然后到企业进行顶岗实习半年。

（二）校企互动，实现双赢

学校本着双赢的理念，建立校企深度合作渠道，从双方利益出发寻找合作的切入点与联系双方的纽带，坚持互利互惠的原则，打破封锁、资源共享、共同发展，为建立长期稳定的合作提供动力。

1. 学校为企业提供生产一线的高技能应用型优秀人才

为企业培养技术应用型人才，是学校的责任。学生是学校与企业合作的“名片”，近几年，由于学校设置的专业“品种”紧跟市场，培养的学生“产品”适销对路，并且学生进入企业后，能够很快进入职业角色，积极为企业创造效益，吸引了众多企业来该校招聘学生。

2. 学校为企业提供全面的技术服务

学校主动适应企业的要求，充分发挥人才优势为企业提供全面的技术支持与服务。一是对企业职工进行培训。电气部教师刘春龙、余日东被珠海和佳电子有限公司和天威打印耗材有限公司聘为技术顾问；汽车部教师黄关山、蒋飞分别被珠海珠光汽车有限公司、欧亚汽车有限公司、汽车维修行业协会聘为技术顾问。他们经常为企业、行业开展各类培训，传播新技术、新工艺，以提高企业人员的技术与管理水平，增强企业的核心竞争能力。二是为企业提供技术攻关和技术咨询。针对企业在生产、管理中遇到的技术难题，该校派出老师参与技术攻关，解决企业发展中面临的问题。

3. 学校延伸对社会服务的功能

在合作过程中，学校不断强化对培养的人才“产品”的“售后服务”。学生进入企业后，凡遇到技术问题，学校要求教师要不遗余力地提供无偿服务。借这种“售后服务”，进一步加强了学校与企业之间的联系，达到了延伸服务社会功能的目的，进而稳固与企业之间的合作关系。

4. **企业参与学校专业建设和教学改革**

在专业设置和建设方面，企业参与确定该校专业设置和专业人才培养的目标和规格。同时，还参与学校的教学活动，如为学生开设讲座、承担专业课程的教学；提供校外实习、就业基地，为学生的校外实训创造了良好条件。目前学校共建有147个校外实习、就业基地。同时，企业也以设立奖学金、提供经费、捐赠设备和图书资料、提供信息等各种形式支持学校办学，改善学校的办学条件。

5. **企业为学校提供实习就业的信息**

学校各专业的专业指导委员会、校外实训基地及广东省有关行业协会在协助解决学生就业问题上发挥了重要作用。他们为学校提供各行业、企业对人才素质要求的变化及人才需求的信息，向有关企业推荐学生，参加专业的学生工作会议，对学校学生实习就业等工作提出建议等，对促进学生顺利就业起到了重要作用。许多校外实习基地甚至直接录用该校的学生。例如，学校汽车、电气、物流等专业有60%以上的学生就业于实习企业。

6. **企业参与学校“双师型”教师队伍建设**

产学研合作教育是培养“双师型”教师队伍的重要途径。5年来，学校通过采取如下措施进行了“双师型”教师队伍建设：一是内部培养，每年选派一定比例的教师，特别是刚分配来的青年教师到实践基地顶岗实习或参加职业技能培训，鼓励教师到企业开展与专业相关的技术研发、技术服务，加快实践能力和业务水平的提高；二是引进，从行业、企业聘请专家和有经验的工程技术人员作为学校的兼职教师；三是聘请，聘请一些具有丰富经验和高水平技能的企业人员及其他院校的专家教授到学校兼职。

（三）校企深度融合，保持办学活力

企业文化是产、学、研结合的一个重要交汇点。学校对企业文化的了解、学习与运用，有利于缩短校企的距离，有利于实现学生到企业的“零过渡”、实现校企之间的“无缝连接”。学校采用如下多种有效的形式，引入企业文化，如举办专题讲座，邀请员工来校与学生进行人生、创业等对话；

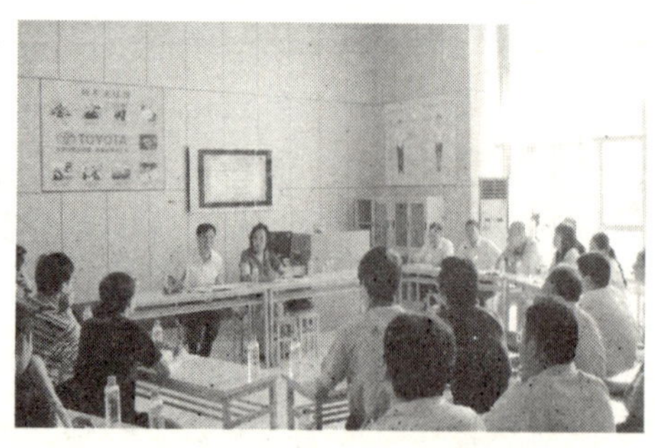

企业专家为师生讲课

举办各种实习与就业小型座谈会，企业家与学生面对面对话交流，有利于学生了解企业管理、企业文化、用人之道等相关信息。如将汽车维修企业正在施行的5S（整理、整顿、清洁、清扫、素养）制度等融入教学中，使学生在学校就能感受到企业的管理文化、制度文化，从而实现“零距离”就业。

四、抓落实，平稳渡过金融危机

2009年初，由于金融风暴的影响，学校有部分2009届的学生没有落实好实习工作岗位，特别是物流专业和电气专业。为了进一步做好学生的实习就业工作，3月份，詹红红校长亲自带队，赴16家企业展开对学生实习就业工作的调研。

调研组到中国人民保险公司珠海分公司考察，该公司人事部主任周丽向调研组介绍了该校学生实习的情况以及人才需求情况，对周少鑫同学做了中肯评价，并就进一步深化合作提出了建议。詹红红校长就人保公司对该校学生就业工作的关心和支持表示感谢，就人才培养和学生就业等工作征求了其意见，并勉励周少鑫同学在工作中取得更大的进步。调研组还看望了在丹麦独资企业康乐保公司工作的毕业学生。詹红红校长要求毕业生们要谦逊自信、踏实工作，高质量完成工作任务；并对学生们提出的关于母校人才培养方面的建议表示感谢。

调研结束后，詹红红校长充分肯定了学校实习就业工作的成绩，高度评价了各实习基地在学校教学工作中做出的积极贡献，也明确指出了学校教学工作中存在的问题和不足以及面临的形势与任务，希望各实习基地能给学生更多的实践机会，共同提高后期教学质量。她指出，学校工作应始终贯穿“以就业为导向，注重职业素养和专业技能培养”的教学原则；启动各专业部修订培养方案的工作；加强实习基地建设，深化实践教学改革；努力健全学生质量保障体系。最后，她要求实训处要认真分析、认真总结，结合考察心得和工作实际，创新意、出实招、求成效，进一步推进学生实习就业工作，为学校的平稳发展做出努力。

五、学生的社会认可度高

近几年来，学校各专业部积极探索“订单培养”模式。例如，电气专业面向天威打印耗材有限公司对机电一体人才的需求，校企合作，共同开办机电技术应用专业，实施“订单式”人才培养模式，根据企业的要求，为其量身培养技能人才。从2007年开始，天威班的学生半年在企业实习，半年在学校学习，学生可以将部分实习报酬用于交纳学费。经过在真实岗位上的实习，学生明确了学习目标，提高了专业技能和综合素质，受到企业的好评，也受到全体师生的赞美。这些学生毕业后，如果在天威公司工作满4年，公司将返回全部学费。学校实行“订单培养”模式的还有和佳电子班、丰田汽车班、通用汽车班、思科网络班、速录师班等7个企业冠名班级。以这种方式培养的学生，岗位针对性、适应性强，既减轻了学生的学费负担，又使学校办学更加贴近市场，从根本上解决了学生的就业问题。

订单班开班仪式

对往届学生的跟踪调查结果显示，用人单位对该校学生综合评价的满意度达到90.2%。认为学校学生思想素质好、工作能力强、爱岗敬业、团结协作，具有一定的创新精神，能够满足生产一线的需要。如2008年，汽车商务班蒋文丽同学应聘到本田汽车4S店实习，由于素质好、工作能力强、爱岗敬业、团结协作被提前转为正式员工，还未毕业工资就达2000多元；汽车班杨家卫同学，在实习期间表现突出，还未毕业就被国际赛车场派往韩国进修。用人单位对该校学生的思想道德、社会适应能力、协作精神、敬业精神的评价满意率均达90%以上。

综上所述，学校学生的表现已得到用人单位的广泛好评，学校的办学条件和办学水平也得到社会的认可，具有较高的社会声誉。

学校通过为企业培养高素质人才、提供技术服务等获得企业的认可，企业也以设立奖学金、提供经费、捐赠图书资料、提供信息等多种形式支持办学，改善办学条件。珠海市欧亚汽车技术有限公司自2002年起在学校设立了“欧亚奖学金”，奖励学习优秀的学生；丰田汽车公司每年给学校3万元奖学金；8年来有5家企业在学校设立了奖学金，累计发放奖学金20多万元。各种奖学金的设立和校外资源的引入，极大地鼓励了学生开拓创新、奋发成才，也在一定程度上减轻了学生的经济负担。

温家宝总理在2010年全国教育工作会议上的讲话中指出："职业教育，是面向人人、面向整个社会的教育。根本目的是让人学会技能和本领，能够就业，成为有用之才。"中等职业学校学生"能够就业"，关系到学生的生存和发展，关系到学校的办学质量和社会声誉，而"就业率、就业稳定性和就业对口率"也早已作为考核评价中职学校办学质量、办学效益的重要指标。有鉴于此，学校非常重视学生的就业工作，对学生就业工作中出现的问题，及时查找原因，认真研究解决，不断提高学生就业质量。下面就学生实习与就业中出现的"两高"——"上岗率高，流失率高"问题进行分析。

学校坚持以就业为导向，面向社会、面向市场办学，努力突出职业教育的特色。自2004年以来，通过全面深化教学改革，加强专业建设，逐步建立了基于工作过程的理实一体化教学体系，使毕业生的专业技能得到全面提升，为学生就业奠定了良好的基础，学生就业率迅速提高。学校通过举行形式多样的校园招聘活动，为企业和学生搭建交流平台。近3年来，毕业生一次实习率和就业率都保持在98%以上，形成一次上岗率高的局面。

但高上岗率另一面却是稳定性较差，学生在实习和就业的两个月之后，就会出现主动离职、频繁换岗的高流失率现象，这是作为学校和企业都不愿看到的。从近3年的统计数据看，流失率最大的是计算机类和美术设计类专业的学生，大于60%；流失率最低的是电工电子类专业学生，低于25%。

一、高流失率的成因分析

（一）学生择业期望值高，认为岗位专业不对口，用非所学

中等职业教育主要培养从事生产一线操作或管理的技术人员，其就业的优势是具有熟练的专业技能。从实际情况看，接近半数以上的毕业生认为初次所从事的岗位与自己所学的专业不对口，只有52%的毕业生认为初次工作岗位与自己所学专业对口。例如，2010届汽车维修专业的16名学生，应聘去珠海某汽车有限公司丰田4S店，但从事汽车展厅服务的有6人、从事汽车导购服务的有3人、从事汽车清洁的有5人、从事精品安装服务的有2人，没有一人是直接从事汽车维修工作的。学生认为专业不对口，所从事的

只是简单服务型的工作，技术含量低。这家丰田 4S 店的情况是，共有员工 112 人，其中汽车维修工不足 20 名，汽车销售人员 21 人，接待人员 23 人，从事汽车钣喷的 35 人，精品销售与安装的 6 人，其余为管理人员。而学校只开设汽车商务、汽车钣喷和汽车维修专业，不开设汽车 4S 店接待专业、精品销售专业和精品安装专业。但企业有这些岗位需求，这些岗位也要求员工具备一定的汽车专业知识。一方面是市场的需求，一方面是学生的不满意。虽然学校指导教师多次做工作，但两个月后，还是流失了 12 名学生。企业的人事经理告诉学校指导教师，“我们不能让刚来的学生去从事技术含量高的工作，我们要对客户负责，不可能把一台 10 几万 20 多万的汽车给他们去修，修坏了、延误了交车时间谁来负责，学生只能从简单的工作开始。”事实上，这家企业的技术骨干、班组长都是该校的往届毕业生，他们都是从这些重复性的服务工作开始做起的。

（二）学生对工作的薪资待遇期望值过高

中职生刚刚步入社会，缺乏必要的社会经验和从业常识，往往把就业理想化。一部分中职生在就业过程中不考虑自己的实际能力，片面追求薪资待遇高、轻松的工作，致使自己就业时常常乘兴而去、败兴而归，结果陷入高不成低不就的境地。例如，2006 级电工专业实习生郑某等 6 人，学校推荐他们到珠海保税区美资的跨国电子电器公司顶岗实习与就业，从事设备电气维修工作，每周工作 5 天，月薪 1680 元。但这 6 名学生工作了 4 个月后觉得自己从事的工作单调，薪资待遇不够高，想找一份收入更高或自己喜欢的工作。于是，尽管企业多次挽留，他们还是选择了离职，到别处自找工作。奔波了半年后，这些学生发现还是这家企业专业最对口，薪资待遇也较好，有 4 人又找到企业人事经理，要求回公司上班。以上事例说明，部分学生就业时目标不明确，单纯以薪酬多少做为选择企业的标准，对企业、对学校缺少应有的责任意识，一心只想着自己的利益，没有长远的职业规划，最后吃方的还是自己。

（三）学生抗挫折能力差

现在的学生大多数是独生子女，在家受到父母的宠爱，在学校受到老师的呵护，赏识教育、激励教育是主流。学生在学校期间很少接受挫折教育，或根本就没有受过挫折，对犯错误的学生，老师们都要考虑批评的方法，而在企业，强调的是员工的服务意识和服从意识。中职生的就业岗位大多数是生产或服务第一线，当工作中碰到困难、生活中遇到不顺心的事时，就表现为意志脆弱、离职退缩。例如，2007 级营销专业的一名学生，在家电卖场工作中，受到了客户的刁难，事后还受到公司主管的批评，学生无法承受，坚决要求离职；2008 级汽车维修专业的一名学生，在工作中表现不佳，作业后没有做好清洁工作，在收工会上，受到了不点名的批评，可经理还没讲完，该同学就当场脱去工作服，扬长而去，给企业管理和学校名誉造成了不好的影响。上述事例说明，中职学生在实习和就业中如何适应工作环境、社会环境，是一个非常重要的问题。

二、应对高流失率的对策

（一）加强职业指导的专题研究，不断优化职业指导工作

1. 优化职业指导的队伍建设

学校建设了一支职业化、专业化的适应学校实习与就业工作需要的职业指导队伍，并紧密结合职业指导工作的性质和特点，优化职业指导队伍结构，安排不同专业、性格各异、年龄结构互补的教师，选聘社会上的职业指导专家、企业人力资源管理专业人员、企业高层管理人员组成学校职业指导队伍。同时，努力建设“双师型”专业职业指导队伍，有计划地选送各专业“骨干教师”，让他们通过参加国家职业资格的培训与考核，成为“职业指导师”，并提倡和支持他们对职业指导问题进行专题研究，不断提高学校职业指导队伍的素质和能力。

2. 优化职业指导的方法和途径

一是将集中规划与分散开展密切结合。由学校专职实习就业指导服务机构全面统筹和规划学校职业指导工作，使德育活动、教学活动和职业指导服务活动实现“三位一体”，从指导内容的设定、课程的安排、活动的策划、教师的安排、方法的应用等各个方面进行整合，从学生进校至毕业，按照培养计划和专业特点，分阶段、有目标地对其开展职业指导工作，改变原有的各自为政、内容重叠、系统性欠缺的职业指导状况，增强了职业指导工作的计划性、规范性和系统性。

二是引入职业取向与职业素质测评方法。改革传统的职业指导方法，运用职业测评技术，从而测评出学生想干什么？适合干什么？能干什么？在职业测评的基础上，职业指导教师科学指导学生进行生涯规划，从个人职业生涯的发展考虑，不要片面追求高薪酬待遇，克服个人发展中的“短视行为”。

3. **优化职业指导的内容体系**

学校职业指导贯穿在学校教育的全过程中，职业指导内容应注重贴近学生需要。在帮助学生转变就业观念，了解就业形势和就业政策，给予学生就业方法和就业技巧指导的基础上，注重全面把握与学校专业设置相关的社会各种职业，并结合学生的特点，向学生全面描述相关职业对中职学生就业的基本要求和发展方向，向实现“人职匹配”的理想状态努力。

（二）深化校企合作，通过企业文化熏陶、强化学生的职业意识

学校在校园文化建设和系列教育活动中，注重与企业文化的对接，注重与企业的互动，努力建设融合学校文化、企业文化的具有职业教育特色的校园文化。如在校园环境美化、实训场所管理、班级教室美化、宣传专栏设立等方面营造校企文化互融的职业环境；在新生入学教育、主题班会、专题讲座、学生社团活动、学生社会实践活动中邀请企业参与搭建校企文化对接的平台；在学校人才培养模式改革、专业建设、师资培训等方面强化校企文化渗透的过程，让学生在校内尽可能多的了解、熟悉、认同企业文化，帮助学生培养职业意识，培养和发展其职业兴趣，使其获得基本的就业、创业知识，以利于缩短进入企业后的适应期。

（三）重视对学生职业能力的培养，增强学生的职业心理素质

“不经历风雨，怎能见彩虹。”当老师的、做父母的，不能庇佑孩子一辈子，所以学校要有意识地对学生开展挫折教育，加强对他们竞争意识的心理辅导，增强学生适应职业要求的心理素质和意志品质，提高学生的心理承受力。同时，还要加强对学生一般职业能力的培养，使学生具备全面的学习能力、语言表达能力、人际交往能力、团队协作能力、环境适应能力和自我管理能力等，帮助他们顺利地走上实习、就业岗位，立足社会创造属于自己的天地。

就业是民生之本，是全社会共同关注的大事。珠海市理工职业技术学校在创建国家改革发展示范校的过程中，努力践行“育人为本，学生至上，办真的职业教育，给每一个学生和家庭带来希望和发展”的办学理念，进一步把学生实习与就业指导工作做得更好、更实、更有成效。

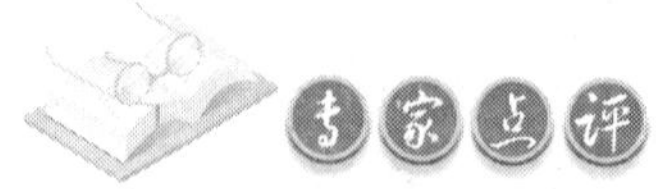

珠海理工学校因地处经济发达地区，具有得天独厚的校企合作的优势，

加之该校办学理念先进、制度健全、措施得当（“顶岗实习与就业一体化”、5种人才培养模式、校长亲自任“学生实习就业领导小组”组长）、就业指导工作内容丰富全面，实施效果显著（学生实习及就业率一直稳定在99.21%以上），不愧为首批“国家中等职业教育改革发展示范校”建设学校。

第一，就业指导工作的方针和指导思想特别明确，把握了职业教育的精髓，即“努力践行‘育人为本、学生至上、办真的职业教育，给每一个学生和家庭带来希望和发展’的办学理念，将育人为本与职业本位相结合，以培养技术应用能力强，具有高尚的职业道德和高素质的应用型创新人才为核心”。

第二，就业教育全程化，学生跟踪调查常态化。就业教育形成了以“课堂教学为主，社会实践为辅”的教学模式，就业教育分为4大阶段10个步骤，贯穿学生的整个学习过程。而且，学校非常重视第三方评价，也就是市场评价，企业全程参与对学生的培养教育过程。这种做法在中职学校中并不多见，也不容易做到。

第三，学校最大的亮点是校企合作特别深入，有对接产业优化专业，有校企合作共建共享，实现互动双赢。他们特别注重对企业文化的研究，认为“企业文化是产、学、研结合的一个重要交汇点”。学校在校园文化建设和系列教育活动中，注重与企业文化的对接与互动，努力建设融合学校文化、企业文化的具有职业教育特色的校园文化。

第四，中职学生的年龄特点决定了其价值观、择业观容易摇摆不定，其职业规划容易发生变化。因此，中职学校的就业指导工作难度更大，不容易做到完美。但该校没有回避就业指导工作中出现的“上岗率高，流失率高”的问题，而是及时对此进行分析研究，积极寻找出有针对性的可操作的解决办法。这种客观、实事求是的态度是难能可贵的，使得该校的就业指导工作显得更为可亲、可信。

（点评：张振笋）